Brian W. Kernighan
Dennis M. Ritchie

Programmieren in C

mit dem Reference Manual
in deutscher Sprache

Die deutsche Ausgabe besorgten
Prof. Dr. A.T. Schreiner und Dr. Ernst Janich

HANSER

Carl Hanser Verlag München Wien

Titel der englischen Originalausgabe:

The C Programming Language

Original English language edition published by Prentice-Hall, Inc.

CIP-Kurztitelaufnahme der Deutschen Bibliothek

Kernighan, Brian W.:
Programmieren in C mit dem C reference manual
in deutscher Sprache / Brian W. Kernighan ;
Dennis M. Ritchie. Die dt. Ausg. besorgten
A. T. Schreiner u. Ernst Janich. – München ;
Wien : Hanser, 1983.
(PC professionell)
Einheitssacht.: The C programming language ⟨dt.⟩
ISBN 3-446-13878-1

NE: Ritchie, Dennis M.:

Satz und Druck: Druckerei Appl, Wemding
Buchbinderische Verarbeitung: Conzella Verlagsbuchbinderei, München
Umschlagentwurf: Carl-Alfred Loipersberger
Printed in Germany

Vorwort

C ist eine Programmiersprache für allgemeine Anwendungen mit einfacher Ausdrucksweise, modernen Kontroll- und Datenstrukturen, und einer reichen Auswahl an Operatoren. C ist weder hochabstrahierend noch umfangreich und wurde auch nicht für ein spezielles Anwendungsgebiet entworfen. Aber das Fehlen von Einschränkungen und die allgemeine Verwendbarkeit machen C bequemer und effektiver für viele Aufgaben als angeblich mächtigere Programmiersprachen.

C wurde ursprünglich entworfen und implementiert für das UNIX Betriebssystem [1] auf der DEC PDP-11 von Dennis Ritchie. Das Betriebssystem, der C Übersetzer und praktisch alle UNIX Anwendungsprogramme (insbesondere auch alle Programme, die zur Drucklegung dieses Buches verwendet wurden) sind in C geschrieben. Übersetzer für Produktionszwecke existieren für verschiedene andere Maschinen, darunter das IBM System 370, das Honeywell 6000 System, die Perkin Elmer 32 Bit Systeme und die Personal Computer Siemens PC-X und PC-MX. C ist jedoch nicht an eine spezielle Hardware- oder Systemkonfiguration gebunden, und es ist leicht, Programme zu schreiben, die unverändert auf jeder Maschine ablaufen können, die C unterstützt.

Das vorliegende Buch möchte dem Leser helfen, in C programmieren zu lernen. Es enthält zunächst einen informellen Überblick, damit neue Benutzer so schnell als möglich eingeführt werden. Danach folgen einzelne Kapitel über die hauptsächlichen Sprachkonzepte, und schließlich eine Sprachdefinition. Wir stellen C hauptsächlich durch Lesen und Überarbeiten von Beispielen vor und nicht nur durch die Aufzählung von Regeln. Die Beispiele sind überwiegend komplette, funktionierende Programme und nicht nur isolierte Programm Fragmente. Der Text dieses Buches existiert in Maschinen-lesbarer Form; alle Beispiele wurden direkt aus diesem Text getestet. Wir haben nicht nur gezeigt, wie man die Sprache effektiv benützt; wir haben auch versucht, soweit dies möglich ist, nützliche Algorithmen zu illustrieren sowie die Prinzipien guten Programmierstils und stabilen Programm Entwurfs.

Das Buch ist keine Einführung in das Programmieren; wir gehen davon aus, daß dem Leser einfache Programmierkonzepte – wie Variablen, Zuweisungen, Schleifen und Funktionen – geläufig sind. Ein unerfahrener Programmierer sollte trotzdem aus diesem Text C erlernen können; allerdings wäre die Hilfe eines erfahrenen Kollegen nützlich.

Nach unserer Erfahrung hat sich C als freundliche, ausdrucksstarke und flexible Sprache für einen breiten Anwendungsbereich erwiesen. C ist leicht zu erlernen und bewährt sich mit steigender Erfahrung. Wir hoffen, daß Ihnen dieses Buch hilft, C gut zu benützen.

---

[1] UNIX ist ein eingetragenes Warenzeichen der Bell Laboratories. Das UNIX Betriebssystem wird (für Europa) in Lizenz vergeben durch AT&T International, Basking Ridge, NJ 07920 USA.

Wohl überlegte Kritik und Vorschläge von vielen Freunden und Kollegen haben zu diesem Buch und unserem eigenen Vergnügen daran beigetragen. Insbesondere Mike Bianchi, Jim Blue, Stu Feldman, Doug McIlroy, Bill Roome, Bob Rosin und Larry Rosler haben alle mehrere Versionen sorgfältig gelesen. Wir sind auch Al Aho, Steve Bourne, Dan Dvorak, Chuck Haley, Debbie Haley, Marion Harris, Rick Holt, Steve Johnson, John Mashey, Bob Mitze, Ralph Muha, Peter Nelson, Elliot Pinson, Bill Plauger, Jerry Spivack, Ken Thompson und Peter Weinberger dankbar für hilfreiche Kommentare an verschiedenen Stellen und Mike Lesk und Joe Ossanna für unschätzbare Hilfe bei der Drucklegung.

Brian W. Kernighan

Dennis M. Ritchie

Vorwort zur deutschen Ausgabe

Seit das vorliegende Buch 1978 in den USA erschienen ist, haben C und UNIX eine weite Verbreitung erfahren. Aus dem Geheimtip der Universitäten entwickelt sich zur Zeit das Standard Programmiersystem der neuen Generation von Personal Computern. C hat sich ähnlich durchgesetzt wie Pascal und existiert heute auf 8 Bit Mikro-Prozessoren genauso wie auf den größten Zentraleinheiten. Wir haben die Programme in diesem Buch unverändert auf UNIX Systemen auf einem 16 Bit Rechner und auf einem 32 Bit Rechner zur Ausführung gebracht; die meisten Programme sind auch auf einem 8 Bit System unter CP/M [2] gelaufen.

Es spricht für die Qualität der Arbeit von Kernighan und Ritchie, daß trotz der weiten Verbreitung von C gerade im akademischen Ausbildungsbereich erst jetzt überhaupt weitere Bücher über C und UNIX auf dem amerikanischen Markt auftauchen. Wir haben uns deshalb sehr sorgfältig bemüht, in der vorliegenden Übersetzung einige Begriffe zu prägen: Wir sprechen von *Vektoren*, damit diese nicht im Konflikt zu *Bit-Feldern* stehen, von denen es ja gerade keine Vektoren gibt. Vektoren haben *Elemente*, die *Komponenten* überlassen wir den *Strukturen* und *Varianten*, in welch letzteren wir verschiedene Datentypen vereinigt sehen. Wir unterscheiden auch sehr sorgfältig die aktuellen *Argumente*, deren Werte in C an die formalen *Parameter* von Funktionen übergeben werden.

Wir konnten im allgemeinen sehr wortgetreu übersetzen, mit einer wesentlichen Ausnahme: im Deutschen kann man *Deklarationen*, die Attribute für Namen vereinbaren, von *Definitionen* unterscheiden, die dazu auch noch Speicherplatz bereit stellen. Für beide Vorgänge zusammen gibt es im Deutschen dann noch den Oberbegriff der *Vereinbarung*. Diese Unterscheidung sollte die C Sprachbeschreibung im Anhang A leichter verständlich machen.

Diese Sprachbeschreibung ist freier übersetzt als der Rest des Buches. Wir haben insbesondere eine neue Grammatik für C erarbeitet, die einer Überprüfung durch den *yacc* Parser Generator standhält, die also (mit Ausnahme von **else**) frei von Konflikten ist. Zusätzlich liegt diesem Buch auch noch ein Blatt mit Syntax Graphen für C bei, das von David Smith entwickelt wurde.

In den Anhang haben wir einige Sprachelemente von C aufgenommen, die erst nach 1978 hinzugefügt wurden. Der Anhang enthält einige Details der Implementierungen für die Digital Equipment VAX und Motorola 68000 Systeme, sowie die Personal Computer Siemens PC-X und PC-MX.

An der Bearbeitung dieses Buches waren natürlich verschiedene UNIX Systeme beteiligt: Anhang A und besonders die C Grammatik wurden im Computer Research Laboratory der University of Illinois im Rahmen eines Forschungssemesters angefertigt. Der Rest des Buches entstand auf den Systemen der Sektion Informatik der Universität Ulm.

---

[2] CP/M ist ein Warenzeichen von Digital Research.

Frau Püllenberg hat den Text Eintrag vorgenommen, und Herr Braun erwies sich als ein sehr geduldiger Partner, als wir unseren Text seinem Setz-Computer übermittelten. Ihnen gilt unser besonderer Dank.

Ulm, August 1983

Ernst Janich

Axel Schreiner

Inhalt

Kapitel 0: Einführung

C ist eine Programmiersprache für allgemeine Anwendungen. C scheint sehr eng mit dem UNIX Betriebssystem verbunden zu sein, da die Sprache auf diesem System entwickelt wurde, und da UNIX selbst und alle Dienstprogramme in C geschrieben sind. Die Programmiersprache C selbst ist jedoch nicht von einem bestimmten Betriebssystem oder einem bestimmten Rechner abhängig. C wurde zwar als System-Programmiersprache bezeichnet, da die Sprache sich sehr gut zur Formulierung von Betriebssystemen eignet; umfangreiche Programme für numerische Verfahren, Text Verarbeitung und Datenbank Anwendungen wurden jedoch ebenfalls in C realisiert.

C ist eine relativ "maschinennahe" Sprache. Diese Feststellung ist nicht abwertend zu sehen; sie drückt nur aus, daß C mit den gleichen Objekten umgeht wie die meisten Rechner selbst, nämlich mit Zeichen, Zahlenwerten und Adressen. Diese können verknüpft und verlagert werden mit den arithmetischen und logischen Operatoren, die üblicherweise in Rechnern vorhanden sind.

C verfügt über keine Operationen, die direkt auf zusammengesetzte Objekte, wie Zeichenketten, Mengen, Listen oder Vektoren, als Ganze angewendet werden. Es gibt beispielsweise keine Analogie zu den Operationen in PL/1, die einen ganzen Vektor oder eine Zeichenkette manipulieren. Die Sprache selbst definiert keine Speicherverwaltung außer statischer Definition und der Stack Disziplin, die für lokale Variablen in Funktionen besteht: Es gibt keinen "heap" oder "garbage collection" wie in Algol 68. Schließlich hat C selbst keine Anweisungen für Eingabe und Ausgabe: Es existieren keine READ oder WRITE Anweisungen, und keine eingebauten Datei Zugriffstechniken. Alle diese abstrakten Mechanismen stehen nur durch explizit aufgerufene Funktionen zur Verfügung.

In gleicher Weise gibt es in C nur die einfachen Kontrollstrukturen mit einem Eingang und einem Ausgang: Entscheidungen, Schleifen, Zusammenfassungen und Unterprogramme. Spezielle Einrichtungen für Multiprogrammierung, parallele Operationen, Prozess Synchronisation oder auch Co-Routinen sind nicht im Sprachumfang enthalten.

Manche mögen das Fehlen derartiger Sprachelemente als beachtlichen Nachteil ansehen: "Muß ich wirklich eine Funktion aufrufen, um zwei Zeichenketten zu vergleichen?" Die Beschränkungen in der Sprachdefinition bieten jedoch außerordentliche Vorteile: Da C eine ziemlich kleine Sprache ist, kann sie auf kleinem Raum beschrieben und schnell erlernt werden. Ein Übersetzer für C kann einfach und kompakt sein. Übersetzer sind auch leicht zu schreiben; mit den heute verfügbaren Techniken kann man davon ausgehen, daß ein Übersetzer für eine neue Maschine in wenigen Monaten realisierbar ist und daß 80% des Quelltextes für einen neuen Übersetzer von existierenden Übersetzern übernommen werden können. Dies führt zu einer sehr leichten Übertragbarkeit der Sprache. Die Datentypen und Kontrollstrukturen in C werden direkt von den meisten existierenden Rechnern unterstützt. C Programme benötigen daher nur ein kleines Laufzeitsystem: Auf PDP-11 Rechnern beispielsweise enthält es nur Routinen für 32 Bit Multiplikation und Division und für Aufruf und Verlassen von Unterprogrammen. Natürlich stellt jede Implementierung auch eine umfassende, kompatible Bücherei von Funktionen zur Verfügung, die Eingabe/Ausgabe, die Manipulation von Zeichenketten und Speicherverwaltung realisieren. Solche Funktionen müssen jedoch explizit aufgerufen werden und falls nötig können diese Funktionsaufrufe auch vermieden werden; diese Funktionen sind auch portabel in C selbst implementierbar.

C reflektiert die Architektur der heutigen Rechner; daher sind C Programme üblicherweise effizient genug, so daß kein Zwang besteht, etwa in Assembler zu codieren. Ein offensichtliches Beispiel dazu ist das UNIX Betriebssystem selbst, das fast ausschließlich in C geschrieben wurde. Von den etwa 13000 Zeilen des System Programms sind nur ungefähr 800 Zeilen der primitivsten Ebene in Assembler formuliert worden. Darüber hinaus sind praktisch alle UNIX Anwendungsprogramme in C geschrieben worden; die meisten UNIX Benutzer (wie auch einer der Autoren dieses Buches) kennen die Assembler Sprache ihres Systems nicht einmal.

Obgleich C den Fähigkeiten vieler Rechner angepaßt ist, ist die Sprache doch unabhängig von einer bestimmten Maschinen Architektur. Mit einer gewissen Sorgfalt ist es deshalb leicht, "portable" Programme zu schreiben, d.h. Programme, die ohne Änderungen auf einer Reihe von Rechnern ausgeführt werden können. Inzwischen ist es Routine, daß Software, die auf UNIX entwickelt wurde, auf andere Systeme transportiert wird. Tatsächlich sind die C Übersetzer und Laufzeitsysteme wesentlich kompatibler als die angeblich dem ANSI Standard genügenden Versionen von Fortran. Das UNIX Betriebssystem selbst erhält nach der Portierung auf eine bestimmte Maschine häufig einen neuen Namen; auf den Siemens Personal Computern heißt es SINIX. Abgesehen von Programmen, die notwendigerweise etwas maschinenabhängig sind, wie Übersetzer, Assembler und Debugger, ist die restliche in C geschriebene Software auf allen Systemen identisch. Im Betriebssystem selbst sind zwar die in Assembler geschriebenen Teile und die Gerätetreiber verschieden; von den restlichen 7000 Zeilen Programm Text sind ungefähr 95% auf beiden Maschinen identisch.

Betrachten wir einige geschichtliche und technische Aspekte sowie einige Entwurfsprinzipien von C. Für Programmierer, die mit anderen Sprachen vertraut sind, ist dies vielleicht als Kontrast und zum Vergleich hilfreich.

Viele der wichtigsten Ideen in C stammen von der erheblich älteren aber noch sehr vitalen Sprache BCPL, die Martin Richards entwickelt hat. BCPL beeinflußt C indirekt durch die Sprache B, die Ken Thompson 1970 für das erste UNIX System auf der PDP/7 implementiert hat.

Obgleich C mit BCPL eine Reihe von charakteristischen Sprachelementen gemeinsam hat, ist es doch in keinem Sinn ein Dialekt. BCPL und B sind *typenlose* Sprachen: Der einzige Datentyp ist ein Maschinenwort, und Zugriff auf andere Objekte geschieht dort mit Hilfe von speziellen Operatoren oder Funktionsaufrufen. In C sind die prinzipiellen Daten Objekte Zeichen, Zahlenwerte mit verschiedenem Speicherbedarf und Gleitkomma Zahlen. Darüber hinaus gibt es eine Hierarchie von zusammengesetzten Datentypen, die mit Hilfe von Zeigern, Vektoren, Strukturen, Varianten und Funktionen erzeugt werden.

C besitzt die fundamentalen Kontrollstrukturen, die für wohlstrukturierte Programme notwendig sind: Die Zusammenfassung von Anweisungen; Entscheidungen (**if**); Schleifen mit Bewertung des Abbruch Kriteriums am Anfang (**while**, **for**) oder am Ende (**do**); und Auswahl von einem aus einer Menge von möglichen Fällen (**switch**). (Alle diese Kontrollstrukturen gab es auch in BCPL, jedoch mit etwas abweichender Syntax; diese Sprache existierte Jahre, bevor "strukturierte Programmierung" in Mode kam.)

In C gibt es Zeiger Werte und Adreßarithmetik. An Funktionen werden Kopien der Argument Werte übergeben, und die aufgerufene Funktion kann den Wert des Arguments beim Aufrufer nicht ändern. Soll wirklich ein Verweis auf das Argument übergeben werden (*call bei reference*), so kann ein Zeiger Wert explizit übergeben werden, und die Funktion kann das Objekt verändern, auf das der Zeiger Wert verweist. Für Vektoren wird die Adresse des Vektor Anfangs übergeben, folglich werden wirklich Verweise auf Vektoren übergeben.

Jede Funktion kann rekursiv aufgerufen werden, und die lokalen Variablen einer Funktion werden typischerweise bei jedem Aufruf der Funktion neu erzeugt. Funktionsdefinitionen können nicht verschachtelt sein, jedoch können Variablen analog zur Algol Block Struktur deklariert werden. Die Funktionen eines C Programms können getrennt voneinander übersetzt werden. Variablen können intern zu einer Funktion, extern aber nur innerhalb einer Quelldatei bekannt, oder auch völlig global definiert werden. Interne Variablen sind "**auto**" oder "**static**". Anstelle der Speicherklasse **auto** kann auch die Speicherklasse **register** vereinbart werden, um einen entsprechenden Effizienzgewinn zu erzielen; eine solche **register** Deklaration ist jedoch nur ein Hinweis für den Übersetzer und erlaubt keinen Zugriff auf spezielle Register des Rechners.

C ist nicht streng typengebunden im Sinne von Pascal oder Algol 68. C erlaubt relativ viele Datenumwandlungen, jedoch finden automatische Umwandlungen keineswegs mit der totalen Sorglosigkeit wie in PL/1 statt. Die existierenden Übersetzer nehmen zur Laufzeit keine Überprüfungen von Vektor Indizes, Argument Typen o.ä. vor.

Für die Fälle, in denen eine strenge Typenbindung überprüft werden soll, existiert eine besondere Variante des Übersetzers. Dieses Programm heißt *lint* (englisch für Staubteilchen), anscheinend, da es kleinere Unreinheiten aus Programmen entfernt. *lint* generiert keinen Code, sondern überprüft möglichst rigoros alle die Aspekte eines Programms, die statisch verifiziert werden können, d.h. bei Übersetzung und Montage. *lint* entdeckt Typenkonflikte, die inkonsistente Übergabe von Argumenten, unbenutzte oder anscheinend nicht initialisierte Variablen, mögliche Probleme bei der Übertragung des Programms auf andere Rechner, und ähnliches. Programme, die einer Überprüfung durch *lint* standhalten, sind, mit wenigen Ausnahmen, ungefähr so frei von Typenfehlern wie etwa Algol 68 Programme. Wir werden andere Fähigkeiten des *lint* Programms bei späterer Gelegenheit erwähnen.

Schließlich hat C, wie jede andere Sprache, ihre Mängel. Einige der Operatoren haben den falschen Vorrang; Teile der Syntax könnten besser sein; noch sind mehrere Versionen der Sprache vorhanden, die sich in Kleinigkeiten unterscheiden. Nichtsdestotrotz hat sich C als eine außerordentlich effektive und ausdrucksstarke Sprache für einen breiten Bereich von Programmieranwendungen erwiesen.

Der Rest des Buches ist folgendermaßen gegliedert: Kapitel 1 ist eine Übersicht der zentralen Teile von C in Beispielen. Der Leser soll möglichst schnell einfache C Programme schreiben können, da wir fest überzeugt sind, daß man nur so eine neue Programmiersprache erlernt. Wir setzen prinzipielle Programmierkenntnisse voraus; in der Übersicht erscheint keine Erklärung von Rechnern, von Übersetzungsvorgängen oder für die Bedeutung von Ausdrücken wie **n=n+1**. Wo immer dies möglich war, haben wir versucht, nützliche Programmiertechniken aufzuzeigen; dieses Buch möchte jedoch kein Nachschlagewerk für Datenstrukturen und Algorithmen sein. Wenn wir wählen mußten, so haben wir uns auf die Programmiersprache konzentriert.

Kapitel 2 bis 6 diskutieren verschiedene Aspekte von C ausführlicher und dabei mehr formell als dies in Kapitel 1 geschieht. Dabei liegt die Betonung noch immer auf Beispielen von abgeschlossenen, nützlichen Programmen und nicht auf isolierten Programm Fragmenten. Kapitel 2 befaßt sich mit den prinzipiellen Datentypen, Operatoren und Ausdrücken. Kapitel 3 behandelt Kontrollstrukturen: **if-else**, **while**, **for**, etc. Kapitel 4 behandelt Funktionen und Programm Struktur – externe Variablen, Zugriffsbereiche usw. Kapitel 5 diskutiert Zeiger und Adreßarithmetik. Kapitel 6 enthält Details zu Strukturen und Varianten (**struct** und **union**).

Kapitel 7 beschreibt die "Standard" C Eingabe/Ausgabe Bücherei, die eine allgemeine Schnittstelle zum Betriebssystem darstellt. Diese E/A Bücherei steht immer zusammen mit C zur Verfügung. Damit können Programme, die diese Bücherei für Eingabe, Ausgabe und andere Systemfunktionen benützen, praktisch unverändert von einem Rechnersystem auf ein anderes transferiert werden.

Kapitel 8 beschreibt die Schnittstelle zwischen C Programmen und dem UNIX Betriebssystem und konzentriert sich dabei auf Eingabe, Ausgabe, das Datei System und Übertragbarkeit der Programme. Obgleich Teile dieses Kapitels UNIX spezifisch sind, sollten selbst Programmierer, die kein UNIX System benutzen, in diesem Kapitel noch nützliche Information finden. Insbesondere liefert dieses Kapitel einen Einblick, wie eine Version dieser Standard Bücherei implementiert ist sowie Vorschläge, um übertragbare Programme zu realisieren.

Anhang A enthält die C Sprachbeschreibung. Dies ist die "offizielle" Definition der Syntax und Semantik von C und (abgesehen vom eigenen Übersetzer) der endgültige Schiedsrichter in bezug auf Mehrdeutigkeiten und Auslassungen in den vorhergehenden Kapiteln. [1]

Da die Entwicklung von C weitergeht und die Sprache auf einer Vielzahl von Rechnersystemen existiert, ist es möglich, daß ein Teil des Materials in diesem Buch nicht mit dem derzeitigen Stand der Entwicklung auf einem speziellen Rechnersystem übereinstimmt. Wir haben uns bemüht, solche Probleme zu vermeiden und vor potentiellen Schwierigkeiten zu warnen. In Zweifelsfällen haben wir jedoch meistens die PDP-11 UNIX Situation beschrieben, da dies (1978) die Arbeitsumgebung der Mehrheit der C Programmierer darstellt. Anhang A beschreibt die Unterschiede der Implementierungen der größeren Systeme und auch die wichtigsten Implementierungsdetails für die Siemens PC's.

[1] In diesen Anhang wurden auch die **enum** und **void** Datentypen sowie einige Operationen mit Strukturen aufgenommen, die erst 1978 zum Sprachumfang von C hinzukamen. A.d.Ü.

Kapitel 1: Eine Übersicht in Beispielen

Beginnen wir mit einer schnellen Einführung in C. Wir möchten die wichtigsten Sprachelemente anhand von realistischen Programmen zeigen, ohne uns dabei jedoch im Detail, in formalen Regeln oder Ausnahmen zu verlieren. Im Augenblick versuchen wir nicht, vollständig oder auch nur präzise zu sein (abgesehen davon, daß die Beispiele natürlich korrekt sein sollen). Wir möchten, daß Sie so schnell wie möglich den Punkt erreichen, an dem Sie nützliche Programme schreiben können. Dazu müssen wir uns auf die elementaren Dinge konzentrieren: Variablen und Konstanten, Arithmetik, Kontrollstrukturen, Funktionen und rudimentäre Möglichkeiten zur Eingabe und Ausgabe. Wir lassen absichtlich in diesem Kapitel Sprachelemente von C aus, die unabdingbar sind, um größere Programme zu schreiben. Dazu gehören Zeiger, Strukturen, eine große Zahl von Operatoren, mit denen C so reich ausgestattet ist, verschiedene Kontrollstruktur Anweisungen und eine Vielfalt von Details.

Unser Vorgehen hat natürlich Nachteile. Am leichtesten sieht man das daran, daß alle Details eines bestimmten Sprachelements nicht an einer einzigen Stelle aufgefunden werden können. Durch ihre Kürze kann diese Übersicht auch in die Irre führen. Da die Beispiele nicht die vollen Möglichkeiten von C ausnützen, sind sie nicht so prägnant und elegant wie sie sein könnten. Wir haben versucht, diese Effekte zu minimieren, aber seien Sie gewarnt.

Ein weiterer Nachteil ist, daß spätere Kapitel notwendigerweise Teile des vorliegenden Kapitels wiederholen. Wir hoffen, daß die Wiederholung eher hilft als stört.

Erfahrene Programmierer sollten in jedem Fall in der Lage sein, aus diesem Kapitel für ihre eigenen Programmieraufgaben zu extrapolieren. Anfänger sollten zusätzlich eigene kleine, ähnliche Programme schreiben. Beide Gruppen können dieses Kapitel als Rahmen benutzen für die späteren mehr detaillierten Beschreibungen in den nachfolgenden Kapiteln.

1.1 Erste Schritte

Eine neue Programmiersprache lernt man nur, wenn man in ihr Programme schreibt. Die erste Programmieraufgabe ist für alle Sprachen dieselbe:

Ein Programm soll folgende Worte ausgeben:

```
hello, world
```

Hier haben wir die prinzipielle Hürde; um sie zu überwinden, müssen Sie in der Lage sein, Ihren Programm Text irgendwo zu kreieren, ihn erfolgreich zu übersetzen, zu montieren, auszuführen, und Sie müssen herausfinden, wohin Ihre Ausgabe ging. Sind diese mechanischen Details gemeistert, dann ist alles andere vergleichweise leicht.

In C sieht ein Programm, das "**hello, world**" druckt, so aus:

```
main()
{
        printf("hello, world\n");
}
```

Wie Sie dieses Programm genau ausführen, hängt davon ab, welches System Sie benützen. Bei dem UNIX Betriebssystem, zum Beispiel, müssen Sie den Quelltext in einer Datei erzeugen, deren Name mit der Buchstabenfolge ".c" endet, etwa *hello.c*. Dann übersetzen Sie diese Datei mit dem Kommando

```
cc hello.c
```

Falls Sie nichts falsch gemacht haben, also etwa ein Zeichen ausgelassen haben oder etwas falsch buchstabiert haben, wird die Übersetzung ohne weitere Meldungen vor sich gehen, und es entsteht eine ausführbare Datei mit dem Namen *a.out*. Wenn man diese Datei mit dem Kommando

```
a.out
```

ausführt, dann entsteht die Ausgabe

```
hello, world
```

Bei anderen Betriebssystemen sind die Regeln wohl anders; Sie sollten da einen lokalen Experten konsultieren.

Aufgabe 1–1. Führen Sie dieses Programm auf Ihrem System aus. Untersuchen Sie, was passiert, wenn Sie Teile des Programms auslassen; versuchen Sie, einige Fehlermeldungen hervorzurufen.

Einige Erklärungen zum Programm selber: Unabhängig von seiner Größe besteht ein C Programm aus einer oder mehreren *Funktionen*, die definieren, welche Aktionen ablaufen sollen. C Funktionen gleichen den Funktionen und Unterprogrammen in einem Fortran Programm oder den Prozeduren in PL/1, Pascal, etc. In unserem Beispiel ist **main** so eine Funktion. Normalerweise können Sie Funktionen mit beliebigen Namen bezeichnen, aber **main** ist ein besonderer Name – Ihr Programm beginnt seine Ausführung am Anfang von **main**. Dies bedeutet, daß jedes Programm eine Funktion namens **main** irgendwo haben *muß*. Die Funktion **main** wird normalerweise andere Funktionen aufrufen, um ihre Aufgaben zu erledigen; solche Funktionen können aus dem gleichen Programm kommen oder aus früher entwikkelten Büchereien.

Eine Methode, um Daten zwischen Funktionen auszutauschen, ist, sie als Argumente zu übergeben. [1] Die Klammern, die dem Funktionsnamen in der Definition fol-

---

[1] Wir bezeichnen als *Argument* den Wert, der bei einem Funktionsaufruf übergeben wird, und als *Parameter* die Variable, die diesen Wert in der aufgerufenen Funktion repräsentiert. A.d.Ü.

gen, umgeben die Parameter Liste; in unserem Beispiel ist **main** eine Funktion ohne Parameter, dies wird durch leere Klammern **()** ausgedrückt. Die geschweiften Klammern {} umgeben die Anweisungen, aus denen die Funktion besteht; solche geschweiften Klammern werden analog verwendet wie DO-END in PL/1 oder **begin-end** in Algol, Pascal, usw. Eine Funktion wird aufgerufen, indem man ihren Namen angibt, gefolgt von einer Liste von Argument Werten in Klammern. Es gibt in C keine CALL-Anweisung etwa wie in Fortran oder PL/1. Die Klammern **()** müssen beim Funktionsaufruf angegeben werden, auch wenn keine Argumente vorhanden sind.

Die Zeile

```
printf("hello, world\n");
```

ist ein Funktionsaufruf, der eine Funktion namens **printf** aufruft, und zwar mit dem Argument **"hello, world\n"**. **printf** ist eine Bücherei Funktion, die eine Ausgabe an das Benutzerterminal liefert (falls nicht ein anderes Ziel eingestellt wurde). Im vorliegenden Fall gibt **printf** die Zeichenkette aus, die als Argument übergeben wurde.

Eine beliebig lange Folge von Zeichen, die mit Doppel-Anführungsstrichen **"..."** umgeben ist, bezeichnen wir als *Zeichenkette* oder *String Konstante*. Vorläufig werden wir Zeichenketten nur als Argumente für **printf** und andere Funktionen verwenden.

Die Zeichenfolge **\n** in dieser Zeichenkette ist die C Schreibweise für das *Zeilen Ende* Zeichen, das dafür sorgt, daß die Ausgabe am Bildschirm am linken Rand und auf einer neuen Zeile fortgesetzt wird. Wenn Sie die Folge **\n** auslassen (ein lohnendes Experiment), sehen Sie, daß Ihre Ausgabe nicht mit einem Zeilenvorschub beendet wird. Nur mit der Folge **\n** kann man ein Zeilen Ende in das **printf** Argument einbringen; falls Sie etwa

```
printf("hello world
");
```

angeben, wird der C Übersetzer sich mit unfreundlichen Bemerkungen über fehlende Anführungsstriche revanchieren. **printf** trennt Zeilen niemals implizit, folglich können mehrere Aufrufe dazu dienen, eine Ausgabezeile stückweise zusammenzufügen. Unser erstes Programm hätte auch wie folgt formuliert werden können:

```
main()
{
	printf("hello, ");
	printf("world");
	printf("\n");
}
```

Dieses Programm produziert dieselbe Ausgabe wie das vorherige.

Beachten Sie, daß **\n** nur ein einzelnes Zeichen repräsentiert. Eine *Fluchtsymbol Darstellung* wie **\n** ist ein allgemeiner und erweiterbarer Mechanismus zur Repräsentierung von Steuerzeichen oder Zeichen, die auf dem Eingabegerät nicht vorhanden sind. C erlaubt beispielsweise auch die Fluchtsymbol Darstellungen **\t** für ein Tabulator Zeichen, **\b** für einen "backspace", also zum Überdrucken des vorhergehenden Zeichens (solange das Ausgabe Gerät dies erlaubt), \" zur Darstellung des Doppel-Anführungsstrichs, und \\ für das Fluchtsymbol selbst.

Aufgabe 1–2. Experimentieren Sie mit anderen Fluchtsymbol Darstellungen, stellen Sie also fest, was passiert, wenn ein Argument für **printf** die Zeichenfolge *x* enthält, wobei *x* ein Zeichen ist, das hier noch nicht erwähnt wurde. ✏

1.2 Variablen und Arithmetik

Unser nächstes Programm druckt eine Temperaturtabelle in Fahrenheit und Celsius; dabei gilt die Regel C=(5/9)(F−32).

0	−17.8
20	−6.7
40	4.4
60	15.6
...	...
260	126.7
280	137.8
300	148.9

Hier ist das zugehörige Programm:

```
/* Umwandlung von Fahrenheit in Celsius
   fuer f = 0, 20, ..., 300 */
main()
{
      int lower, upper, step;
      float fahr, celsius;

      lower = 0;      /* untere Grenze der Temperatur Tabelle */
      upper = 300;      /* obere Grenze */
      step = 20;      /* Schrittbreite */

      fahr = lower;
      while (fahr <= upper) {
            celsius = (5.0/9.0) * (fahr-32.0);
            printf("%4.0f %6.1f\n", fahr, celsius);
            fahr = fahr + step;
      }
}
```

Die ersten zwei Zeilen

```
/* Umwandlung von Fahrenheit in Celsius
   fuer f = 0, 20, ..., 300 */
```

sind ein *Kommentar*, der in diesem Fall kurz erklärt, was das Programm tut. Der Übersetzer ignoriert alle Zeichen zwischen /* und */. Kommentare können überall dort stehen, wo auch ein Leerzeichen oder ein Zeilentrenner stehen kann; sie können freizügig dazu benützt werden, um ein Programm leichter verständlich zu machen.

In C müssen *alle* Variablen vereinbart werden, bevor sie benützt werden. Normalerweise geschieht dies am Anfang einer Funktion vor allen ausführbaren Anweisungen. Wenn Sie eine Vereinbarung vergessen, wird der Übersetzer eine Fehlermeldung liefern. [2] Eine Definition besteht aus einem *Typ* und einer Liste von Variablen, die dann diesen Typ besitzen, wie zum Beispiel

```
int lower, upper, step;
float fahr, celsius;
```

Der Typ **int** legt fest, daß die angegebenen Variablen *ganzzahlige* Werte annehmen; **float** führt *Gleitkomma Variablen* ein, das heißt, Zahlenwerte, die mit Mantisse und Exponent repräsentiert werden. Signifikanz und Wertebereich hängen von der jeweiligen Implementierung ab. Auf der PDP-11 und den Siemens PC's beispielsweise wird der Typ **int** in 16 Bit mit Vorzeichen repräsentiert, das heißt, die Werte liegen zwischen -32768 und $+32767$. **float** benötigt 32 Bit, das ergibt etwa 7 signifikante Dezimalziffern, mit einem Wertebereich zwischen etwa 10^{-38} und 10^{+38}. Angaben für andere Systeme finden sich in Kapitel 2 oder im Anhang A.

Abgesehen von **int** und **float** hat C verschiedene andere elementare Datentypen:

char, ein einzelnes Zeichen.
short, ein kleiner, ganzzahliger Wert.
long, ein großer, ganzzahliger Wert.
double, ein Gleitkomma Wert mit doppelter Genauigkeit.

Die Größen dieser Objekte sind ebenfalls maschinenabhängig, wie in Kapitel 2 und Anhang A beschrieben. Darüber hinaus gibt es *Vektoren*, *Strukturen* und *Varianten* (*unions*) aus diesen elementaren Typen, *Zeiger* auf solche Objekte und *Funktionen*, die Werte mit elementaren Datentypen oder Zeiger Werte als Resultat liefern. Wir werden dies alles zu seiner Zeit kennenlernen.

Die Berechnungen in unserem Temperatur-Umwandlungsprogramm beginnen mit den Anweisungen

```
lower = 0;
upper = 300;
step = 20;
fahr = lower;
```

[2] Wir unterscheiden zwei Arten von *Vereinbarungen*: *Definitionen*, die Objekte erzeugen, und *Deklarationen*, die nur die Eigenschaften von Objekten festlegen. A.d.Ü.

die den Variablen ihre Anfangswerte zuweisen. In C wird jede Anweisung mit einem Semikolon abgeschlossen.

Jede Zeile in der Temperaturtabelle wird in gleicher Weise berechnet, folglich benützen wir eine Schleife, die einmal pro Ausgabezeile wiederholt wird; dies ist die Aufgabe der **while**-Anweisung

```
while (fahr <= upper) {
    ...
}
```

Nach **while** steht eine Bedingung in Klammern. Trifft sie zu (der Wert von **fahr** ist kleiner oder gleich dem Wert von **upper**), werden die abhängigen Anweisungen der Schleife (alle Anweisungen, die hier von den geschweiften Klammern { und } eingeschlossen sind) ausgeführt. Dann wird die Bedingung wiederum geprüft, und falls sie zutrifft werden die abhängigen Anweisungen wieder ausgeführt. Trifft die Bedingung nicht zu (**fahr** ist größer als **upper**), so wird die Schleife beendet, und die Ausführung des Programms wird fortgesetzt mit der Anweisung, die der Schleife folgt. In diesem Programm gibt es keine weiteren Anweisungen, und folglich wird die Ausführung beendet.

Von **while** können mehrere Anweisungen abhängen, wenn sie in geschweifte Klammern eingeschlossen sind wie im Temperatur-Umwandlungsprogramm. Alternativ kann auch eine einzelne Anweisung ohne geschweifte Klammern von **while** abhängen, wie das folgende Beispiel zeigt:

```
while (i < j)
    i = 2 * i;
```

Auf alle Fälle rücken wir im Quellprogramm die von **while** abhängigen Anweisungen um eine Tabulator Position ein, damit auf Anhieb ersichtlich ist, welche Anweisungen innerhalb der Schleife sind. Einrücken betont die logische Struktur des Programms. Obgleich in C Anweisungen beliebig auf den Quellzeilen angeordnet werden können, so sind doch sauberes Einrücken und die Verwendung von Zwischenraum kritisch notwendig, damit Programme für Menschen leichter lesbar sind. Wir schlagen vor, daß Sie nur eine Anweisung pro Zeile schreiben und daß Sie (normalerweise) Operatoren mit Leerstellen umgeben. Die Position von geschweiften Klammern ist weniger wichtig; wir haben in diesem Buch eine von mehreren populären Stilrichtungen benützt. Gewöhnen Sie sich hier einen Stil an, den Sie für zweckmäßig halten, und benützen Sie ihn dann grundsätzlich.

Die wesentliche Arbeit bei der Temperaturumwandlung wird innerhalb der **while**-Schleife erledigt. Die Temperatur in Celsius wird berechnet und an die Variable **celsius** zugewiesen durch die Anweisung

```
celsius = (5.0/9.0) * (fahr-32.0);
```

Wir schreiben **5.0/9.0** anstelle der einfacheren Formulierung **5/9**, weil in C, wie in vielen anderen Sprachen, bei ganzzahliger Division *abgebrochen* wird, also Bruch Teile ignoriert werden. **5/9** ist deshalb **0**, und dadurch wären dann auch alle Temperaturen **0**. Ein Dezimalpunkt in einer Konstante zeigt an, daß es sich um eine Gleitkomma Konstante handelt, also ist **5.0/9.0** der Wert 0.555..., und genau dies benötigen wir.

fahr wurde als **float** vereinbart, folglich würde die ganzzahlige Konstante **32** vor der Subtraktion automatisch in **float** (also **32.0**) umgewandelt werden. Wir schreiben trotzdem gleich **32.0**: Es ist ein vernünftiger Programmierstil, daß wir Gleitkomma Konstanten mit expliziten Dezimalpunkten auch dann schreiben, wenn sie ganzzahlige Werte besitzen; dadurch wird der Gleitkomma Aspekt für den Leser betont, und wir gehen sicher, daß der Übersetzer solche Konstanten so sieht wie wir.

Im Kapitel 2 wird im Detail erklärt, wann ganzzahlige Werte in Gleitkomma Werte umgewandelt werden. Im Moment halten wir fest, daß in der Zuweisung

```
fahr = lower;
```

und bei der Bedingung

```
while (fahr <= upper)
```

so verfahren wird, wie wir erwarten – der **int** Wert wird in **float** umgewandelt, bevor die Rechenoperation stattfindet.

Dieses Beispiel zeigt auch ein bißchen mehr, wie **printf** arbeitet. **printf** ist in Wirklichkeit eine allgemeine Funktion zur Umwandlung von Darstellungsformaten; wir werden diese Funktion ausführlich in Kapitel 7 beschreiben. Das erste Argument für **printf** ist eine Zeichenkette, die gedruckt werden soll. *Format Elemente*, die jeweils mit einem **%** Zeichen beginnen, geben an, wo die nachfolgenden Argumente einzufügen sind und in welcher Form sie dargestellt werden sollen. In der Anweisung

```
printf("%4.0f %6.1f\n", fahr, celsius);
```

verlangt das Format Element **%4.0f**, daß eine Gleitkomma Zahl in einer Fläche dargestellt wird, die mindestens 4 Zeichen breit ist und bei der keine Ziffern nach dem Dezimalpunkt erscheinen. **%6.1f** beschreibt eine weitere Zahl, die wenigstens 6 Stellen einnehmen soll mit einer Ziffer nach dem Dezimalpunkt, ganz analog zum Format Element F6.1 in Fortran oder F(6,1) in PL/1. Bestimmte Teile eines Format Elements brauchen nicht angegeben zu werden: **%6f** bedeutet, daß der Zahlenwert wenigstens 6 Zeichen breit sein soll; **%.2f** verlangt, daß zwei Stellen nach dem Dezimalpunkt angegeben werden sollen, aber eine minimale Breite der Ausgabe ist nicht vorgegeben; und **%f** schließlich vereinbart nur, daß die Zahl als Gleitkomma Wert dargestellt wird. **printf** erkennt auch Format Elemente wie **%d** für einen ganzzahligen Dezimalwert, **%o** für oktale Darstellung, **%x** für hexadezimale Darstellung, **%c** für ein einzelnes Zeichen, **%s** für eine Zeichenkette, und **%%** schließlich stellt **%** selbst dar.

Für jedes Format Element im ersten Argument von **printf** muß nachfolgend ein weiteres Argument angegeben werden: Argumente und Format Elemente müssen in Anzahl und Datentyp übereinstimmen, andernfalls enthält die Ausgabe sinnlose Darstellungen.

Übrigens ist **printf** *nicht* Teil der Programmiersprache C; in C selbst ist Eingabe oder Ausgabe nicht definiert. **printf** hat keine magischen Eigenschaften; es handelt sich hier nur um eine nützliche Funktion aus der Bücherei, die normalerweise für C Programme zur Verfügung steht. Damit wir uns auf C selbst konzentrieren können, werden wir Eingabe und Ausgabe bis zum Kapitel 7 kaum behandeln. Insbesondere werden wir formatierte Eingabe bis dahin zurückstellen. Falls Sie Zahlen eingeben wollen, sollten Sie die Beschreibung der Funktion **scanf** im Abschnitt 7.4 in Kapitel 7 lesen. **scanf** verhält sich sehr ähnlich wie **printf**, allerdings wird eine Eingabe verarbeitet und nicht eine Ausgabe erzeugt.

Aufgabe 1–3. Ändern Sie das Programm zur Temperaturumwandlung so ab, daß über der Tabelle eine Titelzeile gedruckt wird. ✏

Aufgabe 1–4. Schreiben Sie ein Programm, das eine Tabelle von Fahrenheit Werten in Abhängigkeit von Celsius Werten erzeugt. ✏

1.3 Die "for" Anweisung

Wie Sie wahrscheinlich vermuten, gibt es beliebig viele verschiedene Möglichkeiten, ein Programm zu formulieren. Betrachten wir eine Variante zur Temperaturumwandlung:

```
main()          /* Fahrenheit-Celsius Tabelle */
{
    int fahr;

    for (fahr = 0; fahr <= 300; fahr = fahr + 20)
        printf("%4d %6.1f\n", fahr, (5.0/9.0)*(fahr-32));
}
```

Dieses Programm liefert das gleiche Resultat, aber es sieht doch ganz anders aus. Vor allem haben wir auf alle Variablen verzichtet; es verbleibt nur noch **fahr**, und zwar als **int** (um bei **printf** die **%d** Umwandlung zu illustrieren). Anfangs- und Endwert der Tabelle sowie die Schrittbreite erscheinen nur noch als Konstanten in der **for**-Anweisung, selbst eine neue Konstruktion, und der Ausdruck zur Berechnung der Temperatur in Celsius ist jetzt das dritte Argument zu **printf**, und nicht mehr eine separate Zuweisung.

Diese letztere Modifikation ist ein Beispiel einer sehr allgemeinen Regel in C – in jedem Zusammenhang, in dem der Wert einer Variablen von bestimmtem Typ benutzt werden darf, kann man auch einen Ausdruck mit diesem Typ verwenden. Da das dritte Argument von **printf** ein Gleitkomma Wert sein muß, der zum Format Element **%6.1f** paßt, kann als drittes Argument ein beliebiger Gleitkomma Ausdruck verwendet werden.

for ist selbst eine Schleife, eine Verallgemeinerung der **while**-Schleife. Wenn man die **for**-Schleife mit der früheren **while**-Schleife vergleicht, sollte die Funktionsweise klar werden. **for** hat drei Teile, die durch Semikolon getrennt werden. Der erste Teil

```
fahr = 0
```

wird einmal ausgeführt, unmittelbar bevor die Schleife begonnen wird. Der zweite Teil ist die Bedingung, die die Ausführung der Schleife kontrolliert:

```
fahr <= 300
```

Diese Bedingung wird bewertet; trifft sie zu, dann werden die abhängigen Anweisungen der Schleife (hier ein einzelner Aufruf von **printf**) ausgeführt. Schließlich erfolgt die Reinitialisierung,

```
fahr = fahr + 20
```

und die Bedingung der Schleife wird erneut bewertet. Die Ausführung der Schleife ist zu Ende, wenn die Bedingung nicht mehr zutrifft. Analog wie von **while** kann von **for** eine einzelne Anweisung abhängen oder eine Reihe von Anweisungen, die in geschweifte Klammern eingeschlossen sind. Initialisierung und Reinitialisierung können beliebige einzelne Ausdrücke sein.

Ob man **while** oder **for** verwendet, hängt davon ab, was klarer erscheint. **for** ist normalerweise sinnvoll für Schleifen, bei denen Initialisierung und Reinitialisierung einfache Anweisungen sind, die logisch zusammenhängen, denn dann ist **for** kompakter als **while** und die Anweisungen zur Kontrolle der Schleife werden an einer Stelle zusammengefaßt.

Aufgabe 1 – 5. Ändern Sie das Temperaturumwandlungsprogramm so ab, daß die Tabelle in umgekehrter Reihenfolge gedruckt wird, das heißt von 300 Grad bis 0 Grad.

1.4 Symbolische Konstanten

Eine letzte Überlegung, bevor wir die Temperaturumwandlung endgültig verlassen. Es ist ein schlechter Stil, wenn man "magische Zahlen" wie 300 und 20 tief in einem Programm versteckt; wenn jemand das Programm später lesen muß, enthalten solche Zahlen wenig Information, und es ist schwierig, sie systematisch zu ändern. Glücklicherweise gibt es in C eine Möglichkeit, solche magischen Zahlen zu vermeiden. Mit der **#define** Konstruktion kann man am Anfang eines Programms einen *symbolischen Namen* oder eine *symbolische Konstante* als speziellen Text vereinbaren. Daran anschließend wird der C Übersetzer an allen Stellen, wo ein solcher Name nicht innerhalb von Anführungsstrichen verwendet wird, den Namen durch den entsprechenden Text ersetzen. Der Name kann dabei durch absolut beliebigen Text ersetzt werden; das Verfahren ist nicht auf den Ersatz durch Zahlenwerte beschränkt.

```
#define LOWER 0       /* untere Grenze der Tabelle */
#define UPPER 300     /* obere Grenze */
#define STEP 20       /* Schrittbreite */

main()      /* Fahrenheit-Celsius Tabelle */
{
	int fahr;

	for (fahr = LOWER; fahr <= UPPER; fahr = fahr + STEP)
		printf("%4d %6.1f\n", fahr, (5.0/9.0)*(fahr-32));
}
```

Die Größen **LOWER**, **UPPER** und **STEP** sind Konstanten, daher erscheinen sie nicht in Vereinbarungen. Symbolische Namen werden normalerweise in Großbuchstaben geschrieben, damit sie leicht von Variablen Namen, in Kleinbuchstaben, unterschieden werden können. Man beachte, daß am Ende der **#define** Konstruktion kein Semikolon steht. Der Ersatztext ist der gesamte Rest dieser Zeile im Anschluß an den definierten Namen; würde dort ein Semikolon angegeben werden, so würden schließlich in der **for**-Anweisung zu viele Semikolons erscheinen.

1.5 Eine Sammlung von nützlichen Programmen

Wer werden jetzt eine Reihe von Programmen betrachten, die alle einfache Operationen mit Zeichen durchführen. Sie werden feststellen, daß viele Programme einfach aufwendigere Versionen der Prototypen sind, die wir hier diskutieren.

Zeichen Eingabe und Ausgabe

Die Standard Bücherei enthält Funktionen, die einzelne Zeichen lesen oder schreiben. **getchar** liefert bei jedem Aufruf das *nächste Eingabe Zeichen* als Funktionswert. Das heißt, nach der Zuweisung

```
c = getchar()
```

enthält die Variable **c** das nächste Eingabe Zeichen. Normalerweise werden diese Zeichen am Bildschirm angefordert, doch dies interessiert uns erst in Kapitel 7.

Die Funktion **putchar(c)** ist das Gegenstück zu **getchar**:

```
putchar(c)
```

gibt den Inhalt der Variablen **c** aus, normalerweise auf dem Bildschirm. Man kann Aufrufe von **putchar** mit Aufrufen von **printf** abwechseln; die Ausgabe erscheint immer in der Reihenfolge, in der die Funktionen aufgerufen wurden.

Wie **printf** sind auch **getchar** und **putchar** keine besonderen Funktionen. Sie sind kein Teil der Sprache C, aber sie sind überall verfügbar.

Dateien kopieren

Überraschend viele nützliche Programme benötigen keine Eingabe und Ausgabe Routinen außer **getchar** und **putchar**. Das einfachste Beispiel ist vielleicht ein Programm, das seine Eingabe zeichenweise in seine Ausgabe kopiert:

```
ein Zeichen eingeben
while (Zeichen ist nicht Datei Ende Anzeige)
    eingegebenes Zeichen ausgeben
    neues Zeichen eingeben
```

Wenn man diesen Algorithmus in C formuliert, erhält man

```
main()      /* Kopierprogramm, Version 1 */
{
    int c;

    c = getchar();
    while (c != EOF) {
        putchar(c);
        c = getchar();
    }
}
```

Der Vergleichsoperator **!=** bedeutet "nicht gleich".

Das wesentliche Problem ist, das Ende der Eingabe zu erkennen. Dazu ist **getchar** so definiert, daß am Ende der Eingabe ein Funktionswert geliefert wird, der kein gültiges Zeichen ist. Auf diese Weise können Programme erkennen, daß sie das Ende ihrer Eingabe erreicht haben. Ärgerlich ist dabei allerdings, daß *zwei* Konventionen existieren, wie das Ende der Eingabe dargestellt werden soll. Wir haben das Problem dadurch umgangen, daß wir für diesen Wert den symbolischen Namen **EOF** eingeführt haben, unabhängig davon, welcher Wert auf dem jeweiligen Rechnersystem tatsächlich benutzt werden muß. **EOF** hat im allgemeinen den Wert **–1** oder **0**, also muß am Anfang eines Programms eine der Definitionen

```
#define EOF -1
```

oder

```
#define EOF 0
```

stehen, damit das Programm korrekt übersetzt wird. Indem wir die symbolische Konstante **EOF** benützen, um den Funktionswert von **getchar** bei Ende der Eingabe zu repräsentieren, können wir sicher sein, daß nur allein diese Konstante im Programm von einem speziellen numerischen Wert abhängt. [3]

---

[3] Der Wert dieser Konstante wird typischerweise in einer Systemdatei *stdio.h* festgelegt; siehe Kapitel 7. A.d.Ü.

Wir müssen **c** unbedingt als **int** deklarieren, nicht als **char**, damit der Funktionswert von **getchar** zugewiesen werden kann. Wie wir noch in Kapitel 2 sehen werden, ist dieser Wert wirklich vom Typ **int**, da zusätzlich zu allen möglichen **char** Werten auch noch **EOF** repräsentiert werden muß.

Erfahrene C Programmierer würden das Kopierprogramm noch prägnanter formulieren. In C kann jede Zuweisung, wie zum Beispiel

```
c = getchar()
```

in Ausdrücken benutzt werden; der Wert einer Zuweisung ist jeweils gerade der Wert, der an die linke Seite zugewiesen wird. Wenn man also diese Zuweisung in die Bedingung der **while**-Schleife aufnimmt, erhält man folgendes Kopierprogramm:

```
main()        /* Kopierprogramm, Version 2 */
{
    int c;

    while ((c = getchar()) != EOF)
        putchar(c);
}
```

Das Programm liest ein Eingabe Zeichen, weist es an **c** zu und überprüft dann, ob gerade das Ende der Eingabe vorliegt. Ist dies nicht der Fall, wird die von **while** abhängige Anweisung ausgeführt, wird also das eingelesene Zeichen ausgegeben. Die **while**-Schleife wird dann wiederholt. Ist schließlich das Ende der Eingabe erreicht, wird die **while**-Schleife beendet und damit auch die **main** Funktion.

In dieser Version erfolgt die Eingabe zentral – wir benützen nur noch einen Aufruf von **getchar** – und damit ist das Programm kürzer. Eine Zuweisung als Teil einer Bedingung ist eine der sinnvoll knappen Formulierungen, die C erlaubt. (Man kann dies natürlich übertreiben und dadurch undurchdringliche Formulierungen erreichen; diese Tendenz werden wir jedoch möglichst unterdrücken.)

Es ist wichtig zu wissen, daß die Zuweisung innerhalb der Bedingung wirklich in Klammern eingeschlossen werden muß. Der *Vorrang* von **!=** ist höher als der Vorrang der Zuweisung **=**, dies bedeutet, daß *ohne Klammern* der Vergleich **!=** vor der Zuweisung **=** ausgeführt würde. Das heißt, die Formulierung

```
c = getchar() != EOF
```

ist äquivalent zu

```
c = (getchar() != EOF)
```

Dies hat den unerwünschten Effekt, das **c** den Wert 0 oder 1 erhält in Abhängigkeit davon, ob der Aufruf von **getchar** das Ende der Eingabe erreicht hat. (Davon mehr in Kapitel 2.)

Zeichen zählen

Das nächste Programm zählt Zeichen; es ist eine einfache Erweiterung des Kopierprogramms

```
main()          /* Eingabe Zeichen zaehlen */
{
    long nc;

    nc = 0;
    while (getchar() != EOF)
        ++nc;
    printf("%ld\n", nc);
}
```

Die Anweisung

```
++nc;
```

zeigt einen neuen Operator, **++** ; dieser bedeutet *um 1 vergrößern*. Wir könnten dies auch als **nc=nc+1** formulieren, aber **++nc** ist präziser und oft effizienter. Ein analoger Operator **--** wird dazu benützt, um um 1 zu verringern. Die Operatoren **++** und **--** können sowohl vor ihren Operanden (**++nc**) oder hinter ihren Operanden (**nc++**) stehen; wie in Kapitel 2 noch erklärt wird, liefern diese Ausdrücke zwei verschiedene Werte, aber beide inkrementieren **nc**. Wir werden vorläufig diese Operatoren vor ihren Operanden angeben.

Wir zählen die Zeichen mit Hilfe einer **long** Variablen anstelle einer **int** Variablen. Auf einem PDP-11 System und den Siemens PC's ist der Maximalwert einer **int** Variablen nur 32767; wäre unser Zähler vom Typ **int**, so würde er ziemlich schnell überlaufen. Auf den meisten anderen C Systemen sind **long** und **int** synonym und von wesentlich größerer Kapazität. Ein Format Element **%ld** gehört bei **printf** zu einem **long** Argument.

Um noch größere Zahlenwerte darzustellen, könnten wir auch einen Zähler vom Typ **double** (also eine doppelt lange **float** Variable) benützen. Wir wollen auch noch eine **for**-Anweisung anstelle der **while**-Anweisung benützen, um eine alternative Schreibweise für die Schleife zu demonstrieren.

```
main()          /* Eingabe Zeichen zaehlen */
{
    double nc;

    for (nc = 0; getchar() != EOF; ++nc)
        ;
    printf("%.0f\n", nc);
}
```

printf verwendet das Format Element **%f** sowohl für **float** als auch für **double** Argumente; **%.0f** sorgt dafür, daß die Ausgabe keine Dezimalstellen enthält.

Eigentlich hängen von der **for**-Schleife keine Anweisungen ab, da alle nötigen Berechnungen innerhalb der Bedingung und im Reinitialisierungsteil erfolgen. Die Grammatik Regeln von C verlangen allerdings, daß von **for** grundsätzlich eine Anweisung abhängt. Das einzelne Semikolon, technisch eine *leere Anweisung*, sorgt dafür, daß diese Regel befolgt wird. Ein solches isoliertes Semikolon schreiben wir auf einer separaten Zeile, damit es sofort sichtbar ist.

Wir sollten bei dem Programm zum Zeichen zählen noch folgendes beachten: Enthält die Eingabe keine Zeichen, dann ist die **while**- oder **for**-Bedingung bereits beim ersten Aufruf von **getchar** nicht erfüllt, das Programm liefert also den Wert 0, den korrekten Wert. Diese Beobachtung ist sehr wesentlich. Ein Vorteil der **while**- und **for**-Schleifen ist, daß die Bedingung am *Anfang* der Schleife geprüft wird, bevor die abhängigen Anweisungen ausgeführt werden würden. Gibt es nichts zu tun, dann wird auch nichts getan, auch wenn damit die abhängigen Anweisungen garnicht ausgeführt werden. Programme sollten auch dann vernünftig reagieren, wenn sie "keine" Eingabe erhalten. Die **while**- und **for**-Schleifen helfen dabei, bei Grenzbedingungen akzeptabel zu reagieren.

Zeilen zählen

Das nächste Programm zählt die *Eingabe Zeilen*. Wir gehen davon aus, daß Eingabe Zeilen mit einem Zeilentrenner **\n** abgeschlossen werden, den wir ja auch bei jeder Ausgabe Zeile immer angefügt haben.

```
main()        /* Eingabe Zeilen zaehlen */
{
    int c, nl;

    nl = 0;
    while ((c = getchar()) != EOF)
        if (c == '\n')
            ++nl;
    printf("%d\n", nl);
}
```

Von **while** hängt nunmehr eine **if**-Anweisung ab, die ihrerseits den Zählvorgang **++nl** kontrolliert. Eine **if**-Anweisung überprüft eine Bedingung, die in Klammern eingeschlossen ist. Trifft die Bedingung zu, so wird die abhängige Anweisung (oder eine Reihe von Anweisungen, die in geschweifte Klammern {} eingeschlossen sind) ausgeführt. Wir haben wiederum eingerückt, um zu zeigen, wie die Anweisungen voneinander abhängen.

Das doppelte Gleichheitszeichen **==** drückt in C einen Vergleich auf Gleichheit aus (analog zu .EQ. in Fortran). Das Symbol unterscheidet den Vergleich von der Zuweisung **=**. Da Zuweisungen in typischen C Programmen ungefähr doppelt so oft vorkommen wie Gleichheits-Vergleiche, ist es nur vernünftig, daß der Operator halb so lang ist.

Ein einzelnes Zeichen kann in einfache Anführungsstriche eingeschlossen werden, damit wird der numerische Wert des Zeichens im Zeichensatz des Rechners ausgedrückt; wir bezeichnen dies als *Zeichen Konstante*. Beispielsweise ist **'A'** eine Zeichen Konstante; im ASCII Zeichensatz ist dies der Wert 65, eben die Repräsentierung des Buchstabens **A**. Natürlich bevorzugen wir **'A'** und nicht **65**. Im ersten Fall ist die Bedeutung offensichtlich, und außerdem ist der Wert von einem bestimmten Zeichensatz unabhängig.

Die Fluchtsymbol Darstellungen, die wir für Zeichenketten eingeführt haben, sind auch bei Zeichen Konstanten erlaubt. In Bedingungen und arithmetischen Ausdrücken steht daher '**\n**' für den Wert des Zeilentrenner Zeichens. Sie sollten genau beachten, daß '**\n**' ein Einzelzeichen darstellt und in Ausdrücken für einen einfachen ganzzahligen Wert steht; "**\n**" andererseits ist eine Zeichenkette, die zufälligerweise nur ein einzelnes Zeichen, eben den Zeilentrenner, enthält. Der Unterschied zwischen Zeichenketten und einzelnen Zeichen wird in Kapitel 2 weiter ausgeführt.

Aufgabe 1 – 6. Schreiben Sie ein Programm, das Leerstellen, Tabulator Zeichen und Zeilentrenner zählt.

Aufgabe 1 – 7. Schreiben Sie ein Kopierprogramm, das Folgen von Leerstellen in der Eingabe durch eine einzelne Leerstelle in der Ausgabe ersetzt.

Aufgabe 1 – 8. Schreiben Sie ein Programm, das jedes Tabulator Zeichen durch die Zeichenfolge **>**, backspace, **–**, ersetzt und jedes backspace Zeichen durch die Folge **<**, backspace, **–**. Dadurch werden Tabulator Zeichen und backspace Zeichen sichtbar.

Worte zählen

Unser viertes nützliches Programm zählt Zeilen, Worte und Zeichen, wobei wir die einfache Definition verwenden, daß ein Wort jede Zeichenfolge ist, die weder Leerstelle noch Tabulator Zeichen oder Zeilentrenner enthält. (Dies ist eine elementare Version des UNIX Dienstprogramms *wc*).

```
#define YES 1
#define NO 0

main()        /* Eingabe Zeilen, Worte, und Zeichen zaehlen */
{
      int c, nl, nw, nc, inword;

      inword = NO;
      nl = nw = nc = 0;
      while ((c = getchar()) != EOF) {
            ++nc;
            if (c == '\n')
                  ++nl;
            if (c == ' ' || c == '\n' || c == '\t')
                  inword = NO;
            else if (inword == NO) {
                  inword = YES;
                  ++nw;
            }
      }
      printf("%d %d %d\n", nl, nw, nc);
}
```

Jedesmal, wenn dieses Programm das erste Zeichen in einem Wort erkennt, wird das Wort gezählt. Die Variable **inword** hält fest, ob das Programm im Augenblick ein Wort oder einen Zwischenraum liest; am Anfang ist das Programm "nicht in einem Wort", dazu gehört der Wert **NO**. Wir bevorzugen die symbolischen Konstanten **YES** und **NO** und nicht die Zahlenwerte **1** und **0**, da durch die symbolischen Konstanten das Programm leichter lesbar wird. Natürlich ist diese Unterscheidung in dem vorliegenden sehr kleinen Programm unerheblich, aber in größeren Programmen lohnt sich der geringe zusätzliche Aufwand, von vornherein so zu formulieren, im Interesse leichterer Verständlichkeit. Sie werden auch feststellen, daß umfangreiche Änderungen in Programmen leichter vorzunehmen sind, in denen Zahlenwerte nur als symbolische Konstanten eingeführt werden.

Die Anweisung

```
nl = nw = nc = 0;
```

weist allen drei Variablen den Wert 0 zu. Dies ist kein Sonderfall, sondern eine Konsequenz der Tatsache, daß jede Zuweisung einen Wert besitzt und daß Zuweisungen von rechts nach links ausgeführt werden. Wir könnten dies auch so formulieren:

```
nl = (nw = (nc = 0));
```

Der Operator || bedeutet *oder*, also ist die **if** Bedingung

```
if (c == ' ' || c == '\n' || c == '\t')
```

eben "wenn **c** eine Leerstelle ist *oder* **c** ein Zeilentrenner ist *oder* **c** ein Tabulator Zeichen ist...". (Die Fluchtsymbol Darstellung **\t** ist eine grafische Repräsentierung des Tabulator Zeichens.) Analog gibt es einen Operator **&&** für *und*. Ausdrücke, die mit **&&** oder **||** verknüpft sind, werden von links nach rechts bewertet; dabei wird die Bewertung abgebrochen, sobald feststeht, ob die Verknüpfung zutrifft oder nicht. Wenn also **c** eine Leerstelle enthält, muß nicht mehr weiter untersucht werden, ob ein Zeilentrenner oder ein Tabulator Zeichen vorliegt, folglich werden diese Vergleiche *nicht* ausgeführt. Dies ist hier nicht besonders wichtig, aber in komplizierteren Bedingungen ist es sehr wesentlich, wie wir bald sehen werden.

Das Beispiel demonstriert auch eine C **else**-Anweisung, die ausgeführt wird, wenn die Bedingung in einer **if**-Anweisung nicht zutrifft. Allgemein hat **if-else** folgende Form:

```
if (expression)
        statement-1
else
        statement-2
```

Genau eine der zwei Anweisungen innerhalb der **if-else** Konstruktion wird ausgeführt. Trifft **expression** zu, so wird **statement-1** ausgeführt; trifft **expression** nicht zu, dann wird **statement-2** ausgeführt. Jedes **statement** kann dabei sehr kompliziert sein; insbesondere kann es sich um eine Gruppe von Anweisungen handeln, die in geschweifte Klammern {} eingeschlossen sind. Unser Programm zum Zählen von Worten zeigt ein **else**, von dem ein **if** abhängt, das seinerseits zwei Anweisungen kontrolliert.

Aufgabe 1-9. Wie würden Sie das Wortzählprogramm überprüfen? Was sind einige Grenzbedingungen? ✎

Aufgabe 1-10. Schreiben Sie ein Programm, das die Worte in der Eingabe ausgibt, und zwar ein Wort pro Zeile. ✎

Aufgabe 1-11. Ändern Sie das Wortzählprogramm, damit eine bessere Definition für "Wort" verwendet wird. Beispielsweise könnte ein Wort eine Folge von Buchstaben, Ziffern und Anführungsstrichen sein, die mit einem Buchstaben beginnt. ✎

1.6 Vektoren

Unser nächstes Programm zählt die einzelnen Ziffern, die Zwischenräume (bestehend aus Leerstellen, Tabulator Zeichen oder Zeilentrennern), und alle anderen Zeichen. Dies ist natürlich eine künstliche Aufgabenstellung, aber wir können eine Reihe von C Sprachelementen in einem Programm zeigen.

Die Eingabe Zeichen fallen in zwölf Kategorien, es ist deshalb bequem, wenn wir einen Vektor benützen, um die einzelnen Ziffern zu zählen, und nicht zehn verschiedene Variablen. Hier ist eine Version eines solchen Programms:

```
main()          /* Ziffern, Zwischenraeume */
{               /* und andere Zeichen zaehlen */
    int c, i, nwhite, nother;
    int ndigit[10];

    nwhite = nother = 0;
    for (i = 0; i < 10; ++i)
        ndigit[i] = 0;

    while ((c = getchar()) != EOF)
        if (c >= '0' && c <= '9')
            ++ndigit[c-'0'];
        else if (c == ' ' || c == '\n' || c == '\t')
            ++nwhite;
        else
            ++nother;

    printf("digits =");
    for (i = 0; i < 10; ++i)
        printf(" %d", ndigit[i]);
    printf("\nwhite space = %d, other = %d\n",
        nwhite, nother);
}
```

Die Definition

```
int ndigit[10];
```

vereinbart **ndigit** als Vektor von zehn ganzzahligen Werten. Vektor Indizes beginnen in C immer bei 0 (und nicht bei 1, wie in Fortran oder PL/1), also hat **ndigit** die Elemente **ndigit[0]**, **ndigit[1]**, ... , **ndigit[9]**. Dies zeigt sich auch in den **for**-Schleifen, die diesen Vektor initialisieren und später ausgeben.

Ein Index kann ein beliebiger ganzzahliger Ausdruck sein, also insbesondere eine **int** Variable wie **i** oder eine ganzzahlige Konstante.

Dieses Programm hängt kritisch von einigen Eigenschaften der Repräsentierung von Ziffern ab. Beispielsweise entscheidet die Bedingung

```
if (c >= '0' && c <= '9') ...
```

ob das Zeichen in **c** eine Ziffer ist. Liegt eine Ziffer vor, dann ist ihr numerischer Wert

```
c-'0'
```

Dies funktioniert natürlich nur, wenn **'0'**, **'1'**, usw. alle positiv und in aufsteigender Reihenfolge repräsentiert sind, und wenn zwischen **'0'** und **'9'** nur Ziffern auftreten. Glücklicherweise gilt dies in allen gebräuchlichen Zeichensätzen.

Per Definition werden **char** Werte in **int** Werte verwandelt, bevor arithmetische Operationen ausgeführt werden, die **char** und **int** Werte verknüpfen. **char** Variablen und Konstanten sind daher im wesentlichen identisch zu **int** Werten in arithmetischen Ausdrücken. Dies ist eine naheliegende und bequeme Konvention; beispielsweise ist der Ausdruck **c−'0'** ganzzahlig mit einem Wert zwischen **0** und **9**, dieser Wert korrespondiert zur Ziffer **'0'** bis **'9'**, die in **c** gespeichert ist. Der Wert des Ausdrucks ist daher als Index für den Vektor **ndigit** brauchbar.

Die Folge von Anweisungen

```
if (c >= '0' && c <= '9')
        ++ndigit[c-'0'];
else if (c == ' ' || c == '\n' || c == '\t')
        ++nwhite;
else
        ++nother;
```

entscheidet, ob ein Zeichen eine Ziffer ist, ein Zwischenraum oder ein anderes Zeichen. Das Muster

```
if (condition)
        statement
else if (condition)
        statement
else
        statement
```

kommt häufig in Programmen vor, um eine Auswahl aus mehreren Fällen zu treffen. Der Text wird einfach von oben nach unten gelesen, bis eine Bedingung erfüllt ist. Dann wird die zugehörige Anweisung ausgeführt, und die Ausführung der gesamten Konstruktion ist beendet. (Bei einem **statement** kann es sich natürlich wieder um mehrere Anweisungen innerhalb von geschweiften Klammern handeln.) Ist keine Bedingung erfüllt, so wird die Anweisung nach dem abschließenden **else** ausgeführt, sofern eines in der Konstruktion vorhanden ist. Fehlen ein abschließendes **else** und eine davon abhängige Anweisung, wie in unserem Beispiel zum Zählen von Worten, so findet keine Aktion statt. Zwischen dem einführenden **if** und dem abschließenden **else** kann eine beliebige Anzahl von

```
else if (condition)
        statement
```

Konstruktionen stehen. Stilistisch erscheint es ratsam, diese Konstruktion so anzuordnen, wie wir es vorgeführt haben, damit lange Entscheidungen nicht nach rechts über die Seite hinausreichen.

Im Kapitel 3 diskutieren wir die **switch**-Anweisung. Dies ist eine andere Möglichkeit, eine Auswahl unter vielen Fällen zu treffen. **switch** ist besonders dann angebracht, wenn einfach geprüft werden muß, ob ein **int** oder **char** Wert einer von einer Reihe von Konstanten entspricht. Wir werden in Kapitel 3 das vorliegende Programm nochmals mit **switch** formulieren.

Aufgabe 1 – 12. Schreiben Sie ein Programm, das ein Histogramm der Längen der eingegebenen Worte ausgibt. Es ist am einfachsten, dieses Histogramm horizontal anzuordnen; eine vertikale Anordnung erfordert etwas höheren Aufwand.

1.7 Funktionen

In C ist eine *Funktion* äquivalent zu einem Unterprogramm oder zu einer Funktion in Fortran oder einer Prozedur in PL/1, Pascal usw. Eine Funktion ist eine bequeme Möglichkeit, eine Berechnung einzukapseln; die Berechnung kann dann ohne Rücksicht auf Interna aufgerufen werden. Funktionen sind wirklich die einzige Art und Weise, um mit der möglichen Komplexität großer Programme fertig zu werden. Mit vernünftig entworfenen Funktionen ist es möglich, daß man ignoriert, *wie* eine Aufgabe gelöst wird; es genügt zu wissen, *was* getan wurde. C wurde entworfen, um den Gebrauch von Funktionen leicht, bequem und effizient zu machen; Sie werden oft sehen, daß eine Funktion nur wenige Zeilen lang ist und nur einmal aufgerufen wird, einfach weil dadurch ein Stück Programm Text klarer wird.

Bisher haben wir nur Funktionen wie **printf**, **getchar** und **putchar** benützt, die uns zur Verfügung gestellt wurden; es ist jetzt an der Zeit, einige eigene Funktionen zu entwickeln. Da C keinen Potenz Operator hat wie ** in Fortran oder PL/1, wollen wir eine Funktionsdefinition anhand der Funktion **power(m,n)** zeigen, die einen ganzzahligen Wert **m** mit einer positiven ganzzahligen Zahl **n** potenziert. Das heißt, der Wert von **power(2,5)** ist 32. Diese Funktion ist sicher nicht äquivalent zu ** da sie nur positive Potenzen von kleinen Zahlen bearbeiten kann, aber wir bringen am besten immer nur eins auf einmal durcheinander.

Wir zeigen hier die Funktion **power** und ein Hauptprogramm, um sie auszuführen, damit Sie die gesamte Struktur auf einmal sehen.

```
main()          /* power Funktion ausprobieren */
{
        int i;

        for (i = 0; i < 10; ++i)
                printf("%d %d %d\n", i, power(2,i), power(-3,i));
}

power(x, n)         /* x hoch n; n > 0 */
int x, n;
{
        int i, p;

        p = 1;
        for (i = 1; i <= n; ++i)
                p = p * x;
        return(p);
}
```

Jede Funktion hat die gleiche Form

```
Name (Parameter Liste, optional)
Parameter Deklarationen, optional
{
        Deklarationen
        Anweisungen
}
```

Die Funktionen können in beliebiger Reihenfolge definiert werden und auch in einer oder mehreren Quelldateien. Wenn natürlich das Quellprogramm in zwei Dateien formuliert wird, werden Sie mehrere Kommandos geben müssen, um das Programm zu übersetzen und zu montieren, aber das ist ein Problem im Betriebssystem, nicht eine Frage der Programmiersprache. Wir nehmen deshalb vorläufig an, daß beide Funktionen in einer Datei stehen; damit ändert sich nichts von dem, was Sie bisher über die Ausführung von C Programmen wissen.

Die Funktion **power** wird in der Zeile

```
printf("%d %d %d\n", i, power(2,i), power(-3,i));
```

zweimal aufgerufen. Jeder Aufruf übergibt zwei Argumente an **power**, und die Funktion liefert jedesmal einen ganzzahligen Wert, der umgewandelt und ausgegeben werden soll. In einem Ausdruck ist **power(2,i)** ein ganzzahliger Wert genauso wie **2** und **i**. (Wie wir in Kapitel 4 darstellen werden, liefern nicht alle Funktionen ein ganzzahliges Resultat.)

In der Definition von **power** müssen die Parameter deklariert werden, damit ihre Datentypen bekannt sind. Dies geschieht in der Zeile

```
int x, n;
```

im Anschluß an den Funktionsnamen. Parameter Deklarationen stehen zwischen der Parameter Liste und der geschweiften linken Klammer am Anfang der Funktionsdefinition; am Ende jeder Parameter Deklaration steht ein Semikolon. Die Namen der Parameter zu **power** sind innerhalb von **power** nur *lokal* bekannt, andere Funktionen können sie nicht erreichen: Andere Funktionen können die gleichen Namen ohne Konflikte benützen. Dies gilt auch für die lokalen Variablen **i** und **p**: Die Variable **i** in **power** ist unabhängig von der Variablen **i** in **main**.

power berechnet einen Wert und liefert ihn an **main** mit Hilfe der **return**-Anweisung, ganz analog zu PL/1. Innerhalb der Klammern nach **return** kann ein beliebiger Ausdruck stehen. [4] Eine Funktion muß keinen Resultat Wert liefern; eine **return**-Anweisung ohne einen nachfolgenden Ausdruck beendet die Ausführung einer Funktion, aber liefert keinen nützlichen Wert an den Aufrufer. Gleiches gilt, wenn das Ende des Programm Textes einer Funktion, also die abschließende geschweifte rechte Klammer, erreicht wird.

---

[4] Die Klammern sind nicht syntaktisch notwendig. A.d.Ü.

Aufgabe 1–13. Schreiben Sie ein Programm, das seine Eingabe in Kleinbuchstaben ausgibt. Dabei soll eine Funktion **lower(c)** benützt werden, die den Wert **c** liefert, wenn in **c** kein Buchstabe steht, und die einen entsprechenden Kleinbuchstaben liefert, wenn **c** einen Buchstaben enthält. ✏

1.8 Parameter Übergabe

Ein Aspekt von C Funktionen mag Programmierer überraschen, die an andere Sprachen, insbesondere Fortran und PL/1, gewöhnt sind. In C werden an Funktionen grundsätzlich Argument *Werte* übergeben. Dies bedeutet, daß die aufgerufene Funktion die Argument Werte in temporären Variablen (in Wirklichkeit auf einem Stack) erhält, und nicht die Adressen der Argumente. In Sprachen wie Fortran und PL/1 werden Adressen übergeben. Für C ergeben sich dadurch einige unterschiedliche Eigenschaften.

Der wesentliche Unterschied ist, daß in C die aufgerufene Funktion eine Variable in der aufrufenden Funktion *nicht* ändern kann; die aufgerufene Funktion kann nur den privaten temporären Wert ändern.

Wert Übergabe ist jedoch ein Vorteil, kein Nachteil. Wert Übergabe führt normalerweise zu kompakteren Programmen mit weniger zusätzlichen Variablen, da Parameter in der aufgerufenen Routine als zweckmäßig initialisierte, lokale Variablen benützt werden können. Hier ist beispielsweise eine Variante von **power**, die diese Tatsache ausnützt.

```
power(x, n)      /* x hoch n; n > 0; Version 2 */
int x, n;
{
    int p;

    for (p = 1; n > 0; --n)
        p = p * x;
    return(p);
}
```

Das Argument **n** wird als temporäre Variable benützt. Mit **n** wird rückwärts gezählt, bis der Wert 0 erreicht ist; wir benötigen die Variable **i** nicht mehr. Das Argument, mit dem **power** ursprünglich aufgerufen wurde, bleibt unverändert, unabhängig davon, was wir auch innerhalb von **power** mit dem Parameter **n** anstellen.

Wo dies notwendig ist, können wir auch dafür sorgen, daß eine Funktion eine Variable in der aufrufenden Funktion ändern kann. Der Aufrufer muß die *Adresse* der Variablen liefern (aus technischer Sicht einen *Zeiger Wert* für die Variable), und die aufgerufene Funktion muß den Parameter als Zeiger deklarieren und die eigentliche Variable mit Hilfe des Zeiger Wertes erreichen. Wir werden dies im Detail in Kapitel 5 besprechen.

Wird der Name eines Vektors als Argument übergeben, dann erhält die Funktion tatsächlich die Adresse des ersten Elements im Vektor. (Vektor Elemente werden *nicht* kopiert.) Wird zum übergebenen Adreßwert ein Index hinzugefügt, so kann die Funktion beliebige Vektor Elemente erreichen und ändern. Dies wird im nächsten Abschnitt ausgeführt.

1.9 Zeichen Vektoren

Die häufigsten Vektoren in C sind wahrscheinlich Vektoren von Zeichen. Wir wollen Zeichen Vektoren und ihre Manipulation illustrieren, indem wir ein Programm schreiben, das eine Reihe von Zeilen einliest und die längste Zeile ausgibt. Die Programm Struktur ist einfach genug:

```
while (es gibt noch eine Zeile)
    if (sie ist laenger als die bisher laengste)
        neue Zeile samt Laenge speichern
laengste Zeile ausgeben
```

Diese Skizze macht deutlich, daß das Programm auf natürliche Weise in Teile zerfällt. Eine Funktion liest eine neue Zeile ein, eine andere Funktion überprüft sie, eine weitere speichert sie ab, und der Rest des Programms kontrolliert dieses Vorgehen.

Da sich das Problem so leicht strukturieren läßt, sollten wir die einzelnen Funktionen auch so formulieren. Schreiben wir also zunächst eine separate Funktion **getline** um die *nächste Zeile* zu lesen; **getline** ist eine Verallgemeinerung von **getchar**. Damit **getline** auch in anderem Zusammenhang benutzt werden kann, sollten wir diese Funktion so flexibel wie möglich gestalten. **getline** sollte mindestens anzeigen, wenn das Eingabe Ende erreicht ist; nützlicher wäre es, wenn **getline** die Länge der gelesenen Zeile liefert oder 0 am Datei Ende. 0 kann nicht mit einer Zeilenlänge verwechselt werden, da jede Zeile wenigstens ein Zeichen enthält; auch eine Zeile, die nur aus einem Zeilentrenner Zeichen besteht, hat die Länge 1.

Finden wir eine Zeile, die länger ist als alle vorhergehenden Zeilen, so müssen wir diese neue Zeile irgendwo abspeichern. Dies führt zu einer neuen Funktion **copy**, um die neue Zeile sicher aufzubewahren.

Schließlich benötigen wir ein Hauptprogramm, um **getline** und **copy** zu überwachen. Hier ist das Resultat:

```
#define MAXLINE 1000      /* maximale Laenge einer Eingabe Zeile */

main()     /* laengste Zeile finden */
{
    int len;     /* Laenge der momentanen Eingabe Zeile */
    int max;     /* bisheriges Maximum */
    char line[MAXLINE];     /* momentane Eingabe Zeile */
    char save[MAXLINE];     /* bisher laengste Zeile */

    max = 0;
    while ((len = getline(line, MAXLINE)) > 0)
        if (len > max) {
            max = len;
            copy(line, save);
        }
    if (max > 0)     /* es gab ueberhaupt eine Zeile */
        printf("%s", save);
}

getline(s, lim)     /* Zeile an s, Laenge als Resultat */
char s[];
int lim;
{
    int c, i;

    for (i=0; i<lim-1 && (c=getchar())!=EOF && c!='\n'; ++i)
        s[i] = c;
    if (c == '\n') {
        s[i] = c;
        ++i;
    }
    s[i] = '\0';
    return(i);
}

copy(s1, s2)     /* s1 nach s2 kopieren; s2 muss gross genug sein */
char s1[], s2[];
{
    int i;

    i = 0;
    while ((s2[i] = s1[i]) != '\0')
        ++i;
}
```

main und **getline** liefern sich Information mit Hilfe von zwei Argumenten und einem Resultat Wert. In **getline** werden die Parameter in den Zeilen

```
char s[];
int lim;
```

deklariert, die festlegen, daß der erste Parameter ein Vektor ist und der zweite ein ganzzahliger Wert. Die Länge des Vektors **s** wird in **getline** nicht vereinbart, da sie in **main** festgelegt wird. **getline** liefert ein Funktionsergebnis mit Hilfe einer **return**-Anweisung, wie das auch die **power** Funktion tat. Manche Funktionen liefern ein explizites Ergebnis; andere, wie zum Beispiel **copy**, führen nur gewisse Aktionen aus und liefern kein explizites Resultat.

getline stellt das Zeichen **\0** (das *Null Zeichen*, dessen Wert 0 ist) an das Ende des Vektors, der erzeugt wird, um so das Ende der Zeichenkette zu markieren. Diese Konvention wird auch vom C Übersetzer befolgt: Erscheint eine konstante Zeichenkette wie

```
"hello\n"
```

in einem C Programm, dann erzeugt der Übersetzer einen Vektor aus den Zeichen in der Zeichenkette und fügt ein **\0** Zeichen an, damit Funktionen wie **printf** das Ende erkennen können:

h	e	l	l	o	\n	\0

Das Format Element **%s** bei **printf** gehört zu einem Zeichenketten Argument, das in dieser Form dargestellt wird. Betrachten wir **copy** genauer, so stellen wir fest, daß auch diese Funktion davon ausgeht, daß das Eingabe Argument **s1** mit **\0** abgeschlossen ist, und daß dieses Zeichen in das Ausgabe Argument **s2** kopiert wird. (Aus all diesem folgt, daß **\0** in gowöhnlichem Text nicht vorkommt.)

Im Vorbeigehen sollten wir erwähnen, daß selbst ein so kleines Programm wie dieses einige diffizile Entwurfsprobleme aufwirft: Was sollte **main** beispielsweise tun, wenn eine Eingabe Zeile geliefert wird, die länger ist als angenommen? **getline** funktioniert korrekt, das heißt, **getline** sammelt keine weiteren Zeichen, wenn der Zeichen Vektor gefüllt ist, auch dann, wenn kein Zeilentrenner Zeichen gefunden wird. **main** könnte die Zeilenlänge und das letzte Zeichen überprüfen, feststellen, ob die Eingabe Zeile zu lang ist, und dann entsprechend verfahren. Um unser Beispiel überschaubar zu halten, haben wir dieses Problem ignoriert.

Ruft man **getline** auf, so weiß man im voraus nicht, wie lang eine Eingabe Zeile sein kann, folglich ist **getline** gegen Überschreiben des Argument Vektors geschützt. Andererseits weiß der Aufrufer der **copy** Funktion bereits (oder er kann es jedenfalls herausfinden), wie lange die beteiligten Zeichenketten sind. Wir haben daher beschlossen, keine Fehler Behandlung in **copy** vorzunehmen.

Aufgabe 1 – 14. Ändern Sie das Hauptprogramm so ab, daß es die Länge beliebig langer Zeilen korrekt druckt und auch soviel Text als möglich.

Aufgabe 1 – 15. Schreiben Sie ein Programm, das alle Zeilen druckt, die länger als 80 Zeichen sind.

Aufgabe 1 – 16. Schreiben Sie ein Programm, das Leerzeichen und Tabulator Zeichen am Ende von Eingabe Zeilen entfernt und das auch völlig leere Zeilen unterdrückt.

Aufgabe 1 – 17. Schreiben Sie eine Funktion **reverse(s)**, die die Zeichenkette **s** umkehrt. Benützen Sie diese Funktion dazu, ein Programm zu schreiben, das seine Eingabe zeilenweise umkehrt.

1.10 Geltungsbereich; externe Variablen

Die Variablen in **main**, (**line**, **save** etc.) sind privat oder lokal in **main**; da diese Variablen innerhalb von **main** deklariert sind, hat keine andere Funktion auf sie direkten Zugriff. Gleiches gilt für die Variablen in anderen Funktionen; beispielsweise ist die Variable **i** in **getline** völlig verschieden von der Variablen **i** in **copy**. Jede lokale Variable in einer Funktion wird nur *erzeugt*, wenn die Funktion aufgerufen wird und *verschwindet*, wenn die Funktion verlassen wird. Aus diesem Grund werden solche Variablen normalerweise als *automatische* Variablen bezeichnet, entsprechend der Terminologie in anderen Sprachen. Wir werden in Zukunft auch die Bezeichnung "automatisch" für diese dynamischen lokalen Variablen benützen. (In Kapitel 4 wird die Speicherklasse **static** diskutiert, in der lokale Variablen ihre Werte zwischen Funktionsaufrufen beibehalten.)

Da die Existenz von automatischen Variablen von Funktionsaktivierungen abhängt, behalten automatische Variablen ihre Werte von einem Funktionsaufruf zum nächsten nicht bei. Am Beginn einer Funktion müssen automatische Variablen jeweils explizit mit Werten belegt werden. Geschieht dies nicht, ist ihr Wert undefiniert.

Alternativ zu automatischen Variablen können Variablen definiert werden, die *extern* zu allen Funktionen sind, das heißt, globale Variablen, die per Namen in jeder Funktion beliebig verfügbar sind. (Dieser Mechanismus gleicht COMMON in Fortran oder EXTERNAL in PL/1.) Da externe Variablen global verfügbar sind, können sie anstelle von Argumenten dazu benützt werden, Daten zwischen Funktionen zu übergeben. Außerdem existieren externe Variablen permanent, sie sind in ihrer Lebensdauer nicht abhängig von Funktionsaufrufen. Auch nach Abschluß eines Funktionsaufrufs behält eine globale Funktion den Wert bei, der ihr innerhalb der Funktion zugewiesen wurde.

Eine externe Variable muß außerhalb von allen Funktionen *definiert* werden; dadurch wird ihr Speicherplatz reserviert. Die Variable muß auch in jeder Funktion *deklariert* werden, in der sie benutzt werden soll. Eine solche Deklaration erfolgt entweder explizit in der Speicherklasse **extern**, oder implizit durch Kontext. Um dieses

Konzept zu verdeutlichen, wollen wir das Programm zur Erkennung der längsten Zeile so verändern, daß **line**, **save** und **max** externe Variablen sind. Dazu müssen wir die Aufrufe, Deklarationen und Aktionsteile aller drei Funktionen ändern.

```
#define MAXLINE 1000      /* maximale Laenge einer Zeile */

char line[MAXLINE];     /* momentane Eingabe Zeile */
char save[MAXLINE];     /* bisher laengste Zeile */
int max;      /* bisheriges Maximum */

main()      /* laengste Zeile finden; spezielle Version */
{
    int len;
    extern int max;
    extern char save[];

    max = 0;
    while ((len = getline()) > 0)
        if (len > max) {
            max = len;
            copy();
        }
    if (max > 0)      /* es gab ueberhaupt eine Zeile */
        printf("%s", save);
}

getline()      /* spezielle Version */
{
    int c, i;
    extern char line[];

    for (i=0; i < MAXLINE-1
        && (c=getchar())!=EOF && c!='\n'; ++i)
        line[i] = c;
    if (c == '\n') {
        line[i] = c;
        ++i;
    }
    line[i] = '\0';
    return(i);
}

copy()      /* spezielle Version */
{
    int i;
    extern char line[], save[];

    i = 0;
    while ((save[i] = line[i]) != '\0')
        ++i;
}
```

Die externen Variablen in **main**, **getline** und **copy** werden in den ersten Zeilen des vorhergehenden Beispiels *definiert*, hier wird der Datentyp festgelegt und Speicherplatz reserviert. Syntaktisch gleichen externe Definitionen den Vereinbarungen, die wir früher benutzt haben, aber da externe Definitionen außerhalb von Funktionen erfolgen, sind die Variablen extern. Eine Funktion kann eine externe Variable erst benützen, wenn der Name dieser Variablen innerhalb der Funktion bekannt ist. Dies kann mit Hilfe einer **extern** *Deklaration* in der Funktion erreicht werden; diese Deklaration ist identisch zur Definition, jedoch wird noch die Speicherklasse **extern** hinzugefügt.

Unter bestimmten Umständen kann die **extern** Deklaration unterbleiben: Erscheint die externe Definition einer Variablen in der Quelldatei *vor* der Benützung dieser Variablen in einer Funktion, dann braucht in dieser Funktion keine **extern** Deklaration für diese Variable zu erfolgen. Die **extern** Deklarationen in **main**, **getline** und **copy** sind daher redundant. Üblicherweise definiert man alle externen Variablen am Anfang der Quelldatei und benützt dann keine **extern** Deklarationen.

Besteht ein Programm aus mehreren Quelldateien und ist eine Variable etwa in der ersten Datei definiert, wird aber in der zweiten Datei benützt, dann *muß* in der zweiten Datei eine **extern** Deklaration erfolgen, um die zwei Verweise auf die Variable über die Quelldateien hinweg zu verbinden. Dieser Komplex wird ausführlich in Kapitel 4 diskutiert.

Beachten Sie, daß wir die Worte *Deklaration* und *Definition* sehr sorgfältig benützen, wenn wir in diesem Abschnitt die *Vereinbarungen* von externen Variablen diskutieren. *Definition* bezeichnet die Vereinbarung, in der für eine Variable tatsächlich Speicherplatz reserviert wird; *Deklaration* bezeichnet die Vereinbarungen, die zwar die Variable beschreiben, aber eben keinen Speicherplatz reservieren.

Übrigens besteht eine Tendenz, alle nur denkbaren Variablen **extern** zu vereinbaren, denn das vereinfacht anscheinend die Zusammenarbeit zwischen Funktionen – Parameter Listen sind kurz, und Variablen sind immer verfügbar, wenn wir sie benötigen. Aber externe Variablen sind *immer* verfügbar, sogar dann, wenn wir sie nicht benützen wollen. Dieser Codier-Stil ist höchst gefährlich, denn er führt zu Programmen, deren Daten Verbindungen absolut nicht offensichtlich sind – Variablen können an unerwarteten Stellen und sogar unabsichtlich verändert werden, und das Programm ist sehr schwer zu modifizieren, falls dies nötig werden sollte. Die zweite Fassung des Programms zur Erkennung der längsten Zeile ist stilistisch schlechter als die erste, zum Teil aus den gerade erwähnten Gründen, und zum Teil, da die allgemeine Verwendbarkeit zweier sehr nützlicher Funktionen dadurch eingeschränkt wird, daß in ihnen explizit die Namen der Variablen erscheinen, die sie beeinflussen.

Aufgabe 1 – 18. Die Bedingung in der **for**-Anweisung von **getline** ist recht plump. Ändern Sie das Programm, um es verständlicher zu machen, aber behalten Sie die Verhaltensweise am Datei Ende oder bei Überschreiten des Zeilenpuffers bei. Ist dieses Verhalten sehr vernünftig?

1.11 Zusammenfassung

Bis hierher haben wir behandelt, was man den konventionellen Kern von C nennen könnte. Mit dieser Handvoll Sprachelemente kann man nützliche Programme von beachtlicher Größe realisieren, und es wäre wohl eine gute Idee, wenn Sie jetzt eine gewisse Pause einlegen würden, um dies auch zu tun. Die folgenden Übungen schlagen Ihnen Programme vor, die etwas aufwendiger sind als die in diesem Kapitel besprochenen.

Wenn Sie soviel vom Sprachumfang von C dann beherrschen, lohnt es sich, weiterzulesen, denn in den Sprachelementen, die in den nächsten Kapiteln behandelt werden, zeigen sich Leistung und Ausdrucksstärke der Sprache.

Aufgabe 1–19. Schreiben Sie ein Programm **detab**, das Tabulator Zeichen in der Eingabe durch die korrekte Anzahl von Leerzeichen ersetzt, um zur nächsten Tabulator Position vorzurücken. Nehmen Sie dazu eine feste Anzahl von Tabulator Positionen an, beispielsweise alle *n* Positionen. ✎

Aufgabe 1–20. Schreiben Sie ein Programm **entab**, das Folgen von Leerstellen durch die minimale Anzahl von Tabulator Zeichen und Leerstellen ersetzt, um die gleichen Zwischenräume zu erzielen. Benützen Sie die gleichen Tabulator Positionen wie für **detab**. ✎

Aufgabe 1–21. Schreiben Sie ein Programm, das lange Eingabe Zeilen teilt, und zwar nach dem letzten Zeichen in einem Wort, das noch ganz vor der Spalte *n* in der Eingabe steht. Dabei soll *n* ein Parameter sein. Sorgen Sie dafür, daß Ihr Programm sich auch für sehr lange Eingabe Zeilen vernünftig verhält und daß auch Zeilen verarbeitet werden können, die keine Leerstellen oder Tabulator Zeichen vor der angegebenen Spalte enthalten. ✎

Aufgabe 1–22. Schreiben Sie ein Programm, das alle Kommentare aus C Programmen entfernt. Dabei sollten Sie nicht vergessen, Zeichenketten (in Doppel-Anführungsstrichen) und Zeichen Konstanten (in einfachen Anführungsstrichen) korrekt zu behandeln. ✎

Aufgabe 1–23. Schreiben Sie ein Programm, das ein C Programm auf elementare Syntaxfehler überprüft, wie zum Beispiel falsch verschachtelte Klammern, geschweifte Klammern und eckige Klammern. Vergessen Sie dabei nicht, Anführungsstrich, Doppel-Anführungsstrich und Kommentare korrekt zu behandeln. (Es ist nicht leicht, ein völlig allgemein gültiges Programm für diesen Zweck zu formulieren.) ✎

Kapitel 2: Datentypen, Operatoren und Ausdrücke

Variablen und Konstanten sind die grundsätzlichen Daten Objekte, die ein Programm manipuliert. Vereinbarungen führen die Variablen ein, die benützt werden sollen, und legen fest, welchen Typ diese Variablen besitzen und vielleicht auch, welchen Anfangswert. Operatoren kontrollieren, was mit Werten geschieht. In Ausdrükken werden Variablen und Konstanten mit Operatoren verknüpft, um neue Werte zu produzieren. Genau davon handelt das vorliegende Kapitel.

2.1 Variablen Namen

Obgleich wir dieses nicht von vornherein gesagt haben, gibt es natürlich Einschränkungen in bezug auf die Namen von Variablen und symbolischen Konstanten. Namen bestehen aus Buchstaben und Ziffern; dabei muß das erste Zeichen ein Buchstabe sein. Der Unterstrich _ zählt dabei als Buchstabe; dieses Zeichen ist nützlich, um die Lesbarkeit von langen Variablen Namen zu verbessern. Groß- und Kleinbuchstaben werden unterschieden; nach dem überlieferten Sprachgebrauch in C ist es üblich, daß man Variablen Namen in Kleinbuchstaben und symbolische Konstanten Namen in Großbuchstaben formuliert.

Nur die ersten acht Zeichen eines internen Namens sind signifikant; allerdings können mehr Zeichen benützt werden. Bei externen Namen, wie den Namen von Funktionen und globalen Variablen, werden unter Umständen auch weniger als acht Zeichen unterschieden, denn externe Namen werden von verschiedenen Assemblern und Ladern benützt. Die Details kann man dem Anhang A entnehmen. Schließlich sind Schlüsselworte wie **if**, **else**, **int**, **float** usw. *reserviert*: Solche Schlüsselworte können nicht als Variablen Namen benützt werden. (Schlüsselworte müssen in Kleinbuchstaben geschrieben werden.)

Es ist natürlich vernünftig, Variablen Namen so zu wählen, daß sie eine Bedeutung besitzen, daß sie den Zweck einer Variablen andeuten, und daß eine Vertauschung durch typografische Fehler unwahrscheinlich wird.

2.2 Datentypen und Speicherbedarf

In C gibt es nur wenige elementare Datentypen:

char, ein Byte, kann ein Zeichen aus dem Zeichensatz der Maschine aufnehmen.

int, ganzzahliger Wert, in der für die Maschine "natürlichen" Größe.

float, einfach genauer Gleitkomma Wert.

double, doppelt genauer Gleitkomma Wert.

int kann dabei noch qualifiziert werden, als **short**, **long** und **unsigned**. **short** und **long** bezeichnen ganzzahlige Werte verschiedener Größe. **unsigned** Werte gehorchen den arithmetischen Regeln "modulo 2^n", dabei ist *n* die Anzahl der Bits in einem **int** Wert. **unsigned** Werte sind immer positiv. Derart qualifiziert entstehen etwa folgende Vereinbarungen:

```
short int x;
long int y;
unsigned int z;
```

In diesen Beispielen kann das Wort **int** ausgelassen werden; normalerweise geschieht dies. Der Wertebereich dieser Objekte hängt von der jeweiligen Maschine ab; eine Tabelle in Anhang A zeigt dazu repräsentative Werte.

Es ist beabsichtigt, daß **short** und **long** verschieden lange ganzzahlige Werte repräsentieren können, soweit dies praktikabel ist; **int** reflektiert normalerweise die "natürliche" Größe von ganzzahligen Werten auf einer bestimmten Maschine. Wie aus der Tabelle ersichtlich ist, steht es jedem Übersetzer frei, **short** und **long** so zu interpretieren, wie es für seine Maschine sinnvoll ist. Sie können sich dabei eigentlich nur darauf verlassen, daß **short** nicht länger ist als **long**.

2.3 Konstanten

int und **float** Konstanten wurden bereits besprochen, wir stellen nur noch fest, daß die übliche "wissenschaftliche" Schreibweise für **float** Konstanten auch akzeptabel ist:

123.456e−7

oder

0.12E3

Jede Gleitkomma Konstante gilt dabei als **double**, daher wird für **float** wie für **double** nur die Exponenten-Schreibweise mit **e** oder **E** benützt.

long Konstanten werden explizit als **123L** angegeben. Ist eine normale ganzzahlige Konstante zu groß für den Typ **int**, so gilt auch sie als **long**.

Ganzzahlige Konstanten können auch oktal (in Basis 8) und hexadezimal (in Basis 16) formuliert werden: Beginnt eine **int** Konstante mit **0** (Null), so wird sie in Basis 8 interpretiert; beginnt die Konstante mit **0x** oder **0X**, so gilt Basis 16. Beispielsweise kann der Dezimalwert 31 dargestellt werden als **037** in Basis 8 und **0x1f** oder **0X1F** in Basis 16. Hexadezimalen und oktalen Konstanten kann wiederum ein **L** folgen, um explizit den Wertebereich **long** darzustellen.

Eine *Zeichen Konstante* ist ein Einzelzeichen innerhalb von Anführungsstrichen wie etwa **'x'**. Der Wert einer Zeichen Konstante ist der Zahlenwert des Zeichens im Zeichensatz des Rechners. Beispielsweise hat die Ziffer Null, also **'0'**, im ASCII Zeichensatz den Wert 48, und im EBCDIC Zeichensatz den Wert 240, und beide Werte sind sehr verschieden vom numerischen Wert **0**. Schreibt man **'0'** anstelle eines numerischen Wertes wie **48** oder **240**, so ist das Programm unabhängig vom jeweiligen numerischen Wert, und damit vom Zeichensatz, formuliert. Zeichen Konstanten können in numerischen Operationen genau wie andere Zahlenwerte verwendet werden; sie werden jedoch am häufigsten zu Vergleichen mit anderen Zeichen verwendet. Die Umwandlungsregeln werden in einem späteren Abschnitt behandelt.

Gewisse grafisch nicht darstellbare Zeichen können in Zeichen Konstanten mit Hilfe von Fluchtsymbol Darstellungen angegeben werden, etwa **'\n'** (Zeilentrenner), **'\t'** (Tabulator Zeichen), **'\0'** (Null Zeichen), **'\\'** (Fluchtsymbol), **'\''** (einfacher Anführungsstrich), usw. Diese Fluchtsymbol Darstellungen benötigen zwar zwei Zeichen, gelten aber als Einzelzeichen. Darüber hinaus kann ein völlig beliebiges Bit Muster als Zeichen dargestellt werden, mit der Formulierung

```
'\ddd'
```

Dabei ist *ddd* eine Folge von ein bis drei oktalen Ziffern, wie etwa

```
#define FORMFEED '\014'      /* ASCII Seitenvorschub */
```

Die Zeichen Konstante **'\0'** steht für das Zeichen mit Wert **0**. **'\0'** wird oft anstelle von **0** geschrieben, um zu betonen, daß ein bestimmter Ausdruck sich mit Zeichen und nicht mit numerischen Werten befaßt.

Ein *konstanter Ausdruck* ist ein Ausdruck, der nur aus konstanten Werten und Operatoren zusammengesetzt ist. Solche Ausdrücke werden vom Übersetzer bewertet und nicht zur Laufzeit, folglich können diese Ausdrücke überall dort benützt werden, wo Konstanten benützt werden sollen, wie beispielsweise

```
#define MAXLINE 1000
char line[MAXLINE+1];
```

oder

```
seconds = 60 * 60 * hours;
```

Eine *konstante Zeichenkette* ist eine Folge von beliebig vielen Zeichen (auch keinen), die von Doppel-Anführungsstrichen umgeben ist, wie etwa

```
"Ich bin eine Zeichenkette"
```

oder

```
""      /* leere Zeichenkette */
```

Die Doppel-Anführungsstriche sind nicht Teil der Zeichenkette, sondern lediglich Begrenzer. Die gleichen Fluchtsymbol Darstellungen, die auch in Zeichen Konstanten Verwendung finden, können in der Zeichenkette auftreten; \" stellt dabei den Doppel-Anführungsstrich dar.

Formal betrachtet ist eine Zeichenkette ein Vektor, dessen Elemente einzelne Zeichen sind. Der C Übersetzer generiert automatisch ein Null Zeichen **\0** am Ende einer jeden solchen konstanten Zeichenkette, damit Programme leicht das Ende der Zeichenkette finden können. Aufgrund dieser Darstellung ist die Länge einer Zeichenkette nicht implizit begrenzt. Programme müssen eine Zeichenkette durchlaufen, um ihre Länge zu bestimmen. Eine konstante Zeichenkette benötigt einen Speicherplatz *mehr* als die Anzahl der Zeichen, die zwischen den Doppel-Anführungsstrichen auftreten. Die folgende Funktion **strlen(s)** liefert die Länge einer Zeichenkette **s**, ohne das abschließende **\0** Zeichen.

```
strlen(s)      /* liefert die Laenge von s */
char s[];
{
    int i;

    i = 0;
    while (s[i] != '\0')
        ++i;
    return(i);
}
```

Sie sollten sehr sorgfältig zwischen einer Zeichen Konstante und einer Zeichenkette, die ein einzelnes Zeichen enthält, unterscheiden: **'x'** ist nicht das Gleiche wie **"x"**. Das erste Objekt ist ein einzelnes Zeichen, das den numerischen Wert des Buchstabens **x** im Zeichensatz des Rechners darstellt. Das zweite Objekt ist eine Zeichenkette, die das Zeichen **x** und ein **\0** Zeichen enthält.

2.4 Deklarationen

Alle Variablen müssen vor Gebrauch vereinbart werden, allerdings folgen manche Deklarationen implizit aus dem Kontext. Eine Vereinbarung legt einen Typ fest, gefolgt von einer Liste von einer oder mehreren Variablen diesen Typs, wie etwa

```
int  lower, upper, step;
char c, line[1000];
```

Variablen können beliebig in Vereinbarungen angeordnet werden; äquivalent zur vorhergehenden Liste könnte man auch folgendermaßen formulieren:

```
int  lower;
int  upper;
int  step;
char c;
char line[1000];
```

Diese letztere Form der Vereinbarungen benötigt zwar mehr Platz im Programm Text, bietet sich aber an, um zu jeder Vereinbarung einen Kommentar hinzuzufügen, oder für spätere Modifikationen.

Variablen können auch in einer Vereinbarung initialisiert werden, jedoch gibt es hier gewisse Einschränkungen. Eine Initialisierung erfolgt, indem in der Definition nach dem Variablen Namen ein Gleichheitszeichen und eine Konstante angegeben werden, wie etwa

```
char backslash = '\\';
int i = 0;
float eps = 1.0e-5;
```

Ist die zu initialisierende Variable **extern** oder in der Speicherklasse **static**, so wird die Initialisierung nur einmal vorgenommen; dies erfolgt sozusagen, *bevor* das Programm ausgeführt wird. Explizit initialisierte automatische Variablen werden jedesmal initialisiert, wenn die Funktion aufgerufen wird, in der sie definiert sind. Sind automatische Variablen nicht explizit initialisiert worden, so haben sie undefinierte Werte. Externe Variablen und solche in der Speicherklasse **static** werden zwar immer auf Null initialisiert, es ist jedoch stilistisch besser, eine solche Initialisierung trotzdem anzugeben.

Wenn wir neue Datentypen einführen, so werden wir Initialisierungen weiter diskutieren.

2.5 Arithmetische Operatoren

Die binären arithmetischen Operatoren sind **+**, **−**, *****, /, und der Operator **%**, der den Rest nach ganzzahliger Division liefert. Es gibt ein negatives Vorzeichen **−**, aber kein positives Vorzeichen **+**.

Bei Division von ganzzahligen Werten wird ein entsprechender Bruch Teil unterdrückt. Der Ausdruck

```
x % y
```

liefert den Rest, der entsteht, wenn **x** durch **y** dividiert wird, und ist daher Null, wenn **y x** genau teilt. Beispielsweise ist ein Jahr ein Schaltjahr, wenn die Jahreszahl durch vier, aber nicht durch hundert dividierbar ist, dabei gilt noch die Ausnahme, daß Jahreszahlen, die durch vierhundert dividierbar sind, Schaltjahre sind. Deshalb

```
if (year % 4 == 0 && year % 100 != 0 || year % 400 == 0)
    es ist ein Schaltjahr
else
    es ist keines
```

Der **%** Operator kann auf **float** oder **double** Werte nicht angewendet werden.

Die + und – Operatoren haben den gleichen Vorrang, und dieser Vorrang ist geringer als der Vorrang von *, / und %. Diese letzteren Operatoren besitzen untereinander gleichen Vorrang und geringeren Vorrang als ein negatives Vorzeichen. Arithmetische Operationen werden von links her zusammengefaßt. (Eine Tabelle am Ende dieses Kapitels sowie ein Abschnitt am Ende des Anhangs A fassen nochmals Vorrang und Assoziativität aller Operatoren zusammen.) Die Reihenfolge der Bewertung von Operanden ist nicht definiert für Operatoren wie * und +, die assoziativ und kommutativ sind. Es steht dem Übersetzer frei, auch geklammerte Ausdrücke, die einen dieser Operatoren beinhalten, beliebig umzuordnen. Folglich kann **a+(b+c)** auch als **(a+b)+c** bewertet werden. Normalerweise wird dies ein Resultat nicht beeinflussen, ist jedoch eine bestimmte Bewertungsreihenfolge notwendig, so müssen explizit temporäre Variablen benützt werden.

Welche Aktionen bei Verlassen der Wertebereiche (*overflow* oder *underflow*) erfolgen, hängt von der jeweiligen Maschine ab.

2.6 Vergleiche und logische Verknüpfungen

Die Vergleichsoperatoren sind

```
>     >=     <     <=
```

Diese Operatoren haben alle gleichen Vorrang. Die Äquivalenz Operatoren

```
==     !=
```

haben untereinander gleichen Vorrang, dieser Vorrang ist geringer als der Vorrang der Vergleichsoperatoren. Vergleiche haben geringeren Vorrang als arithmetische Operatoren. Daher werden Ausdrücke wie **i<lim–1** als **i<(lim–1)** bewertet, was man auch erwarten würde.

Interessanter sind die logischen Verknüpfungen **&&** und **||**. Ausdrücke, die mit **&&** oder **||** verknüpft sind, werden strikt von links nach rechts bewertet, und zwar nur solange, bis das Resultat der logischen Verknüpfung feststeht. Diese Eigenschaft ist sehr kritisch, um funktionsfähige Programme zu formulieren. Beispielsweise ist hier eine Schleife aus der Eingabe Funktion **getline**, die wir in Kapitel 1 formuliert haben:

```
for (i=0; i<lim-1 && (c=getchar()) != '\n' && c != EOF; ++i)
    s[i] = c;
```

Es ist offensichtlich notwendig, bevor wir ein neues Zeichen einlesen, zu überprüfen, daß im Vektor **s** auch Platz vorhanden ist, folglich muß der Test **i<lim–1** erfolgen, *bevor* ein Zeichen eingelesen wird. Aber nicht nur dies; wir können auch kein weiteres Zeichen einlesen, wenn kein Platz mehr vorhanden ist.

Analog sollten wir **c** nicht mit **EOF** vergleichen, bevor **getchar** aufgerufen wurde: Der Aufruf muß erfolgen, bevor das Zeichen in **c** geprüft wird.

Der Vorrang von **&&** ist größer als der Vorrang von **||**, und beide haben geringeren Vorrang als die Vergleichsoperationen, folglich benötigen Ausdrücke wie

```
i<lim-1 && (c=getchar()) != '\n' && c != EOF
```

keine zusätzlichen Klammern. Da jedoch der Vorrang von **!=** höher ist als der Vorrang der Zuweisung, sind im Ausdruck

```
(c=getchar()) != '\n'
```

die Klammern notwendig, um das beabsichtigte Resultat zu erhalten.

Der Negationsoperator **!**, der wie ein Vorzeichen verwendet wird, liefert 0, wenn sein Operand nicht 0 ist, und 1, wenn sein Operand 0 ist. (In C gilt jeder numerische Wert, der von 0 verschieden ist, in Bedingungen als *wahr*, und der numerische Wert 0 gilt in Bedingungen als *falsch*.) Der Operator **!** wird häufig bei

```
if (! inword)
```

verwendet, anstelle von

```
if (inword == 0)
```

Man kann nicht völlig verallgemeinern, welche Scheibweise besser ist. Angaben wie **! inword** sind gut verständlich ("wenn nicht innerhalb eines Wortes"), aber kompliziertere Formulierungen sind oft schwer verständlich.

Aufgabe 2 – 1. Formulieren Sie die obige **for**-Schleife um, ohne den Operator **&&** zu verwenden.

2.7 Datentyp Umwandlungen

Erscheinen Operanden mit verschiedenen Datentypen zusammen in Ausdrükken, dann werden ihre Werte entsprechend einer kleinen Anzahl von Regeln in einen gemeinsamen Datentyp umgewandelt. Allgemein gesprochen finden implizit nur solche Umwandlungen statt, die sinnvoll sind, wie etwa die Umwandlung eines ganzzahligen Wertes in einen Gleitkomma Wert in einem Ausdruck wie **f+i**. Sinnlose Ausdrücke, wie etwa ein **float** Wert als Index, sind verboten.

Als erstes können **char** und **int** Werte beliebig zusammen in arithmetischen Ausdrücken auftreten: Jeder **char** Wert in einem Ausdruck wird automatisch in einen **int** Wert umgewandelt. Damit können bestimmte Zeichen Transformationen sehr flexibel formuliert werden. Als ein Beispiel betrachten wir die Funktion **atoi**, die eine Ziffernkette in ihr numerisches Äquivalent umwandelt.

```
atoi(s)        /* Zeichenkette in int umwandeln */
char s[];
{
    int i, n;

    n = 0;
    for (i = 0; s[i] >= '0' && s[i] <= '9'; ++i)
        n = 10 * n + s[i] - '0';
    return(n);
}
```

Wie wir in Kapitel 1 schon besprochen haben, liefert der Ausdruck

```
s[i] - '0'
```

den numerischen Wert des Zeichens, das in **s[i]** gespeichert ist, da die Werte von **'0'**, **'1'**, etc. eine zusammenhängende, monoton fortschreitende, positive Folge bilden.

Ein weiteres Beispiel einer Umwandlung von **char** in **int** Werte ist die Funktion **lower**, die ein einzelnes Zeichen in einen Kleinbuchstaben, *aber nur im ASCII Zeichensatz*, umwandelt. Ist das Argument kein Großbuchstabe, so liefert **lower** diesen Wert unverändert.

```
lower(c)       /* c in Kleinbuchstaben umwandeln; ASCII */
int c;
{
    if (c >= 'A' && c <= 'Z')
        return(c + 'a' - 'A');
    else
        return(c);
}
```

Dies funktioniert im ASCII Zeichensatz, da sich die jeweiligen Groß- und Kleinbuchstaben um einen konstanten Wert unterscheiden, und da jedes Alphabet zusammenhängend ist – zwischen **'A'** und **'Z'** liegen ausschließlich Buchstaben. Letzteres gilt nicht für den EBCDIC Zeichensatz (IBM 360/370), also funktioniert diese **lower** Funktion auf solchen Rechnern nicht – sie würde mehr als nur Buchstaben umwandeln.

Bei der Umwandlung von Zeichen in numerische Werte ist eine Feinheit zu beachten. C definiert nicht, ob Variablen vom Typ **char** numerische Werte mit oder ohne Vorzeichen sind. [1] Kann bei Umwandlung eines **char** Werts in einen **int** Wert je eine *negative* Zahl entstehen? Leider ist die Antwort zu dieser Frage von Maschine zu Maschine verschieden, entsprechend der jeweiligen Maschinen Architektur. Auf manchen Maschinen, wie beispielsweise der PDP-11, wird ein **char** Wert, der links

[1] Bei manchen Implementierungen gibt es speziell den Datentyp **unsigned char**. A.d.Ü.

mit einem 1-Bit beginnt, in einen negativen numerischen Wert, durch Propagierung des Vorzeichens, verwandelt. Bei anderen Systemen wird ein **char** Wert in einen **int** Wert grundsätzlich durch Hinzufügung von 0-Bits links umgewandelt, also ist das Resultat in diesem Fall stets positiv.

C definiert jedoch, daß bei Umwandlungen von Zeichen aus dem Standard Zeichensatz der jeweiligen Maschine keine negativen Werte entstehen, Zeichen aus dem Standard Zeichensatz können deshalb in Ausdrücken immer als positive Größen behandelt werden. Speichert man jedoch beliebige Bit Muster als **char** Werte, so können diese auf manchen Maschinen negativ und auf anderen positiv erscheinen.

Dies tritt häufig ein, wenn der Wert **−1** für **EOF** benutzt wird. Betrachten wir dazu

```
char c;

c = getchar();
if (c == EOF)
    ...
```

Auf einer Maschine, die das Vorzeichen nicht propagiert, ist **c** grundsätzlich positiv als **char**, jedoch ist **EOF** negativ. Daher ist die Bedingung grundsätzlich falsch. Um dies zu vermeiden, haben wir immer **int** anstelle von **char** Variablen definiert, wenn wir Werte zugewiesen haben, die **getchar** geliefert hatte.

Der eigentliche Grund dafür, daß wir hier **int** anstelle von **char** verwenden, hängt jedoch nicht von der Propagierung des Vorzeichens ab: **getchar** muß alle möglichen Zeichen liefern können (damit **getchar** für beliebige Eingaben verwendet werden kann) und zusätzlich dazu einen separaten Wert für **EOF**. Damit *kann* der Resultat Wert von **getchar** nicht als **char** repräsentiert werden, sondern er muß eben ein **int** Wert sein.

Eine weitere nützliche implizite Typ Umwandlung betrifft die Resultate von Vergleichen und logischen Verknüpfungen. Vergleiche wie **i>j** und logische Verknüpfungen mit Hilfe von **&&** und **||** haben nach Definition den Wert 1, falls sie zutreffen, und 0, falls nicht. Also wird in der Zuweisung

```
isdigit = c >= '0' && c <= '9';
```

isdigit auf 1 gesetzt, falls **c** eine Ziffer ist, und auf 0, falls nicht. (In einer Bedingung bei **if**, **while**, **for** usw., bedeutet "wahr" einfach "nicht Null".)

Implizite arithmetische Umwandlungen funktionieren etwa so wie man erwarten müßte. Im allgemeinen wird bei binären Operatoren wie **+** oder *****, wenn zwei Operanden von verschiedenem Typ vorliegen, der Wert vom "schwächeren" Typ in den "stärkeren" Typ umgewandelt, bevor die Operation ausgeführt wird. Das Resultat hat dann den stärkeren Typ. Präziser formuliert finden bei jedem arithmetischen Operator zunächst die folgenden Umwandlungen der Reihe nach statt:

char und **short** werden in **int** umgewandelt, und **float** wird in **double** verwandelt.

Ist danach einer der zwei Operanden **double**, so wird der andere Operand in **double** umgewandelt, und das Resultat hat den Typ **double**.

Ist andernfalls einer der beteiligten Operanden **long**, so wird der andere Operand in **long** umgewandelt, und das Resultat ist **long**.

Ist dagegen einer der beiden Operanden **unsigned**, so wird der andere Operand ebenfalls in **unsigned** umgewandelt, und das Resultat ist **unsigned**.

Trifft keiner dieser Fälle zu, so sind beide Operanden vom Typ **int**, und das Resultat ist ebenfalls vom Typ **int**.

Man beachte, daß alle **float** Werte in einem Ausdruck in **double** Werte verwandelt werden; in C findet alle Gleitkomma Arithmetik mit doppelter Genauigkeit statt.

Auch bei Zuweisungen finden Umwandlungen statt; der Wert auf der rechten Seite, der zugewiesen werden soll, wird in den Typ der linken Seite, an den also zugewiesen werden soll, umgewandelt; das Resultat einer Zuweisung hat den Typ des Objekts, an das zugewiesen wird. Ein Zeichen wird in einen ganzzahligen Wert umgewandelt, mit oder ohne Propagierung des Vorzeichens, wie oben beschrieben wurde. Die umgekehrte Operation, also die Umwandlung von **int** in **char**, ist vom Maschinentyp unabhängig – dabei werden Bits von links her einfach unterdrückt. Also bleibt bei

```
int  i;
char c;

i = c;
c = i;
```

der Wert von c unverändert. Dies gilt übrigens unabhängig davon, ob das Vorzeichen propagiert wird oder nicht.

Ist **x** ein **float** und **i** ein **int** Objekt, dann verursachen sowohl

```
x = i
```

als auch

```
i = x
```

Umwandlungen; bei Umwandlung von **float** in **int** wird ein Bruch Teil unterdrückt. **double** wird in **float** durch Rundung umgewandelt. Längere **int** Werte werden in kürzere oder **char** Werte umgewandelt, indem Bits von links her unterdrückt werden.

Da ein Funktionsargument ein Ausdruck ist, finden Typ Umwandlungen auch statt, wenn Argumente an Funktionen übergeben werden: Insbesondere werden **char** und **short** in **int** Werte umgewandelt, und **float** wird zu **double**. Aus diesem

Grund haben wir Parameter immer als **int** und **double** deklariert, sogar wenn die Funktion mit **char** oder mit **float** Argumenten aufgerufen wurde.

Schließlich kann man explizite Typ Umwandlungen in einem beliebigen Ausdruck mit einer *cast* Konstruktion erzwingen: [2]

(Typ – Bezeichnung) Ausdruck

bei dieser Angabe wird der Wert des Ausdrucks in den angegebenen Typ umgewandelt unter Benutzung der oben angegebenen Umwandlungsregeln. Exakt bedeutet eine *cast* Konstruktion dasselbe, als wenn der Ausdruck einer Variablen vom angegebenen Typ zugewiesen wird, die dann anstelle der ganzen Konstruktion verwendet wird. Beispielsweise erwartet die **sqrt** Funktion ein **double** Argument und liefert sinnlose Resultate, wenn versehentlich ein Argument vom anderen Typ übergeben werden sollte. Ist also **n** ein ganzzahliger Wert, dann wird bei

```
sqrt((double) n)
```

n in **double** umgewandelt, bevor es als Argument an **sqrt** übergeben wird. (Man beachte, daß die *cast* Konstruktion den *Wert* von **n** im verlangten Typ liefert; der tatsächliche Inhalt der Variablen **n** wird dabei natürlich nicht verändert.) Die *cast* Konstruktion hat den gleichen Vorrang wie andere Vorzeichen Operatoren, wie dies aus der Tabelle am Ende dieses Kapitels hervorgeht.

Aufgabe 2 – 2. Realisieren Sie die Funktion **htoi(s)**, die eine Kette von hexadezimalen Ziffern in den entsprechenden ganzzahligen Wert umwandelt. Dabei sind die zulässigen Ziffern **0** bis **9**, **a** bis **f** und **A** bis **F**. ✎

2.8 Inkrement und Dekrement Operatoren

C verfügt über zwei ungewöhnliche Operatoren zur Inkrementierung und Dekrementierung von Variablen. Der Inkrement Operator **++** addiert 1 zu seinem Operanden, der Dekrement Operator **--** subtrahiert 1. Wir haben häufig **++** dazu verwendet, Variablen zu inkrementieren, zum Beispiel in

```
if (c == '\n')
        ++nl;
```

Ungewöhnlich ist, daß **++** und **--** sowohl *vor* als auch *nach* ihren Operanden angegeben werden können (*Präfix Notierung*: **++n**, oder *Postfix Notierung*: **n++**). In beiden Fällen wird die Variable **n** inkrementiert. Allerdings wird beim Ausdruck **++n n** inkrementiert, *bevor* der resultierende Wert verwendet wird, während bei **n++ n** inkrementiert wird, *nachdem* der Wert von **n** benutzt wurde. Dies bedeutet, daß in einem Kontext, in dem der Resultat Wert weiter verwendet wird, die Ausdrükke **++n** und **n++** verschieden sind. Ist etwa **n** gleich 5, dann erhält bei

```
x = n++;
```

[2] Zu deutsch Gipsverband, eine sehr plastische Umschreibung. A.d.Ü.

x den Wert 5; bei

```
x = ++n;
```

erhält **x** aber den Wert 6. **n** ist anschließend in beiden Fällen 6. Die Inkrement- und Dekrement Operatoren verändern ihre Operanden, sie können also nur auf Variablen angewendet werden; ein Ausdruck wie zum Beispiel **x=(i+j)++** ist illegal.

Wird in einem Zusammenhang wie

```
if (c == '\n')
        nl++;
```

nur der Inkrement Effekt, nicht aber der Resultat Wert benötigt, so kann man Präfix oder Postfix Notierung beliebig wählen. Es gibt jedoch Situationen, in denen nur einer der beiden Resultat Werte effizient weiter verwendet werden kann. Betrachten wir beispielsweise die Funktion **squeeze(s,c)**, die beliebig viele Kopien des Zeichens **c** aus der Zeichenkette **s** entfernt.

```
squeeze(s,c)        /* alle Zeichen c in s loeschen */
char s[];
int c;
{
        int i, j;

        for (i = j = 0; s[i] != '\0'; i++)
                if (s[i] != c)
                        s[j++] = s[i];
        s[j] = '\0';
}
```

Das Zeichen in Position **i** wird untersucht. Liegt nicht gerade eine Kopie von **c** vor, so wird das Zeichen aus Position **i** in Position **j** kopiert, und nur daran anschließend wird **j** inkrementiert, um auf eine neue verfügbare Position zu zeigen. Dies kann äquivalent so formuliert werden:

```
if (s[i] != c) {
        s[j] = s[i];
        j++;
}
```

Ein weiteres ähnliches Beispiel findet sich in der **getline** Funktion, die wir in Kapitel 1 geschrieben haben. Dort können wir

```
if (c == '\n') {
        s[i] = c;
        ++i;
}
```

durch die knappere Formulierung

```
if (c == '\n')
    s[i++] = c;
```

ersetzen.

Als drittes Beispiel betrachten wir die Funktion **strcat(s,t)**. Diese Funktion kopiert die Zeichenkette **t** an das Ende der Zeichenkette **s**. **strcat** geht davon aus, daß in **s** genügend Platz vorhanden ist, um beide Zeichenketten zu enthalten.

```
strcat(s, t)        /* t an das Ende von s anhaengen */
char s[], t[];        /* s muss dabei gross genug sein */
{
    int i, j;

    i = j = 0;
    while (s[i] != '\0')        /* Ende von s finden */
        i++;
    while ((s[i++] = t[j++]) != '\0')        /* t kopieren */
        ;
}
```

Nachdem jeweils ein Zeichen aus **t** nach **s** kopiert worden ist, wird der Inkrement Operator **++** in Postfix Notierung auf **i** und **j** angewendet, damit diese Indizes im nächsten Durchgang durch die Schleife wieder auf neue Zeichen zeigen.

Aufgabe 2 – 3. Konstruieren Sie eine andere Version von **squeeze(s1,s2)**, die jedes Zeichen aus **s1** entfernt, das in der *Zeichenkette* **s2** vorkommt. ✎

Aufgabe 2 – 4. Entwickeln Sie eine Funktion **any(s1,s2)**, die die Position des ersten Zeichens in der Zeichenkette **s1** als Resultat Wert liefert, das in der Zeichenkette **s2** vorkommt. Enthält **s1** kein Zeichen aus **s2**, so soll der Resultat Wert **−1** sein. ✎

2.9 Bit Manipulationen

C verfügt über eine Reihe von Operatoren für Bit Manipulationen; diese Operatoren können auf die Datentypen **float** oder **double** nicht angewendet werden:

- **&**, *und* Verknüpfung von Bits.
- **|**, *oder* Verknüpfung von Bits.
- **^**, exklusive *oder* Verknüpfung von Bits.
- **<<**, Bit Verschiebung nach links.
- **>>**, Bit Verschiebung nach rechts.
- **~**, Bit Komplement (Vorzeichen Operator).

Die *und* Verknüpfung von Bits, der **&** Operator, wird oft dazu benützt, eine Reihe von Bits auf 0 zu setzen. Beispielsweise löscht

```
c = n & 0177;
```

in **n** alle Bits mit Ausnahme der letzten sieben. Die *oder* Verknüpfung von Bits, der **|** Operator, wird dazu benützt, um Bits auf 1 zu setzen:

```
x = x | MASK;
```

setzt in **x** genau die Bits, die in **MASK** auf 1 gesetzt sind.

Man muß die Bit Verknüpfungen **&** und **|** sorgfältig von den logischen Verknüpfungen **&&** und **||** unterscheiden, welch letztere *Bedingungen* von links nach rechts verknüpfen. Hat beispielsweise **x** den Wert 1 und **y** den Wert 2, dann ist **x&y** Null, und **x&&y** ist Eins. (Warum wohl?)

Die *shift* Operatoren **<<** und **>>** verschieben ihre linken Operanden um so viele Bit Positionen nach links oder rechts, wie dies der rechte Operand jeweils verlangt. Also bewegt **x<<2** den Wert **x** um zwei Positionen nach links, wobei 0 nachgeschoben wird; dies ist äquivalent zu einer Multiplikation mit 4. Wird ein Wert mit Typ **unsigned** nach rechts geschoben, so wird 0 nachgeschoben. Wird ein Wert mit Vorzeichen nach rechts geschoben, so wird auf manchen Systemen (*arithmetic shift*) das Vorzeichen Bit nachgeschoben, und auf anderen Systemen wird 0 nachgeschoben (*logical shift*).

Der Operator ~, der als Vorzeichen verwendet wird, komplementiert die Bits in einem ganzzahligen Wert; das heißt, ein Bit mit Wert 1 wird in 0 verwandelt und umgekehrt. Der Ausdruck

```
x & ~077
```

zeigt eine typische Verwendung von ~. In **x** werden dabei die letzten sechs Bits auf 0 gesetzt. Man beachte, daß **x&~077** von der Wortlänge des Rechners unabhängig ist; diese Angabe ist daher besser als zum Beispiel die Formulierung **x&0177700**, bei der davon ausgegangen wird, daß **x** eine Größe mit 16 Bits ist. Die vorhergehende Formulierung verursacht zur Ausführungszeit des Programms keinen zusätzlichen Aufwand, **~077** ist ein konstanter Ausdruck und wird daher bereits vom Übersetzer bewertet.

Um einige Bit Operatoren vorzuführen, betrachten wir die Funktion **getbits(x,p,n)**, die (entsprechend nach rechts geschoben) aus **x** ein Feld mit **n** Bits liefert, das in Position **p** beginnt. Wir gehen davon aus, daß die Bit Position 0 das *rechte* Ende von **x** bezeichnet, und daß **n** und **p** vernünftige positive Werte sind. Beispielsweise liefert **getbits(x,4,3)** die drei Bits in den Positionen 4, 3 und 2, entsprechend nach rechts geschoben.

```
getbits(x, p, n)      /* n Bits ab Position p */
unsigned x, p, n;
{
    return ((x >> (p+1-n)) & ~(~0 << n));
}
```

x>>(p+1-n) verlagert das gewünschte Feld an das rechte Ende eines Wortes. Deklariert man den Parameter **x** als **unsigned**, so ist sicher, daß bei dieser Verlagerung 0 nachgeschoben wird, unabhängig von dem Rechner, auf dem dieses Programm ausgeführt wird. **~0** besteht nur aus Bits mit dem Wert 1; schiebt man dies um **n** Bit Positionen nach links, also mit Hilfe von **~0<<n**, so entsteht eine Maske, die in den rechten **n** Positionen 0 enthält und sonst 1; wird dieser Wert schließlich komplementiert mit Hilfe von ~, so entsteht eine Maske, die rechts in **n** Bit Positionen 1 enthält.

Aufgabe 2-5. Verändern Sie **getbit** so, daß die Bit Positionen von links nach rechts gezählt werden. ✏

Aufgabe 2-6. Entwickeln Sie eine Funktion **wordlength()**, die die Wortlänge des Rechners bestimmt, auf dem das Programm ausgeführt wird, das heißt also die Anzahl von Bits in einem **int** Wert. Die Funktion sollte portabel sein, das heißt, dasselbe Quellprogramm sollte, auf verschiedenen Systemen übersetzt und ausgeführt, das korrekte Resultat liefern. ✏

Aufgabe 2-7. Konstruieren Sie eine Funktion **rightrot(n,b)**, die den ganzzahligen Wert **n** um **b** Bit Positionen nach rechts rotiert. ✏

Aufgabe 2-8. Schreiben Sie eine Funktion **invert(x,p,n)**, die in **x** genau die **n** Bits komplementiert (also von 1 in 0 und umgekehrt verwandelt), die in Bit Position **p** beginnen. Andere Bits sollen unverändert bleiben. ✏

2.10 Zuweisungen und Ausdrücke

Im Ausdruck

```
i = i + 2
```

wird die linke Seite am Anfang der rechten Seite wiederholt; dies kann kompakter als

```
i += 2
```

formuliert werden, unter Verwendung eines zusammengesetzten Zuweisungsoperators wie **+=**.

Für die meisten binären Operatoren (also Operatoren wie **+**, die einen rechten und linken Operanden besitzen) existieren entsprechende Zuweisungsoperatoren *op*=, wobei *op* aus folgender Operator Liste stammt:

```
+   -   *   /   %   <<   >>   &   ^   |
```

Sind **e1** und **e2** Ausdrücke, dann ist

```
e1 op= e2
```

äquivalent zu

```
e1 = (e1) op (e2)
```

abgesehen davon, daß **e1** nur einmal bewertet wird. Man beachte dabei die Klammern um **e2**:

```
x *= y + 1
```

ist tatsächlich äquivalent zu

```
x = x * (y + 1)
```

und nicht zu

```
x = x * y + 1
```

Beispielsweise zählt die Funktion **bitcount** die Anzahl Bits mit Wert 1 in ihrem ganzzahligen Argument:

```
bitcount(n)      /* 1-Bits zaehlen */
unsigned n;
{
	int b;

	for (b = 0; n != 0; n >>= 1)
		if (n & 01)
			b++;
	return(b);
}
```

Ganz abgesehen von der prägnanten Formulierung reflektieren zusammengesetzte Zuweisungsoperatoren eher die menschliche Denkweise. Wir sagen schließlich "Addiere 2 zu **i**" oder "Inkrementiere **i** zweimal" und nicht "Nimm **i**, addiere 2 und schreibe das Resultat zurück nach **i**." Daher also **i+ =2**. Darüber hinaus wird in einem komplizierten Ausdruck wie

```
yyval[yypv[p3+p4] + yypv[p1+p2]] += 2
```

der Text durch den zusammengesetzten Zuweisungsoperator einfacher verständlich: Der Leser muß nicht mühsam feststellen, daß zwei lange Ausdrücke tatsächlich gleich sind, oder sich gar überlegen, warum sie nicht gleich sind. Schließlich kann ein zusammengesetzter Zuweisungsoperator dem Übersetzer helfen, effizienteren Code zu generieren. Zuweisungsoperatoren liefern den zugewiesenen Wert als Resultat und können daher in Ausdrücken verwendet werden; dies haben wir bereits in

```
while ((c = getchar()) != EOF)
	...
```

verwendet. Zusammengesetzte Zuweisungsoperatoren können ganz analog verwendet werden, dies ist jedoch weniger häufig.

Der Resultat Typ einer Zuweisung ist immer der Typ des linken Operanden.

Aufgabe 2 – 9. In einem Zahlensystem, das auf dem Zweier-Komplement beruht, löscht der Ausdruck **x&(x – 1)** das rechteste Bit mit Wert 1 in **x**. (Warum wohl?) Benützen Sie diesen Trick, um eine schnellere Version von **bitcount** zu realisieren. ✎

2.11 Bedingte Bewertung

Um das Maximum von **a** und **b** an **z** zuzuweisen, verwenden wir etwa die folgenden Anweisungen:

```
if (a > b)
        z = a;
else
        z = b;
```

Die *bedingte Bewertung*, die mit dem Operator Paar **?:** formuliert wird, ist eine alternative Formulierungsmöglichkeit. Im Ausdruck

```
e1 ? e2 : e3
```

wird zunächst **e1** bewertet. Trifft diese Bedingung zu, ist also der Wert von **e1** nicht 0, dann wird der Ausdruck **e2** bewertet, dessen Wert ist dann das Resultat der bedingten Bewertung. Trifft **e1** nicht zu, so wird **e3** bewertet, um das Resultat zu bestimmen. Nur *einer* der Ausdrücke **e2** und **e3** wird bewertet. Um also nochmals an **z** das Maximum von **a** und **b** zuzuweisen, formulieren wir

```
z = (a > b) ? a : b;        /* z = max(a, b) */
```

Wir sollten dabei beachten, daß die bedingte Bewertung tatsächlich wieder ein Ausdruck ist und folglich wie jeder andere Ausdruck verwendet werden kann. Sind **e2** und **e3** Ausdrücke mit verschiedenem Datentyp, so wird aus diesen zwei Datentypen der Typ des Resultats so bestimmt wie für die anderen Operatoren. Ist also etwa **f** ein **float** Wert, und **n** ein **int** Wert, dann hat der Ausdruck

```
(n > 0) ? f : n
```

als Resultat einen **double** Wert, und zwar *unabhängig* davon, ob **n** positiv ist oder nicht.

In einer bedingten Bewertung muß der erste Ausdruck, also die Bedingung, nicht in Klammern eingeschlossen werden, da der Vorrang von **?:** sehr niedrig ist, nämlich gerade noch größer als der Vorrang von Zuweisungen. Trotzdem sollten wir Klammern benützen, da sie die Bedingung leichter sichtbar machen.

Bedingte Bewertungen führen oft zu knappen Formulierungen. Beispielsweise gibt die folgende Schleife **N** Elemente eines Vektors aus, und zwar 10 Elemente pro

Zeile, mit einer Leerstelle zwischen Spalten, und mit einem Zeilentrenner nach jeder Zeile (auch nach der letzten).

```
for (i = 0; i < N; i++)
    printf("%6d%c", a[i], (i%10==9 || i==N-1) ? '\n' : ' ');
```

Ein Zeilentrenner wird nach jedem zehnten Element ausgegeben und auch nach dem letzten Element. Nach jedem anderen Element steht eine Leerstelle. Dies sieht vielleicht verzwickt aus; der Versuch, auf die bedingte Bewertung zu verzichten, ist jedoch recht instruktiv.

Aufgabe 2 – 10. Ändern Sie die Funktion **lower**, die Großbuchstaben in Kleinbuchstaben umwandelt, so daß eine bedingte Bewertung verwendet wird anstelle einer **if-else**-Anweisung. ✎

2.12 Vorrang und Reihenfolge von Bewertungen

Die nachstehende Tabelle faßt die Regeln für Vorrang und Assoziativität von allen Operatoren zusammen; sie enthält auch Operatoren, die wir bisher nicht besprochen haben. Innerhalb einer Zeile haben Operatoren den gleichen Vorrang. Die Zeilen sind in der Reihenfolge absteigenden Vorrangs angeordnet, also haben zum Beispiel *****, / und **%** alle den gleichen Vorrang, und dieser Vorrang ist größer als der von **+** und **–**.

Operator	Zusammenfassung
() [] ->	von links her
! ~ ++ -- - (typ) * & sizeof	von rechts her
* / %	von links her
+ -	von links her
<< >>	von links her
< <= > >=	von links her
== !=	von links her
&	von links her
^	von links her
|	von links her
&&	von links her
||	von links her
?:	von rechts her
= += -= etc.	von rechts her
, (siehe Kapitel 3)	von links her

Die Operatoren **->** und **.** werden dazu benützt, die Komponenten einer Struktur auszuwählen; diese Operatoren werden, wie auch **sizeof** (Größe eines Objekts) in Kapitel 6 besprochen. In Kapitel 5 behandeln wir den Verweisoperator ***** und den Adreßoperator **&**.

Man beachte, daß der Vorrang der Operatoren zur Bit Manipulation **&**, **^** und **|**, geringer ist als der Vorrang der Vergleiche **==** und **!=**. Daraus folgt, daß beim Überprüfen bestimmter Bits, wie etwa

```
if ((x & MASK) == 0) ...
```

die Bit Verknüpfungen in Klammern eingeschlossen werden müssen, damit korrekte Resultate entstehen.

Wie schon früher erwähnt wurde, können Ausdrücke, die nur einen der assoziativen und kommutativen Operatoren *****, **+**, **&**, **^**, **|** enthalten, beliebig umgeordnet werden, sogar dann, wenn sie Klammern enthalten. Dies bleibt meistens ohne Einfluß auf das Resultat; falls nötig, können explizite Zuweisungen an temporäre Variablen dazu dienen, eine bestimmte Reihenfolge der Bewertung zu erzwingen.

Wie in den meisten anderen Sprachen ist auch in C nicht definiert, in welcher Reihenfolge die Operanden eines Operators bewertet werden. Beispielsweise kann in der Anweisung

```
x = f() + g();
```

f vor oder nach **g** bewertet werden; wenn also **f** oder **g** eine externe Variable verändert, von der jeweils die andere Funktion abhängt, dann kann **x** von der Reihenfolge der Bewertungen abhängen. Wir können natürlich wieder Zwischenresultate in temporären Variablen speichern, um eine bestimmte Bewertungsreihenfolge zu erzwingen.

Analog ist auch die Reihenfolge, in der die Argumente für einen Funktionsaufruf bewertet werden, nicht definiert, also kann die Anweisung

```
printf("%d %d\n", ++n, power(2, n));      /* FALSCH */
```

auf verschiedenen Maschinen verschiedene Resultate liefern, je nachdem, ob **n** inkrementiert wird, bevor **power** aufgerufen wird. Eine bessere Formulierung ist natürlich

```
++n;
printf("%d %d\n", n, power(2, n));
```

Funktionsaufrufe, verschachtelte Zuweisungen und die Inkrement und Dekrement Operatoren verursachen *Nebeneffekte* – als Nebenprodukt der Bewertung eines Ausdrucks wird eine Variable verändert. Verursacht ein Ausdruck Nebeneffekte, so kann die Reihenfolge, in der Werte abgespeichert werden, sehr subtil das Resultat der Bewertung des Ausdrucks beeinflussen. Eine besonders unglückliche Situation zeigt sich in

```
a[i] = i++;
```

Die Frage ist, ob der alte Wert von **i** oder der neue Wert als Index benutzt wird. Der Übersetzer kann dies verschieden realisieren und kann folglich verschiedene Resultate liefern. Es bleibt dem Übersetzer überlassen, *wann* Nebeneffekte, das heißt die das heißt die Zuweisung zu expliziten Variablen, stattfinden sollen, da die bestmögliche Reihenfolge sehr stark von der Rechner Architektur abhängig ist.

Die Moral ist natürlich, daß es schlechter Programmierstil in jeder Sprache ist, wenn man so formuliert, daß die Bewertungsreihenfolge eine Rolle spielt. Man muß natürlich wissen, was man vermeiden soll, aber wenn Sie nicht wissen, *wie* verschiedene Dinge auf verschiedenen Maschinen realisiert werden, dann kann Sie dieses Unwissen vor Strafe schützen. (Das C Semantik Prüfprogramm *lint* wird meistens entdecken, daß ein Resultat von der Reihenfolge von Bewertungen abhängt.)

Kapitel 3: Kontrollstrukturen

Kontrollstrukturen definieren die Reihenfolge, in der Aktionen durchgeführt werden. In früheren Beispielen haben wir bereits die häufigsten Kontrollstrukturen in C kennengelernt; im vorliegenden Kapitel erklären wir den Rest und präzisieren die früher besprochenen.

3.1 Anweisungen und Blöcke

Aus einem *Ausdruck* wie **x=0** oder **i++** oder **printf(...)** wird, wenn ein Semikolon folgt, eine *Anweisung*, wie etwa

```
x = 0;
i++;
printf(...);
```

In C *beendet* ein Semikolon eine Anweisung, im Gegensatz zu Sprachen wie Algol, wo ein Semikolon *zwischen* Anweisungen auftritt.

Die geschweiften Klammern { und } dienen dazu, Vereinbarungen und Anweisungen in einen *Block* zusammenzufassen. Ein solcher Block ist syntaktisch äquivalent zu einer einzelnen Anweisung. Wir haben bereits eine Reihe von Beispielen für diese Konstruktion gesehen: Die Anweisungen innerhalb einer Funktion oder mehrere Anweisungen in Abhängigkeit von **if**, **else**, **while** oder **for** sind jeweils mit geschweiften Klammern umgeben. (Man kann tatsächlich in *jedem* Block Variablen vereinbaren; dies werden wir in Kapitel 4 besprechen.) Nach der rechten, geschweiften Klammer, die einen Block abschließt, steht niemals ein Semikolon.

3.2 "if" Anweisungen

Die **if-else**-Anweisung wird bei Entscheidungen verwendet. Der **else**-Teil ist optional; formal gilt folgende Syntax:

```
if (expression)
        statement-1
else
        statement-2
```

Die Bedingung wird bewertet; trifft sie zu, das heißt, wenn **expression** einen von 0 verschiedenen Wert hat, so wird **statement-1** ausgeführt. Trifft die Bedingung nicht zu, hat also **expression** den Wert 0, so wird **statement-2** ausgeführt, falls ein **else**-Teil vorhanden ist.

Da bei **if** einfach der numerische Wert eines Ausdrucks überprüft wird, sind bestimmte Abkürzungen möglich. Am offensichtlichsten ist dabei

```
if (expression)
```

anstelle von

```
if (expression != 0)
```

Manchmal ist dies klar und übersichtlich, manchmal aber werden die Vorgänge eher verschleiert.

C hat das übliche **else** Problem: Da der **else**-Teil einer **if-else**-Anweisung optional ist, entsteht eine Mehrdeutigkeit, wenn ein **else**-Teil in einer verschachtelten Folge von **if**-Anweisungen fehlt. Der Konflikt wird wie in anderen Sprachen üblich gelöst: Der **else**-Teil gehört immer zum nächstfrüheren **if**, für das noch kein **else**-Teil existiert. Beispielsweise gehört in

```
if (n > 0)
    if (a > b)
        z = a;
    else
        z = b;
```

der **else**-Teil zum inneren **if**, wie wir auch durch Einrücken angedeutet haben. Sollten Sie das nicht gemeint haben, dann müßten Sie geschweifte Klammern benützen, um die entsprechenden Zugehörigkeiten zu erzwingen:

```
if (n > 0) {
    if (a > b)
        z = a;
}
else
    z = b;
```

Der Konflikt ist in der folgenden Situation besonders bösartig:

```
if (n > 0)
    for (i = 0; i < n; i++)
        if (s[i] > 0) {
            printf("...");
            return(i);
        }
else      /* FALSCH */
    printf("Fehler - n ist null\n");
```

Einrücken zeigt zwar unmißverständlich, was wir möchten. Einrücken läßt jedoch den Übersetzer kalt, und so wird der **else**-Teil mit der inneren **if**-Anweisung verknüpft. Diese Art von Fehler kann sehr schwierig zu finden sein.

Man beachte übrigens, daß in

```
if (a > b)
    z = a;
else
    z = b;
```

vor **else**, also nach **z=a**, ein Semikolon steht. Dies liegt daran, daß grammatisch auf **if** eine *Anweisung* folgt, und ein Ausdruck als Anweisung, wie **z=a**, muß immer mit einem Semikolon abgeschlossen werden.

3.3 "else-if" Ketten

```
if (expression)
    statement
else if (expression)
    statement
else if (expression)
    statement
else
    statement
```

Diese Konstruktion ist so häufig, daß wir sie kurz gesondert besprechen wollen. Diese Folge von **if**-Anweisungen ist die allgemeinste Möglichkeit, um eine Entscheidung unter vielen Alternativen zu formulieren. In der angegebenen Reihenfolge wird eine **expression** nach der anderen bewertet; sobald eine dieser Bedingungen zutrifft, wird die abhängige Anweisung ausgeführt, und damit ist die Ausführung der gesamten Kette beendet. Für **statement** steht jeweils eine einzelne Anweisung oder eine Gruppe von Anweisungen in geschweiften Klammern.

Der letzte **else**-Teil behandelt den Fall, daß keine der früheren Bedingungen zutrifft. Ist in einem solchen Fall keine explizite Aktion notwendig, kann

```
else
    statement
```

auch fehlen, oder man kann diesen Teil dazu benützen, eine "unmögliche" Bedingung als Fehler zu erkennen.

Um eine Entscheidung unter drei Alternativen zu illustrieren, zeigen wir hier eine Funktion für binäre Suche, die feststellt, ob ein bestimmter Wert **x** in dem sortierten Vektor **v** vorkommt. Dabei müssen die Elemente von **v** in aufsteigender Reihenfolge angeordnet sein. Die Funktion liefert die Position, also eine Zahl zwischen **0** und **n−1**, bei der **x** in **v** vorkommt. Kommt **x** nicht vor, so ist das Funktionsergebnis **−1**.

```
binary(x, v, n)          /* x in v[0] ... v[n-1] finden */
int x, v[], n;
{
      int low, high, mid;

      low = 0;
      high = n - 1;
      while (low <= high) {
            mid = (low + high) / 2;
            if (x < v[mid])
                  high = mid - 1;
            else if (x > v[mid])
                  low = mid + 1;
            else      /* gefunden */
                  return(mid);
      }
      return(-1);
}
```

Die wesentliche Entscheidung ist, ob **x** kleiner, größer oder gerade gleich dem bei jedem Schritt in der Mitte befindlichen Element **v[mid]** ist; dies ist eine natürliche Anwendung für eine **else-if**-Kette.

3.4 "switch"

Die **switch**-Anweisung ist eine besondere Art von Auswahl unter mehreren Alternativen. Hier wird untersucht, ob ein Ausdruck einen von mehreren *konstanten* Werten besitzt; ist dies der Fall, so wird entsprechend verzweigt. In Kapitel 1 haben wir ein Programm formuliert, das Ziffern, Zwischenräume und alle anderen Zeichen klassifiziert und gezählt hat. In Kapitel 1 haben wir dazu eine Kette von **if**-Anweisungen verwendet. Betrachten wir eine Formulierung desselben Programms mit Hilfe von einer **switch**-Anweisung:

```
main()        /* Ziffern, Zwischenraeume */
{             /* und andere Zeichen zaehlen */
        int c, i, nwhite, nother, ndigit[10];

    nwhite = nother = 0;
    for (i = 0; i < 10; i++)
        ndigit[i] = 0;

    while ((c = getchar()) != EOF)
        switch(c) {
        case '0':
        case '1':
        case '2':
        case '3':
        case '4':
        case '5':
        case '6':
        case '7':
        case '8':
        case '9':
            ndigit[c-'0']++;
            break;
        case ' ':
        case '\n':
        case '\t':
            nwhite++;
            break;
        default:
            nother++;
            break;
        }

    printf("digits =");
    for (i = 0; i < 10; i++)
        printf(" %d", ndigit[i]);
    printf("\nwhite space = %d, other = %d\n",
        nwhite, nother);
}
```

Zunächst wird der Ausdruck in Klammern nach **switch**, hier also das Zeichen **c**, bewertet. Das Resultat muß ganzzahlig sein und wird mit all den **case**-Konstanten verglichen. Jeder Alternative geht eine Reihe von **case**-Marken voraus, dabei müssen die **case**-Konstanten ganzzahlig oder Zeichen Konstanten oder entsprechende konstante Ausdrücke sein. Liegt als Wert des **switch**-Ausdrucks eine der **case**-Konstanten vor, so wird die Ausführung des Programms bei dieser **case**-Marke fortgesetzt. Liegt keine **case**-Konstante vor, so wird bei der **default**-Marke fortgefahren. **default** ist optional; existiert keine solche Marke und wird keine **case**-Marke ausgewählt, so findet im **switch** keine Aktion statt. **case** und

default können in beliebiger Reihenfolge angeordnet werden. Alle **case**-Konstanten müssen voneinander verschieden sein.

Die **break**-Anweisung sorgt dafür, daß der **switch** unmittelbar verlassen wird. Da **case**-Marken nur Textpositionen bezeichnen, wird die Programm Ausführung an einer **case**-Marke vorbei weitergeführt, nachdem eine Alternative erledigt ist, es sei denn, wir formulieren eine explizite Aktion, um den **switch** zu verlassen. **break** und **return** sind die häufigsten Anweisungen, mit denen ein **switch** verlassen wird. Eine **break**-Anweisung kann auch dazu verwendet werden, eine **while**-, **for**- oder **do**-Schleife unmittelbar zu verlassen; dies wird in Abschnitt 3.7 besprochen.

Daß von einer Alternative in **switch** unmittelbar zur nächsten übergegangen wird, hat Vor- und Nachteile. Vorteilhaft ist, daß dadurch mehrere **case**-Marken vor einer einzelnen Alternative stehen können, wie im vorliegenden Beispiel bei den verschiedenen Zwischenraum Zeichen. Dafür muß aber normalerweise jede Alternative mit einer **break**-Anweisung beendet werden, um zu verhindern, daß implizit die nächste Alternative erreicht wird. Von einer Alternative zur nächsten überzugehen, ist nicht unbedingt eine stabile Codierungsweise; wird das Programm modifiziert, so ergeben sich leicht Probleme. Implizite Übergänge sollten deshalb sparsam eingesetzt werden, mit der Ausnahme von vielfachen **case**-Marken für eine einzelne Alternative.

Sie sollten sich auch angewöhnen, eine **break**-Anweisung nach der letzten Alternative, in unserem Beispiel also nach **default**, einzufügen, obgleich dies aus logischer Sicht unnötig ist. Wird später eine weitere Alternative am Ende angefügt, so kann sich dieses Stück defensiven Programmierens als Rettung erweisen.

Aufgabe 3 – 1. Programmieren Sie eine Funktion **expand(s,t)**, die Zeichen wie Zeilentrenner und Tabulator Zeichen durch entsprechende Fluchtsymbol Darstellungen wie **n** und **t** ersetzt, während die Zeichenkette **s** nach **t** kopiert wird. Benützen Sie eine **switch**-Anweisung.

3.5 Schleifen – "while" und "for"

Den **while**- und **for**-Schleifen sind wir bereits begegnet. Bei

```
while (expression)
    statement
```

wird zunächst eine Bedingung bewertet. Ist **expression** von 0 verschieden, so wird **statement**, die abhängige Anweisung, ausgeführt und anschließend **expression** wiederum bewertet. Dieser Zyklus wiederholt sich, bis schließlich **expression** den Wert 0 hat. Danach wird die Ausführung des Programms im Anschluß an **statement** fortgesetzt.

Die **for**-Anweisung

```
for (expr1; expr2; expr3)
    statement
```

ist äquivalent zu

```
expr1;
while (expr2) {
    statement
    expr3;
}
```

Grammatisch betrachtet sind die drei Komponenten von **for** jeweils Ausdrücke. Normalerweise sind **expr1** und **expr3** jeweils Zuweisungen oder Funktionsaufrufe und **expr2** ist eine Bedingung. Jeder dieser drei Teile kann fehlen, jedoch müssen die Semikolons verbleiben. Fehlen **expr1** oder **expr3**, so werden sie einfach in der alternativen Formulierung ebenfalls ausgelassen. Fehlt die Bedingung **expr2**, so wird sie als wahr angenommen. Also ist

```
for(;;) {
    ...
}
```

eine "unendliche" Schleife, die vermutlich durch Anweisungen wie **break** oder **return** schließlich beendet wird.

Ob man **while** oder **for** bevorzugt, ist eigentlich Geschmackssache. Beispielsweise gibt es in

```
while ((c = getchar()) == ' ' || c == '\n' || c == '\t')
    ;    /* Zwischenraeume ueberlesen */
```

weder Initialisierung noch Reinitialisierung, also erscheint **while** natürlicher.

for ist definitiv zu bevorzugen, wenn eine einfache Initialisierung und Reinitialisierung vorgenommen werden soll, denn bei **for** werden die kontrollierenden Anweisungen der Schleife zusammengefaßt und sichtbar am Anfang der Schleife formuliert. Dies ist besonders offensichtlich bei

```
for (i = 0; i < N; i++)
```

Diese Ausdrucksweise ist üblich in C, um die ersten **N** Elemente eines Vektors zu bearbeiten, ist also analog zur DO Schleife in Fortran oder PL/1. Es gibt jedoch gewisse Unterschiede: Die Grenzen einer **for**-Schleife können aus der Schleife heraus beeinflußt werden, und der Wert der kontrollierenden Variablen **i** bleibt erhalten, wie auch immer die Schleife beendet wird. Da bei **for** beliebige Ausdrücke angegeben werden können, beruhen **for**-Schleifen nicht ausschließlich auf arithmetischen Folgen. Es ist jedoch trotzdem schlechter Stil, wenn man Berechnungen in eine **for**-Anweisung zusammenfaßt, die keine Beziehung zueinander haben; **for** reserviert man lieber für Operationen, die ausschließlich mit der Kontrolle einer Schleife zu tun haben.

Als größeres Beispiel präsentieren wir hier eine weitere Fassung von **atoi**, der Funktion, die das numerische Äquivalent einer Zeichenkette liefert. Diese Fassung ist allgemeiner; am Beginn der Zeichenkette können Zwischenraum Zeichen auftreten sowie ein optionales **+** oder **–** Vorzeichen. (In Kapitel 4 folgt dann noch die Funktion **atof**, die die gleiche Umwandlung bei Gleitkomma Werten vornimmt.)

Die Programm Struktur reflektiert das Eingabe Format:

```
Zwischenraum ueberlesen, falls vorhanden
Vorzeichen festhalten, falls vorhanden
Zahlenwert lesen und umwandeln
```

Jeder Teil des Programms erledigt seine eigene Aufgabe und hinterläßt klare Verhältnisse für den nächsten Schritt. Der ganze Vorgang wird beendet, sobald ein Eingabe Zeichen gefunden wird, das nicht mehr Teil einer Zahl sein kann.

```
atoi(s)         /* Zeichenkette s in int umwandeln */
char s[];
{
        int i, n, sign;

        for (i=0; s[i]==' ' || s[i]=='\n' || s[i]=='\t'; i++)
                ;       /* Zwischenraeume ueberlesen */
        sign = 1;
        if (s[i] == '+' || s[i] == '-')        /* Vorzeichen */
                sign = (s[i++]=='+') ? 1 : -1;
        for (n = 0; s[i] >= '0' && s[i] <= '9'; i++)
                n = 10 * n + s[i] - '0';
        return(sign * n);
}
```

Die Kontrollausdrücke für eine Schleife zusammenzuhalten, bringt Vorteile; dies wird ganz besonders klar, wenn mehrere Schleifen verschachtelt sind. Die nachfolgende Funktion benützt Shell's Algorithmus, um einen Vektor von **int** Werten zu sortieren. Die grundsätzliche Idee bei diesem Algorithmus ist, in den frühen Phasen Elemente zu vergleichen, die weit auseinander liegen; einfachere Austausch Sortierverfahren vergleichen meistens nur benachbarte Elemente. Shell's Algorithmus eliminiert große Störungen der Reihenfolge sehr schnell, damit haben die späteren Phasen der Sortierung weniger zu tun. Die Abstände zwischen zwei Elementen, die verglichen werden, werden allmählich auf 1 verringert. In dieser letzten Phase wird auch Shell's Algorithmus ein Austausch Verfahren, bei dem benachbarte Elemente manipuliert werden.

```
shell(v, n)      /* v[0] ... v[n-1] aufsteigend sortieren */
int v[], n;
{
    int gap, i, j, temp;

    for (gap = n/2; gap > 0; gap /= 2)
        for (i = gap; i < n; i++)
            for (j=i-gap; j>=0 && v[j]>v[j+gap]; j-=gap) {
                temp = v[j];
                v[j] = v[j+gap];
                v[j+gap] = temp;
            }
}
```

Es gibt hier drei verschachtelte Schleifen. Die äußerste Schleife kontrolliert den Abstand zwischen zwei Elementen, die jeweils verglichen werden; dieser Abstand wird von **n/2** ausgehend bei jedem Durchgang halbiert, bis schließlich 0 erreicht ist. Die mittlere Schleife vergleicht alle Paare von Elementen, die zueinander den Abstand **gap** besitzen; die innerste Schleife schließlich vertauscht Elemente, die noch nicht in der richtigen Reihenfolge angeordnet sind. Da **gap** schließlich den Wert 1 erreicht, sind zum Schluß alle Elemente korrekt sortiert. Man beachte, daß auch die äußerste Schleife als **for**-Schleife realisiert ist, obgleich hier keine arithmetische Folge durchlaufen wird.

Ein weiterer Operator in C ist das Komma **,** das am häufigsten in **for**-Anweisungen vorkommt. Zwei Ausdrücke, die durch Komma getrennt sind, werden von links nach rechts bewertet, Datentyp und Wert des Resultats sind dann der Datentyp und Wert des rechten Operanden des Komma Operators. Man kann also in einer **for**-Anweisung in den verschiedenen Positionen jeweils mehrere Ausdrücke anordnen, um beispielsweise zwei Indizes gleichzeitig zu manipulieren. Dies wird in der folgenden Funktion **reverse(s)** illustriert, die die Zeichenkette **s** in sich selber umkehrt.

```
reverse(s)      /* s an Ort und Stelle umkehren */
char s[];
{
    int c, i, j;

    for (i = 0, j = strlen(s)-1; i < j; i++, j--) {
        c = s[i];
        s[i] = s[j];
        s[j] = c;
    }
}
```

Funktionsargumente, Variablen in Deklarationen usw. werden zwar durch Komma getrennt; hier liegt jedoch *kein* Komma Operator vor, und folglich kann auch *nicht* davon ausgegangen werden, daß hier von links nach rechts bewertet wird.

Aufgabe 3 – 2. Schreiben Sie eine Funktion **expand(s1,s2)**, die in der Zeichenkette **s1** eine Abkürzung wie **a – z** in der Zeichenkette **s2** durch die äquivalente vollständige Liste **abc...xyz** ersetzt. Berücksichtigen Sie dabei sowohl Groß- als auch Kleinbuchstaben und auch Ziffern, und akzeptieren Sie auch Angaben wie **a – b – c** oder **a – z0 – 9**, und auch **– a – z**. (Eine sinnvolle Vereinbarung ist, daß man ein – Zeichen am Anfang oder Ende wörtlich nimmt.) ✎

3.6 Schleifen – "do-while"

while- und **for**-Schleifen haben die wünschenswerte Eigenschaft gemeinsam, daß die Abbruch Bedingung am Anfang und nicht am Ende der Schleife geprüft wird; dies haben wir bereits in Kapitel 1 diskutiert. Die dritte Schleifen Konstruktion in C, die **do-while**-Schleife, überprüft ihr Abbruch Kriterium am Ende der Schleife *nach* jedem Durchgang; die abhängige Anweisung der Schleife wird daher immer wenigstens einmal ausgeführt. Es gilt folgende Syntax:

```
do
    statement
while (expression);
```

Die abhängige Anweisung wird ausgeführt, anschließend wird die Bedingung **expression** bewertet. Trifft sie zu, so wird die abhängige Anweisung wiederum ausgeführt usw. Ist schließlich die Bedingung nicht mehr erfüllt, wird die Schleife beendet.

Wie man erwarten könnte, wird **do-while** wesentlich seltener benützt als **while** und **for**; vielleicht fünf Prozent aller Schleifen sind vom Typ **do-while**. Trotzdem ist diese Anweisung ab und zu nützlich, wie zum Beispiel in der folgenden Funktion **itoa**, die einen Zahlenwert in eine Zeichenkette verwandelt (also die Umkehrung von **atoi**). Die Aufgabe ist ein bißchen komplizierter als es zunächst den Anschein hat, da die einfachen Methoden zur Erzeugung von Ziffern diese in der falschen Reihenfolge generieren. Wir haben deshalb beschlossen, die Zeichenkette vom Ende her zu generieren und sie anschließend umzukehren.

```
itoa(n, s)       /* n in Zeichenkette s umwandeln */
char s[];
int n;
{
        int i, sign;

        if ((sign = n) < 0)     /* Vorzeichen notieren */
                n = -n;         /* n positiv machen */
        i = 0;
        do {        /* Ziffern von rechts her generieren */
                s[i++] = n % 10 + '0';     /* naechste Ziffer */
        } while ((n /= 10) > 0);       /* entfernen */
        if (sign < 0)
                s[i++] = '-';
        s[i] = '\0';
        reverse(s);
}
```

Die **do-while**-Schleife ist hier notwendig oder mindestens nützlich, da wenigstens ein Zeichen im Vektor **s** angelegt werden muß, unabhängig vom Wert von **n**. Wenn von **do-while** nur eine einzelne Anweisung abhängt, so braucht diese nicht in geschweifte Klammern eingeschlossen zu werden. Wir verwenden trotzdem geschweifte Klammern, damit beim flüchtigen Lesen **while** nicht für den *Anfang* einer **while**-Schleife gehalten wird.

Aufgabe 3–3. Werden ganzzahlige Werte im Zweierkomplement respräsentiert, dann funktioniert unsere Fassung von **itoa** für die größte negative Zahl nicht korrekt, das heißt für den Wert $-(2^{\textit{Wortgröße}-1})$. Begründen Sie dies. Ändern Sie **itoa** so ab, daß auch dieser Wert, unabhängig vom jeweiligen Rechner, korrekt gedruckt wird. ✏

Aufgabe 3–4. Implementieren Sie Funktionen **itob(n,s)** und **itoh(n,s)**, die jeweils die vorzeichenlose Zahl **n** in Basis 2 oder Basis 16 in der Zeichenkette **s** ablegen. ✏

Aufgabe 3–5. Konstruieren Sie eine Version von **itoa**, die drei Argumente anstelle von nur zwei akzeptiert. Das dritte Argument soll die minimale Breite der Ausgabe darstellen; nach Umwandlung muß die Zeichenkette links mit Leerstellen aufgefüllt werden, falls nötig, um sie entsprechend breit zu machen. ✏

3.7 "break"

Es ist gelegentlich nützlich, wenn man Schleifen auf andere Weise verlassen kann als nur durch Abbruch Kriterien am Anfang oder Ende. Die **break**-Anweisung dient dazu, die **for**-, **while**- und **do**-Schleifen vorzeitig zu verlassen, ebenso wie auch eine **switch**-Anweisung. Eine **break**-Anweisung sorgt dafür, daß die innerste umgebende Schleife (oder auch **switch**-Anweisung) sofort verlassen wird.

Das nachstehende Programm entfernt Leerstellen und Tabulator Zeichen vom Ende jeder Eingabe Zeile; dabei wird eine **break**-Anweisung dazu benützt, eine Schleife zu verlassen, wenn am rechten Ende der Eingabe Zeile kein geeignetes Zeichen mehr gefunden wird.

```
#define MAXLINE 1000

main()      /* Zwischenraeume am Zeilenende entfernen */
{
    int n;
    char line[MAXLINE];

    while ((n = getline(line, MAXLINE)) > 0) {
        while (--n >= 0)
            if (line[n] != ' ' && line[n] != '\t'
              && line[n] != '\n')
                break;
        line[n+1] = '\0';
        printf("%s\n", line);
    }
}
```

getline liefert die Länge der eingelesenen Zeile. Die innere **while**-Schleife beginnt mit dem letzten Zeichen von **line**. (Man beachte, daß **--n** zuerst **n** dekrementiert und dann den reduzierten Wert als Resultat liefert.) Anschließend wird in dieser **while**-Schleife rückwärts nach dem ersten Zeichen gesucht, das weder Leerstelle noch Tabulator Zeichen oder Zeilentrenner ist. Die Schleife wird abgebrochen, wenn ein entsprechendes Zeichen gefunden wird, oder wenn **n** negativ wird (das heißt, wenn die ganze Zeile abgesucht wurde). Sie sollten sich vergewissern, daß dieses Vorgehen auch dann korrekt ist, wenn die Zeile nur aus Zwischenraum Zeichen besteht.

Als Alternative zur Verwendung einer **break**-Anweisung könnte man die Bedingung der Schleife entsprechend erweitern:

```
while ((n = getline(line, MAXLINE)) > 0) {
    while (--n >= 0
      && (line[n] == ' ' || line[n] == '\t' || line[n] == '\n'))
            ;
    ...
}
```

Diese Fassung ist unübersichtlicher, die Bedingung ist wesentlich schwerer zu verstehen. Man sollte ganz allgemein Bedingungen vermeiden, in denen **&&**, **||**, **!** und Klammern durcheinander verwendet werden.

3.8 "continue"

Die **continue**-Anweisung hat eine ähnliche Aufgabe wie die **break**-Anweisung, sie wird jedoch weniger oft verwendet. **continue** sorgt dafür, daß die *nächste Wiederholung* der umgebenden Schleife (**for**, **while**, **do**) unmittelbar begonnen wird. Bei **while** und **do** bedeutet dies, daß sofort wieder die Bedingung bewertet wird; bei **for** wird als nächstes die Reinitialisierung durchgeführt. (**continue** bezieht sich nur auf Schleifen, nicht auf die **switch**-Anweisung. **continue** innerhalb einer **switch**-Anweisung innerhalb einer Schleife sorgt dafür, daß sofort die Schleife wiederholt wird.)

Beispielsweise behandelt das folgende Programm Fragment nur positive Elemente im Vektor **a**; negative Werte werden übergangen.

```
for (i = 0; i < N; i++) {
        if (a[i] < 0)       /* negative Elemente ueberspringen */
                continue;
        ...         /* positive Elemente bearbeiten */
}
```

Die **continue**-Anweisung wird oft benützt, wenn der anschließend folgende Teil einer Schleife so kompliziert ist, daß die Umkehrung einer Bedingung und weiteres Einrücken zu einer sehr tiefen Verschachtelung im Programm führen würden.

Aufgabe 3 – 6. Entwickeln Sie ein Programm, das zeilenweise kopiert, wobei jedoch von jeder Gruppe von nebeneinander liegenden, identischen Zeilen nur eine Zeile ausgegeben werden soll. (Dabei handelt es sich um eine einfache Fassung des *uniq* Dienstprogramms in UNIX.)✏

3.9 "goto" und Marken

C verfügt auch über eine **goto**-Anweisung, und Marken, zu denen gesprungen werden kann. Diese Anweisung kann beliebig mißbraucht werden. Formal ist **goto** niemals notwendig, und man kann fast immer leicht ohne **goto**-Anweisungen auskommen. Wir haben in diesem Buch kein **goto** verwendet.

Wir schlagen trotzdem einige Situationen vor, in denen **goto** angebracht sein könnte. Am häufigsten kann man damit die Ausführung einer tief verschachtelten Struktur beenden, wie zum Beispiel zwei Schleifen auf einmal verlassen. **break** kann hierbei nicht benützt werden, da break nur jeweils die innerste Schleife beendet. Es ergibt sich also:

```
          for ( ... )
               for ( ... ) {
                    ...
                    if (Katastrophe)
                         goto error;
               }
          ...
     error:
          Ueberreste abraeumen
```

Diese Programm Struktur ist nützlich, wenn die Fehler Behandlung nicht trivial ist, und wenn gleiche Fehler an verschiedenen Stellen gefunden werden können. Eine Marke hat die gleiche Form wie der Name einer Variablen; anschließend folgt ein Doppelpunkt. Marken können vor jeder Anweisung stehen; ein **goto** kann jeweils nur zu einem Punkt innerhalb der gleichen Funktion erfolgen.

Betrachten wir als weiteres Beispiel das Problem, das erste negative Element in einer Matrix aufzufinden. (Mehrdimensionale Vektoren werden in Kapitel 5 besprochen.) Eine mögliche Lösung ist

```
          for (i = 0; i < N; i++)
               for (j = 0; j < M; j++)
                    if (v[i][j] < 0)
                         goto found;
          /* nichts gefunden */
          ...
     found:
          /* in Position i, j gefunden */
          ...
```

Man kann ein Programm mit **goto** grundsätzlich auch ohne **goto** formulieren, allerdings benötigt man dazu vielleicht eine zusätzliche Variable, oder man muß einige Bedingungen mehrfach angeben. Beispielsweise kann man die Matrixsuche so umformulieren:

```
     found = 0;
     for (i = 0; i < N && ! found; i++)
               for (j = 0; j < M && ! found; j++)
                    found = v[i][j] < 0;
     if (found)
          /* es war in Position i-1, j-1 */
          ...
     else
          /* nichts gefunden */
          ...
```

Wir wollen zwar nicht dogmatisch werden, aber es scheint doch, daß **goto**-Anweisungen wenn überhaupt, dann sparsam benützt werden sollten.

Kapitel 4: Funktionen und Programm Struktur

Mit Hilfe von Funktionen zerlegen wir große Problemstellungen in kleinere. Damit können wir aufbauen auf dem, was andere vor uns programmiert haben, und müssen nicht selber wieder von neuem beginnen. Zweckmäßige Funktionen können oft die Details einer Operation vor den Teilen eines Programms verbergen, die darüber nicht Bescheid wissen müssen; dadurch wird das Ganze klarer, und es ist weniger schwierig, Änderungen vorzunehmen.

C wurde so entworfen, daß Funktionen effizient und einfach zu benützen sind; im allgemeinen bestehen C Programme aus vielen kleinen Funktionen und nicht aus wenigen großen. Ein Programm kann auf beliebige Weise in mehrere Quelldateien zerlegt werden; die Quelldateien können separat übersetzt und dann montiert werden, zusammen mit früher übersetzten Funktionen aus Büchereien. Wir wollen diesen Prozess hier nicht besprechen, da die Details in Abhängigkeit vom lokalen System verschieden sind.

Die meisten Programmierer kennen Bücherei Funktionen für Eingabe und Ausgabe (**getchar**, **putchar**) und numerische Berechnungen (**sin**, **cos**, **sqrt**). In diesem Kapitel besprechen wir genauer, wie man neue Funktionen schreibt.

4.1 Die Grundbegriffe

Als erstes wollen wir ein Programm entwerfen und schreiben, das jede Eingabe Zeile druckt, die ein spezielles "Muster", eine Zeichenkette, enthält. (Dies ist ein Sonderfall des UNIX Dienstprogramms *grep*.) Sucht man zum Beispiel das Muster **the** in den folgenden Zeilen

```
Now is the time
for all good
men to come to the aid
of their party.
```

so erhält man

```
Now is the time
men to come to the aid
of their party.
```

Die Arbeit läßt sich leicht in drei Teile aufteilen:

```
while (es gibt noch eine Zeile)
    if (die Zeile enthaelt das Suchmuster)
        Zeile ausgeben
```

Man kann dies selbstverständlich alles im Hauptprogramm codieren; es ist jedoch besser, die natürliche Struktur auszunützen und jeden Teil als separate Funktion zu realisieren. Drei kleine Teile sind leichter zu bearbeiten als ein großer, denn irrelevante Details kann man in den Funktionen verbergen, und das Risiko von unerwünschten Effekten wird minimiert. Schließlich können die Einzelteile auch selbst noch nützlich sein.

"**while** (es gibt noch eine Zeile)" ist **getline**, eine Funktion, die wir in Kapitel 1 geschrieben haben, und "ausgeben" ist **printf**, eine Funktion, die jemand bereits für uns zur Verfügung gestellt hat. Folglich müssen wir nur eine Funktion schreiben, die beschließt, ob die Zeile das Muster enthält. Wir lösen dieses Problem, indem wir eine Idee von PL/1 übernehmen: Die Funktion **index(s,t)** liefert die Position, oder eben den Index, in der Zeichenkette **s**, wo die Zeichenkette **t** beginnt, oder auch **−1**, wenn **s t** nicht enthält. Wir benützen 0 und nicht 1 für die Anfangsposition in **s**, da in C Vektoren bei Position 0 beginnen. Benötigen wir später raffiniertere Methoden zur Muster Erkennung, dann müssen wir nur **index** ersetzen; das restliche Programm kann dann gleich bleiben.

Mit diesem Entwurf sind die Details des Programms sehr einfach. Hier ist das Ganze, damit Sie sehen können, wie die Teile zusammenpassen. Momentan ist das Suchmuster eine konstante Zeichenkette als Argument für **index**. Dies ist natürlich kein sehr allgemeiner Mechanismus. Wir werden in Kürze besprechen, wie man Zeichen Vektoren initialisiert, und in Kapitel 5 zeigen wir, wie man das Muster als Parameter bei der Programm Ausführung übergibt. Wir haben hier auch eine neue Version von **getline**; Sie sollten sie mit der Version in Kapitel 1 vergleichen.

```
#define MAXLINE 1000

main()        /* alle Zeilen mit Suchmuster finden */
{
    char line[MAXLINE];

    while (getline(line, MAXLINE) > 0)
        if (index(line, "the") >= 0)
            printf("%s", line);
}

getline(s, lim)       /* Zeile in s ablegen, Laenge liefern */
char s[];
int lim;
{
    int c, i;

    i = 0;
    while (--lim > 0 && (c=getchar()) != EOF && c != '\n')
        s[i++] = c;
    if (c == '\n')
        s[i++] = c;
    s[i] = '\0';
    return(i);
}
```

```
index(s,t)      /* Position von t in s liefern, -1 falls nicht da */
char s[], t[];
{
    int i, j, k;

    for (i = 0; s[i] != '\0'; i++) {
        for (j=i, k=0; t[k]!='\0' && s[j]==t[k]; j++, k++)
            ;
        if (t[k] == '\0')
            return(i);
    }
    return(-1);
}
```

Jede Funktion hat folgende Form:

```
name ( Parameter Namen, falls vorhanden )
Parameter Deklarationen, falls vorhanden
{
    Vereinbarungen und Anweisungen
}
```

Wie angedeutet, können die verschiedenen Teile auch fehlen. Eine minimale Funktion ist

```
dummy() { }
```

Diese Funktion tut nichts. (Eine leere Funktion ist manchmal nützlich, um während der Programm Entwicklung eine Lücke zu dokumentieren.) Vor dem Funktionsnamen kann auch noch ein Datentyp stehen, wenn die Funktion nicht nur einen ganzzahligen Wert liefert; dies wird im nächsten Abschnitt besprochen.

Ein Programm besteht aus einer Reihe von einzelnen Funktionsdefinitionen. Die Funktionen tauschen untereinander Information aus (in diesem Fall) mit Hilfe von Argumenten und Resultat Werten; dies kann auch mit Hilfe von externen Variablen geschehen. Die Funktionen können in der Quelldatei in beliebiger Reihenfolge angeordnet sein, und das gesamte Programm kann aus mehreren Quelldateien bestehen, solange eine Funktion nicht über mehrere Dateien aufgeteilt wird.

Die **return**-Anweisung dient dazu, einen Wert von der aufgerufenen Funktion zum Aufrufer als Resultat zu liefern. Nach **return** kann ein beliebiger Ausdruck folgen:

```
return(Ausdruck mit Resultat Wert)
```

Es steht dem Aufrufer frei, den Resultat Wert zu ignorieren. Nach **return** braucht auch kein Ausdruck zu stehen; in diesem Fall wird dem Aufrufer kein Wert geliefert. Ebenso wird die Ausführung einer Funktion beendet, und dem Aufrufer wird kein Resultat Wert geliefert, wenn bei Ausführung der Funktion die abschließende rechte geschweifte Klammer erreicht wird. Es ist nicht illegal, aber vermutlich problematisch, wenn eine Funktion von einer Stelle her ein Resultat liefert und von einer anderen

Stelle her nicht. Auf alle Fälle ist der "Wert" einer Funktion, die keinen liefert, ganz sicher nicht sinnvoll. Das C Semantik Prüfprogramm *lint* überprüft solche Fehler.

Wie man mechanisch ein C Programm, das aus mehreren Quelldateien besteht, übersetzt und bindet, variiert von einem System zum nächsten. Auf dem UNIX System beispielsweise erledigt diese Aufgabe das *cc* Kommando, das in Kapitel 1 erwähnt wurde. Angenommen, unsere drei Funktionen stehen in drei Dateien, genannt *main.c*, *getline.c* und *index.c*. Dann übersetzt das Kommando

```
cc main.c getline.c index.c
```

die drei Dateien, liefert den Montagecode in den Dateien *main.o*, *getline.o* und *index.o*, und lädt schließlich alle drei in eine ausführbare Datei namens *a.out*.

Enthält beispielsweise die Datei *main.c* einen Fehler, dann kann sie für sich nochmals übersetzt werden, und das Resultat kann mit den früher produzierten Montagecode Dateien zusammengebunden werden, und zwar mit dem Kommando

```
cc main.c getline.o index.o
```

Das Kommando *cc* benützt die "*.c*" und "*.o*" Konvention der Datei Namen, um Quelldateien von Montagecode Dateien zu unterscheiden.

Aufgabe 4–1. Schreiben Sie die Funktion **rindex(s,t)**, die die erste Position *von rechts her* liefert, bei der **t** in **s** vorkommt, oder auch **–1**, falls nicht.

4.2 Funktionen, die kein ganzzahliges Resultat liefern

Bisher ist in keinem unserer Programme der Typ einer Funktion vereinbart worden. Dies lag daran, daß der Übersetzer eine bis dahin unbekannte Funktion implizit vereinbart, wenn sie in einem Ausdruck oder in einer Anweisung auftritt, wie zum Beispiel in

```
while (getline(line, MAXLINE) > 0)
```

Erscheint ein Name, der vorher nicht vereinbart war, in einem Ausdruck, gefolgt von einer linken Klammer, so wird dieser Name aus dem Kontext als Funktionsname vereinbart. Darüber hinaus wird angenommen, daß die Funktion ein **int** Resultat liefert. Da **char** in Ausdrücken in **int** umgewandelt wird, braucht man auch Funktionen nicht zu deklarieren, die **char** als Resultat liefern. Diese Annahmen bei der Übersetzung treffen auf die Mehrheit aller Fälle zu, darunter auch auf alle unsere Beispiele bisher.

Was passiert jedoch, wenn eine Funktion einen anderen Resultat Wert liefern muß? Viele numerische Funktionen wie **sqrt**, **sin** und **cos** liefern **double**; andere spezialisierte Funktionen liefern andere Resultat Typen. Um zu illustrieren, wie man damit fertig wird, wollen wir die Funktion **atof(s)** schreiben und benützen, die die Zeichenkette **s** in ihr doppelt genaues Gleitkomma Äquivalent umwandelt. **atof** ist eine Erweiterung von **atoi**, die wir in zwei Versionen in Kapitel 2 und 3 konstruiert haben;

atof verarbeitet optional Vorzeichen und Dezimalpunkt und wird auch mit fehlenden ganzzahligen Teilen oder Bruch Teilen fertig. (Es handelt sich hier *nicht* um eine Eingabe Umwandlungsroutine von hoher Qualität; dies würde mehr Platz in Anspruch nehmen als wir hier aufwenden möchten.)

Zunächst muß **atof** selbst seinen Resultat Typ deklarieren, da dieser nicht **int** ist. Weil nun **float** in Ausdrücken in **double** umgewandelt wird, lohnt es sich nicht, anzugeben, daß **atof float** liefert; wir können genauso die zusätzliche Genauigkeit ausnützen und deklarieren daher **atof** als **double**. Der Datentyp Name steht vor dem Funktionsnamen, wie folgt:

```
double atof(s)      /* Zeichenkette s nach double umwandeln */
char s[];
{
      double val, power;
      int i, sign;

      for (i=0; s[i]==' ' || s[i]=='\n' || s[i]=='\t'; i++)
            ;     /* Zwischenraum uebergehen */
      sign = 1;
      if (s[i] == '+' || s[i] == '-')        /* Vorzeichen */
            sign = (s[i++] == '+') ? 1 : -1;
      for (val = 0; s[i] >= '0' && s[i] <= '9'; i++)
            val = 10 * val + s[i] - '0';
      if (s[i] == '.')
            i++;
      for (power = 1; s[i] >= '0' && s[i] <= '9'; i++) {
            val = 10 * val + s[i] - '0';
            power *= 10;
      }
      return(sign * val / power);
}
```

Als zweites, und dies ist genauso wichtig, muß der *Aufrufer* ebenfalls angeben, daß **atof** kein **int** Resultat liefert. Die Vereinbarung zeigt der folgende primitive Tischrechner (der gerade zur Überprüfung eines Bankkontos genügt), der pro Zeile eine Zahl liest, der optional ein Vorzeichen vorausgeht, und dann alle Zahlen aufaddiert, wobei nach jeder Eingabe die momentane Summe gedruckt wird.

```
#define MAXLINE 100

main()        /* rudimentaerer Tischrechner */
{
      double sum, atof();
      char line[MAXLINE];

      sum = 0;
      while (getline(line, MAXLINE) > 0)
            printf("\t%.2f\n", sum += atof(line));
}
```

Die Vereinbarung

```
double sum, atof();
```

legt fest, daß **sum** eine **double** Variable ist und daß es sich bei **atof** um eine Funktion handelt, die ein **double** Resultat liefert. Als Merkregel folgt aus der Vereinbarung, daß **sum** und **atof(...)** beide Gleitkomma Werte mit doppelter Genauigkeit sind.

Wenn **atof** nicht an beiden Stellen explizit vereinbart wird, nimmt C an, daß ein ganzzahliges Resultat geliefert wird, und dann erhalten Sie Unsinn als Antwort. Wenn **atof** selbst und der Aufruf in **main** in der gleichen Quelldatei von verschiedenem Datentyp sind, erkennt das der Übersetzer. Wird jedoch (was wahrscheinlicher ist) **atof** separat übersetzt, so würde der Datentyp Konflikt nicht entdeckt werden, **atof** würde ein **double** Resultat liefern, das **main** als **int** Wert benützen würde, und sinnlose Resultate würden folgen. (*lint* erkennt diesen Fehler.)

Mit Hilfe von **atof** können wir prinzipiell **atoi** schreiben (also eine Zeichenkette in **int** umwandeln):

```
atoi(s)        /* Zeichenkette s nach int umwandeln */
char s[];
{
        double atof();

        return(atof(s));
}
```

Beachten Sie das Format der Vereinbarungen und die **return**-Anweisung. Der Wert des Ausdrucks bei

```
return(Ausdruck mit Resultat Wert)
```

wird immer in den Resultat Typ der Funktion umgewandelt, bevor die Ausführung der Funktion beendet wird. Daher wird der Wert von **atof**, also ein **double** Wert, automatisch in **int** umgewandelt, wenn dieser Wert bei **return** auftritt, da die Funktion **atoi** ein **int** Resultat liefert. (Bei Umwandlung eines Gleitkomma Wertes nach **int** wird ein Bruch Teil weggelassen, wie dies in Kapitel 2 erklärt wurde.)

Aufgabe 4–2. Erweitern Sie **atof** so, daß auch Werte der Form

123.45e–6

akzeptiert werden, bei denen einem Gleitkomma Wert optional der Buchstabe **e** oder **E** und ein Exponent, wieder optional mit Vorzeichen, folgen kann. ✏

4.3 Mehr über die Argumente von Funktionen

In Kapitel 1 besprachen wir, daß an Funktionen die *Werte* von Argumenten geliefert werden, das heißt, die aufgerufene Funktion erhält eine private, temporäre Kopie von jedem Argument Wert, und nicht die Adresse. Dies bedeutet, daß eine Funktion das ursprüngliche Argument beim Aufrufer nicht verändern kann. Innerhalb einer Funktion ist jeder Parameter effektiv eine lokale Variable, die mit dem Wert initialisiert wurde, der beim Aufruf als Argument Wert übergeben wurde.

Erscheint ein Vektor Name als Argument für eine Funktion, dann wird die Position des Vektor Anfangs übergeben; Elemente werden nicht kopiert. Die Funktion kann also Elemente des Vektors ändern, indem vom Vektor Anfang ab indiziert wird. Dadurch werden Vektoren *by reference* übergeben. In Kapitel 5 diskutieren wir die Benützung von Zeigern, damit Funktionen auch andere Objekte als Vektoren beim Aufrufer verändern können.

Übrigens gibt es keine völlig akzeptable Methode, um eine portable Funktion zu schreiben, die eine variable Anzahl Argumente akzeptiert, da es keine portable Möglichkeit für die aufgerufene Funktion gibt, festzustellen, wieviel Argumente tatsächlich bei einem bestimmten Aufruf übergeben wurden. Folglich kann man keine völlig portable Funktion schreiben, die das Maximum einer beliebigen Anzahl von Argumenten liefert, wie die MAX Funktionen von Fortran oder PL/1.

Im allgemeinen ist eine variable Anzahl von Argumenten akzeptabel, wenn die aufgerufene Funktion keinen Parameter benützt, für den nicht tatsächlich ein Argument übergeben wurde, und wenn die Datentypen zusammenpassen. **printf**, die gebräuchlichste C Funktion mit einer variablen Anzahl von Argumenten, benützt Information aus dem ersten Argument, um festzustellen, wieviele andere Argumente vorhanden sind, und um welche Datentypen es sich handelt. Dies geht sehr schief, wenn der Aufrufer nicht genügend Argumente liefert, oder wenn die Typen nicht so sind, wie dies im ersten Argument steht. **printf** ist auch nicht portabel und muß für verschiedene Umgebungen modifiziert werden.

Kennt man andererseits die Typen der Argumente, so kann man das Ende der Werte Liste entsprechend markieren, zum Beispiel mit einem besonderen Argument Wert (oft mit 0), der das Ende der Werte Liste anzeigt.

4.4 Externe Variablen

Ein C Programm besteht aus einer Reihe von externen Objekten, die entweder Variablen oder Funktionen sind. Dabei wird das Adjektiv "extern" primär als Kontrast zu "intern" benützt. Letzteres beschreibt die Parameter und automatischen Variablen, die innerhalb von Funktionen definiert sind. Externe Variablen sind außerhalb von allen Funktionen definiert und stehen daher potentiell vielen Funktionen zur Verfügung. Funktionen selbst sind immer extern, da C nicht erlaubt, daß Funktionen innerhalb von anderen Funktionen definiert werden. Normalerweise sind externe Variablen auch "global", alle Verweise mit gleichem Namen auf eine solche Variable (sogar aus Funktionen heraus, die separat übersetzt wurden) sind Verweise auf das gleiche Objekt. In dieser Hinsicht verhalten sich externe Variablen wie die COMMON Regionen in Fortran oder die EXTERNAL Objekte in PL/1. Wir werden später sehen, wie man externe Variablen und Funktionen definiert, die nicht global zur Verfügung stehen, sondern die nur innerhalb einer einzigen Quelldatei sichtbar sind.

Da externe Variablen global verfügbar sind, stellen sie eine Alternative zu Funktionsargumenten und Resultat Werten dar zur Übergabe von Daten zwischen Funktionen. Jede Funktion kann auf eine externe Variable zugreifen, indem sie auf ihren Namen verweist, wenn dieser Name irgendwie vereinbart wurde.

Müssen sehr viele Variablen mehreren Funktionen zur Verfügung stehen, so sind externe Variablen bequemer und effizienter als lange Argument Listen. Wie wir jedoch schon in Kapitel 1 erklärt haben, sollte man dieses Konzept vorsichtig verwenden, denn es kann sich sehr negativ auf die Programm Struktur auswirken, und kann zu Programmen führen, in denen viele Daten Verknüpfungen zwischen Funktionen bestehen.

Ein zweiter Grund für die Benützung von externen Variablen betrifft die Initialisierung. Insbesondere kann man externe Vektoren initialisieren, aber nicht Vektoren in der Speicherklasse **auto**. Wir werden Initialisierung am Ende dieses Kapitels behandeln.

Ein dritter Grund für die Benützung von externen Variablen ist ihr Geltungsbereich und ihre Lebensdauer. Variablen in der Speicherklasse **auto** sind intern in einer Funktion; sie werden erzeugt, wenn die Funktion aufgerufen wird und verschwinden, wenn die auszuführende Funktion beendet ist. Externe Variablen sind dagegen permanent. Sie kommen nicht und gehen nicht und behalten folglich ihre Werte von einem Aufruf einer Funktion zum nächsten. Wenn also zwei Funktionen Daten gemeinsam benützen müssen, wobei keine Funktion die andere aufruft, ist es oft am einfachsten, wenn diese Objekte in externen Variablen stehen und nicht über Argument Listen eingeführt werden.

Wir wollen dies nochmals an einem größeren Beispiel betrachten. Wir beschreiben dazu einen weiteren Tischrechner, und zwar einen besseren als früher. Dieser Tischrechner realisiert **+**, **−**, *****, / und **=** (um das Resultat zu drucken). Da es etwas einfacher zu implementieren ist, benützt dieser Tischrechner umgekehrte polnische Notation und nicht Infix. (Umgekehrte polnische Notation wird zum Beispiel in Hewlett-Packard Taschenrechnern benützt.) In umgekehrter polnischer Notation folgt jeder Operator seinen Operanden; ein Infix Ausdruck wie

```
(1 - 2) * (4 + 5) =
```

wird als

```
1 2 - 4 5 + * =
```

eingegeben. Klammern sind nicht notwendig.

Die Implementierung ist recht einfach. Jeder Operand wird auf einen Stack gebracht; tritt ein Operator auf, so wird die entsprechende Anzahl Operanden (nämlich zwei bei binären Operatoren) vom Stack geholt, der Operator wird angewendet, und das Resultat wird wieder auf den Stack gebracht. Im obigen Beispiel werden 1 und 2 auf den Stack gebracht und dann durch ihre Differenz, −1, ersetzt. Anschließend werden 4 und 5 auf den Stack gebracht und dann durch ihre Summe, 9, ersetzt. Schließlich ersetzt das Produkt von −1 und 9, nämlich −9, diese zwei Werte auf dem Stack. Der = Operator druckt das oberste Element auf dem Stack, ohne es zu entfernen; damit können Zwischenresultate überprüft werden.

Objekte auf den Stack zu bringen und vom Stack zu holen ist eine triviale Operation; fügt man jedoch Fehler Erkennung und Behandlung dazu, so werden diese Operationen aufwendig genug, daß man sie besser jeweils in separaten Funktionen realisiert und nicht den Code überall im Programm dupliziert. Außerdem sollte es eine separate Funktion geben, die den nächsten Operator oder Operanden aus der Eingabe liefert. Es ergibt sich also folgende Programm Struktur

```
while (naechster Operator oder Operand ist nicht Datei Ende)
    if (Zahl)
        auf den Stack
    else if (Operator)
        Operanden vom Stack holen
        Operation ausfuehren
        Resultat auf den Stack
    else
        Fehler
```

Die wichtigste Entwurfsentscheidung, die bisher noch nicht diskutiert wurde, ist, wo sich der Stack befindet, das heißt, welche Routinen ihn direkt ansprechen. Eine Möglichkeit ist, den Stack in **main** zu definieren, und den Stack und die momentane Position auf dem Stack an die Routinen zu übergeben, die den Stack ansprechen. Andererseits sollte **main** nichts über die Implementierung wissen; es sollte den Stack nur über die **push** und **pop** Operationen ansprechen. Wir haben deshalb den Stack und die zugehörige Information als externe Variablen realisiert, die nur den **push** und **pop** Funktionen, aber nicht **main** zur Verfügung stehen.

Dies nun in ein Programm umzusetzen, ist leicht genug. Das Hauptprogramm ist prinzipiell ein großer **switch**, abhängig vom Typ des Operators oder Operanden; diese Verwendung von **switch** ist wahrscheinlich typischer als das Beispiel in Kapitel 3.

```
#define MAXOP 20  /* maximale Laenge: Operator, Operand */
#define NUMBER '0'    /* Anzeige: Zahlenwert */
#define TOOBIG '9'    /* Anzeige: Zeichenkette zu gross */

main()  /* Tischrechner mit umgekehrter Polnischer Notation */
{
    int type;
    char s[MAXOP];
    double op2, atof(), pop(), push();

    while ((type = getop(s, MAXOP)) != EOF)
        switch (type) {

        case NUMBER:
            push(atof(s));
            break;
        case '+':
            push(pop() + pop());
            break;
        case '*':
            push(pop() * pop());
            break;
        case '-':
            op2 = pop();
            push(pop() - op2);
            break;
        case '/':
            op2 = pop();
            if (op2 != 0.0)
                push(pop() / op2);
            else
                printf("zero divisor popped\n");
            break;
        case '=':
            printf("\t%f\n", push(pop()));
            break;
        case 'c':
            clear();
            break;
        case TOOBIG:
            printf("%.20s ... is too long\n", s);
            break;
        default:
            printf("unknown command %c\n", type);
            break;
        }
}
```

```
#define MAXVAL 100      /* maximale Stack Laenge */

int sp = 0;         /* Stack Zeiger */
double val[MAXVAL];     /* Stack fuer die Operanden */

double push(f)      /* f auf den Stack bringen */
double f;
{
    if (sp < MAXVAL)
        return(val[sp++] = f);
    else {
        printf("error: stack full\n");
        clear();
        return(0);
    }
}

double pop()        /* Wert vom Stack holen und liefern */
{
    if (sp > 0)
        return(val[--sp]);
    else {
        printf("error: stack empty\n");
        clear();
        return(0);
    }
}

clear()         /* Stack initialisieren */
{
    sp = 0;
}
```

Das Kommando **c** löscht den Stack, mit Hilfe der Funktion **clear**, die auch von **push** und **pop** im Fehlerfall benützt wird. **getop** behandeln wir in Kürze.

Wie in Kapitel 1 besprochen wurde, ist eine Variable extern, wenn sie außerhalb jeder Funktion vereinbart wird. Also werden der Stack und der Stack Zeiger, die von **push**, **pop** und **clear** benützt werden, außerhalb von diesen drei Funktionen definiert. **main** selbst benützt den Stack oder den Stack Zeiger *nicht* – die Stack Repräsentierung ist sorgfältig verborgen. Beim = Operator muß also

```
push(pop());
```

codiert werden, wenn die Stack Spitze betrachtet aber nicht verändert werden soll.

Sie sollten auch folgendes beachten: + und * sind kommutative Operatoren, folglich ist die Reihenfolge, in der die Operanden vom Stack geholt und kombiniert werden, irrelevant; bei den – und / Operatoren müssen jedoch die rechten und linken Operanden genau unterschieden werden.

Aufgabe 4−3. Nachdem der Rahmen vorgegeben ist, ist es sehr einfach, den Tischrechner zu erweitern. Fügen Sie den **%** Operator (Rest nach Division) und ein negatives Vorzeichen hinzu. Fügen Sie ein Kommando hinzu, das den obersten Eintrag auf dem Stack löscht. Fügen Sie Kommandos hinzu, damit man Variablen manipulieren kann. (26 Variablen mit Einzelbuchstaben als Namen ist sehr leicht.) ✎

4.5 Regeln zum Geltungsbereich

Die Funktionen und Definitionen von externen Variablen, aus denen ein C Programm besteht, müssen nicht alle zur gleichen Zeit übersetzt werden; der Quelltext des Programms kann aus verschiedenen Dateien bestehen, und früher übersetzte Funktionen können aus Büchereien dazu geladen werden. Dabei interessieren folgende Fragen:

> Wie muß man formulieren, damit die Variablen während der Übersetzung korrekt vereinbart werden?
>
> Wie ordnet man die Vereinbarungen an, damit alle Teile beim Laden des Programms korrekt verbunden werden?

Der *Geltungsbereich* eines Namens ist der Teil des Programms, für den ein Name vereinbart wurde. Für Variablen in der Speicherklasse **auto**, die am Anfang einer Funktion vereinbart werden, ist der Geltungsbereich die Funktion, in der der Name vereinbart wurde, und Variablen mit gleichem Namen in verschiedenen Funktionen sind voneinander unabhängig. Gleiches gilt für die Parameter der Funktion.

Der Geltungsbereich einer externen Variablen reicht von dem Punkt, wo sie in einer Quelldatei vereinbart wird, bis zum Ende dieser Datei. Werden etwa **val, sp, push, pop** und **clear** alle in einer Datei in der vorher gezeigten Reihenfolge vereinbart, das heißt

```
int sp = 0;
double val[MAXVAL];

double push(f) { ... }

double pop() { ... }

clear() { ... }
```

dann können die Variablen **val** und **sp** in **push**, **pop** und **clear** einfach dadurch benützt werden, daß ihre Namen angegeben werden; keine weiteren Deklarationen sind nötig.

Soll jedoch eine externe Variable verwendet werden, bevor sie definiert wird, oder wird sie in einer Quelldatei definiert, die *verschieden* ist von der, in der sie benützt wird, dann ist eine **extern** Deklaration notwendig.

Man muß genau die *Deklaration* einer externen Variablen von ihrer *Definition* unterscheiden. Eine Deklaration legt die Eigenschaften einer Variablen (also Datentyp, Speicherbedarf etc.) fest; eine Definition sorgt darüber hinaus dafür, daß Speicherplatz bereitgestellt wird. Erscheinen die Zeilen

```
int sp = 0;
double val[MAXVAL];
```

außerhalb von jeder Funktion, dann *definieren* sie die externen Variablen **sp** und **val**, sorgen für Speicherplatz und dienen außerdem als Deklaration für den Rest dieser Quelldatei. Andererseits *deklarieren* die Zeilen

```
extern int sp;
extern double val[];
```

für den Rest der Quelldatei, daß **sp** eine **int** Variable ist und daß **val** ein **double** Vektor ist (dessen Größe an anderer Stelle festgelegt wird); hier werden jedoch die Variablen nicht erzeugt, und es wird kein Speicherplatz reserviert.

In allen Quelldateien für ein Programm zusammen darf es nur *eine* Definition für eine externe Variable geben; andere Dateien können dann nur noch **extern** Deklarationen enthalten, um auf diese Variable zu verweisen. (In der Datei, in der die Definition steht, kann es auch noch **extern** Deklarationen für diese Variable geben.) Eine externe Variable kann nur in ihrer Definition initialisiert werden. Vektor Größen müssen bei der Definition angegeben werden, sie sind jedoch nicht notwendig bei einer **extern** Deklaration.

Bei dem vorliegenden Programm ist es zwar nicht wahrscheinlich, aber **val** und **sp** könnten trotzdem in einer Datei definiert und initialisiert werden, und die Funktionen **push**, **pop** und **clear** könnten in einer anderen Datei definiert werden. Dann wären die folgenden Definitionen und Deklarationen notwendig, um das Ganze zu verbinden:

```
in der ersten Datei:

    int sp = 0;          /* Stack Zeiger */
    double val[MAXVAL];       /* Stack fuer die Operanden */

in der zweiten Datei:

    extern int sp;
    extern double val[];

    double push(f) { ... }

    double pop() { ... }

    clear() { ... }
```

In der zweiten Datei liegen hier die **extern** Deklarationen vor und außerhalb jeder der drei Funktionen, sie gelten deshalb für alle gemeinsam; ein Satz Deklarationen genügt für die ganze Datei.

Später in diesem Kapitel wird die **#include** Preprozessor Anweisung zur Einfügung von Quelldateien diskutiert. Damit muß man bei größeren Programmen nur eine einzige Kopie der **extern** Deklarationen unterhalten und kann diese in jede Quelldatei einfügen lassen, während die Quelldatei übersetzt wird.

Betrachten wir jetzt die Implementierung von **getop**, der Funktion, die den nächsten Operator oder Operanden bereitstellt. Die grundsätzliche Aufgabe ist einfach: Zwischenräume müssen überlesen werden. Ist dann das nächste Zeichen keine Ziffer oder auch kein Dezimalpunkt, so soll es als Operator geliefert werden. Andernfalls muß eine Kette von Ziffern, unter denen sich ein Dezimalpunkt befinden kann, gesammelt werden, und das Resultat ist **NUMBER**, als Hinweis, daß eine Zahl aufgefunden wurde.

Die Funktion wird dadurch entscheidend komplizierter, daß versucht wird, die Situation korrekt zu behandeln, daß eine Eingabe Zahl zu lang ist. **getop** liest Ziffern (und dazwischen möglicherweise einen Dezimalpunkt), bis eine Reihe von Ziffern zu Ende ist; abgespeichert werden aber nur die Ziffern, die auch passen. Entstand kein Overflow, so liefert **getop** das Resultat **NUMBER** und die Ziffernkette. Ist die Zahl jedoch zu lang, so unterdrückt **getop** den Rest der Eingabe Zeile und liefert **TOOBIG** als Anzeichen für Overflow. Der Benutzer kann dann den Rest der Zeile nochmals eingeben.

```
getop(s, lim)      /* naechsten Operator oder Operand holen */
char s[];
int lim;
{
    int i, c;

    while ((c = getch()) == ' ' || c == '\t' || c == '\n')
        ;
    if (c != '.' && (c < '0' || c > '9'))
        return(c);
    s[0] = c;
    for (i = 1; (c = getchar()) >= '0' && c <= '9'; i++)
        if (i < lim)
            s[i] = c;
    if (c == '.') {       /* Dezimalstellen sammeln */
        if (i < lim)
            s[i] = c;
        for (i++; (c=getchar()) >= '0' && c <= '9'; i++)
            if (i < lim)
                s[i] = c;
    }
    if (i < lim) {        /* Zahl ist vernuenftig */
        ungetch(c);
        s[i] = '\0';
        return(NUMBER);
    } else {        /* Zahl zu gross, Rest der Zeile ignorieren */
        while (c != '\n' && c != EOF)
            c = getchar();
        s[lim-1] = '\0';
        return(TOOBIG);
    }
}
```

Was für Funktionen sind **getch** und **ungetch**? Es ist oft der Fall, daß ein Programm, das eine Eingabe verarbeitet, erst dann feststellt, daß es genügend eingelesen hat, wenn bereits ein Zeichen zuviel eingelesen wurde. Ein Beispiel dafür ist das Sammeln einer Ziffernkette für eine Zahl: Der Zahlenwert ist erst vollständig, wenn das erste Zeichen eingelesen wird, das keine Ziffer mehr ist, aber dann hat das Programm bereits ein Zeichen zuviel gelesen, ein Zeichen, mit dem das Programm im Augenblick nichts anfangen kann.

Das Problem wäre einfach zu lösen, wenn man die unerwünschten Zeichen auch wieder "aus-lesen" könnte. Jedesmal, wenn das Programm ein Zeichen zuviel liest, könnte es dieses Zeichen in die Eingabe zurückstellen, damit der Rest des Programms so tun kann, als ob dieses Zeichen noch nicht gelesen wurde. Es ist glücklicherweise einfach, diese Operation zu simulieren, indem wir ein Paar kooperierender Funktionen schreiben. **getch** liefert das nächste Eingabe Zeichen, das untersucht werden soll; **ungetch** stellt ein Zeichen in die Eingabe zurück, das dann der nächste Aufruf von **getch** liefert.

Wie diese Funktionen zusammenarbeiten, ist einfach. **ungetch** speichert die zurückgestellten Zeichen in einer gemeinsamen Puffer Fläche, einem Zeichen Vektor. **getch** liest aus diesem Puffer, wenn sich dort Zeichen befinden; **getchar** wird aufgerufen, wenn der Puffer leer ist. Es muß dann noch eine Index Variable geben, die die Position des letzten Zeichens im Puffer angibt.

Da der Puffer und die Index Variable von **getch** und **ungetch** gemeinsam benützt werden und ihre Werte zwischen Aufrufen beibehalten müssen, müssen diese Variablen extern für beide Funktionen sein. Also können wir **getch**, **ungetch** und ihre gemeinsamen Variablen folgendermaßen implementieren:

```
#define BUFSIZE 100

char buf[BUFSIZE];      /* Puffer fuer ungetch() */
int  bufp = 0;          /* naechste freie Position in buf */

getch()         /* (eventuell zurueckgestelltes) Zeichen holen */
{
    return((bufp > 0) ? buf[--bufp] : getchar());
}

ungetch(c)      /* Zeichen zurueckstellen */
int c;
{
    if (bufp > BUFSIZE)
        printf("ungetch: too many characters\n");
    else
        buf[bufp++] = c;
}
```

Wir haben einen Vektor als Puffer Fläche benützt, und nicht nur ein einzelnes Zeichen, denn diese Verallgemeinerung kann sich später als nützlich erweisen.

Aufgabe 4 – 4. Schreiben Sie eine Funktion **ungets(s)**, die eine ganze Zeichenkette in die Eingabe zurückstellt. Soll **ungets** dabei über **buf** und **bufp** Bescheid wissen, oder sollte nur **ungetch** benützt werden? ✏

Aufgabe 4 – 5. Nehmen wir an, daß nie mehr als ein Zeichen zurückgestellt wird. Ändern Sie **getch** und **ungetch** entsprechend. ✏

Aufgabe 4 – 6. Unsere Funktionen **getch** und **ungetch** behandeln die Zurückstellung von **EOF** nicht auf portable Weise. Entscheiden Sie, wie diese Funktionen sich verhalten sollen, wenn **EOF** zurückgestellt wird, und implementieren Sie Ihren Entwurf. ✏

4.6 Die Speicherklasse "static"

static ist eine dritte Speicherklasse, zusätzlich zu **extern** und **auto**, die wir bereits kennengelernt haben.

static Variablen können sowohl intern als auch extern sein. Interne Variablen in der Speicherklasse **static** sind in einer bestimmten Funktion lokal vorhanden, genauso wie automatische Variablen; anders als automatische Variablen bleiben sie jedoch erhalten und werden nicht bei jedem Aufruf der Funktion neu erzeugt. Dies bedeutet, daß interne Variablen in der Speicherklasse **static** als private, permanente Speicherfläche innerhalb einer Funktion dienen können. Zeichenketten, die innerhalb einer Funktion auftreten, wie etwa die Argumente für **printf**, sind intern in der Speicherklasse **static**.

Eine externe **static** Variable ist im Rest der *Quelldatei* bekannt, in der sie deklariert wird, aber in keiner anderen Datei. Eine externe **static** Definition dient also dazu, Namen wie **buf** und **bufp** in der **getch-ungetch** Kombination zu verbergen; solche Namen müssen extern sein, damit sie gemeinsam benützt werden können, sie sollten jedoch unsichtbar sein für Benutzer von **getch** und **ungetch**, damit kein Konflikt entsteht. Werden die zwei Funktionen und die zwei Variablen in einer Datei übersetzt,

```
static char buf[BUFSIZE];      /* Puffer fuer ungetch() */
static int  bufp = 0;         /* naechste freie Position in buf */

getch() { ... }

ungetch(c) { ... }
```

dann kann keine andere Funktion **buf** und **bufp** benützen; diese Namen stehen tatsächlich nicht einmal in Konflikt mit den gleichen Namen in anderen Quelldateien für das gleiche Programm.

Um solche Variablen, extern oder intern, zu erzeugen, stellt man der normalen Vereinbarung das Wort **static** voran. Die Variable ist extern, wenn sie außerhalb jeder Funktion definiert wird, und intern, wenn sie innerhalb einer Funktion definiert wird.

Normalerweise sind Funktionen externe Objekte; ihre Namen sind global bekannt. Eine Funktion kann jedoch auch **static** vereinbart werden; dadurch ist der Funktionsname außerhalb der Datei, in der er vereinbart wird, unbekannt.

In C bezeichnet **static** nicht nur Permanenz, sondern auch einen gewissen Grad von Privatsphäre. Interne Objekte, die **static** vereinbart sind, sind nur innerhalb einer Funktion zugänglich; externe **static** Objekte (Variablen wie Funktionen) sind nur innerhalb der Quelldatei zugänglich, in der sie erscheinen, und ihre Namen stehen nicht in Konflikt mit Variablen oder Funktionen gleichen Namens in anderen Quelldateien.

Daten Objekte und interne Funktionen zu ihrer Manipulation können mit **static** Vereinbarungen verborgen werden, so daß andere Funktionen und Daten Objekte auch nicht versehentlich in Konflikt dazu stehen. Beispielsweise bilden **getch** und **ungetch** einen "Modul" für Eingabe und Zurückstellen von Zeichen; **buf** und **bufp** sollten **static** sein, damit sie außerhalb des Moduls nicht zugänglich sind. Analog bilden **push**, **pop** und **clear** einen Modul für Stack Operationen; **val** und **sp** sollten ebenfalls extern **static** vereinbart werden.

4.7 Die Speicherklasse "register"

Die vierte und letzte Speicherklasse heißt **register**. Eine **register** Definition teilt dem Übersetzer mit, daß die fragliche Variable häufig benutzt werden wird. Wo dies möglich ist, werden **register** Variablen in den Registern der Maschine unterhalten, dies kann zu kleineren und schnelleren Programmen führen.

Eine **register** Definition hat folgende Form:

```
register int  x;
register char c;
```

Der Datentyp **int** kann dabei weggelassen werden. **register** kann sich nur auf automatische Variablen und die Parameter einer Funktion beziehen. Im letzteren Fall hat eine Deklaration folgendes Format:

```
f(c, n)
register int c, n;
{
	register int i;
	...
}
```

In der Praxis gibt es für **register** Variablen einige Einschränkungen, die die Realitäten der Maschine reflektieren. Nur wenige Variablen in jeder Funktion können in Registern angelegt werden, und nur bestimmte Datentypen sind dabei erlaubt. Das Wort **register** wird bei überzähligen oder verbotenen Vereinbarungen ignoriert. Es ist auch nicht möglich, die Adresse einer **register** Variablen festzustellen (dieser Komplex wird in Kapitel 5 behandelt). Die speziellen Einschränkungen sind von Maschine zu Maschine verschieden; auf der PDP-11 beispielsweise werden nur die ersten drei **register** Vereinbarungen in einer Funktion akzeptiert, und die Datentypen müssen **int**, **char** oder Zeiger sein.

4.8 Block Struktur

C hat keine Block Struktur im Sinne von PL/1 oder Algol, da Funktionen nicht innerhalb von anderen Funktionen definiert werden können.

Andererseits können Variablen im Stil der Algol Block Struktur definiert werden. Am Anfang eines Blocks, unmittelbar nach der linken geschweiften Klammer, können Variablen vereinbart und initialisiert werden. Dies gilt für *jeden* Block, nicht nur für den äußersten Block, aus dem jeweils eine Funktion besteht. Variablen, die auf diese Weise vereinbart werden, ersetzen alle Variablen gleichen Namens in den äußeren Blöcken, sie existieren, bis die entsprechende geschweifte rechte Klammer erreicht wird. Beispielsweise ist bei

```
if (n > 0) {
        int i;        /* neues "i" definieren */
        for (i = 0; i < n; i++)
                ...
}
```

der Geltungsbereich der Variablen **i** der Teil der **if**-Anweisung, in der die Bedingung zutrifft; diese Variable **i** ist unabhängig von allen anderen Variablen namens **i** im Programm.

Die Block Struktur bezieht sich auch auf externe Variablen. Bei den folgenden Vereinbarungen

```
int x;

f()
{
        double x;
        ...
}
```

bezieht sich innerhalb der Funktion **f** der Name **x** auf die intern als **double** vereinbarte Variable; außerhalb von **f** bezieht sich der Name **x** auf die extern als **int** vereinbarte Variable. Gleiches gilt für die Namen von Parametern:

```
int z;

f(z)
double z;
{
        ...
}
```

Innerhalb der Funktion **f** bezieht sich **z** auf den Parameter und nicht auf die externe Variable.

4.9 Initialisierung

Initialisierungen wurden bisher schon vielfach erwähnt, aber immer am Rande von anderen Diskussionen. Im vorliegenden Abschnitt werden einige der Regeln zusammengefaßt, nachdem wir jetzt die verschiedenen Speicherklassen kennengelernt haben.

Externe und **static** Variablen, die nicht explizit initialisiert werden, haben bei Beginn der Programm Ausführung den Wert 0; **auto** und **register** Variablen sind jeweils undefiniert.

Einfache Variablen können in einer Definition initialisiert werden; dabei folgt dem Namen ein Gleichheitszeichen und ein konstanter Ausdruck:

```
int x = 1;
char squote = '\'';
long day = 60 * 24;        /* Minuten in einem Tag */
```

Externe und **static** Variablen werden einmal initialisiert, theoretisch durch den Übersetzer. Variablen in der Speicherklasse **auto** und **register** werden jedesmal initialisiert, wenn die Funktion oder der Block neu ausgeführt werden.

Bei Variablen in den Speicherklassen **auto** und **register** braucht die Initialisierung keine Konstante zu sein: Hier kann tatsächlich jeder beliebige Ausdruck angegeben werden, der sich nur auf vorher definierte Werte bezieht, sogar Funktionsaufrufe sind möglich. Beispielsweise könnten die Initialisierungen im binären Suchprogramm in Kapitel 3 wie folgt formuliert werden:

```
binary(x, v, n)
int x, v[], n;
{
	int low = 0;
	int high = n - 1;
	int mid;
	...
}
```

anstelle von

```
binary(x, v, n)
int x, v[], n;
{
	int low, high, mid;

	low = 0;
	high = n - 1;
	...
}
```

Die Initialisierungen von automatischen Variablen sind tatsächlich nur eine Abkürzung für Zuweisungsanweisungen. Was dabei bevorzugt wird, ist im wesentlichen eine Geschmacksfrage. Wir haben im allgemeinen explizite Zuweisungen verwendet, da Initialisierungen bei Definitionen schwerer sichtbar sind.

Vektoren in der Speicherklasse **auto** können nicht initialisiert werden. Externe und **static** Vektoren können initialisiert werden, indem der Definition eine Liste von Initialisierungswerten, eingeschlossen in geschweifte Klammern und durch Komma getrennt, folgt. Beispielsweise begann das Zeichenzählprogramm in Kapitel 1

```
main()          /* Ziffern, Zwischenraeume */
{               /* und andere Zeichen zaehlen */
    int c, i, nwhite, nother;
    int ndigit[10];

    nwhite = nother = 0;
    for (i = 0; i < 10; ++i)
        ndigit[i] = 0;
    ...
}
```

Dies könnte auch so formuliert werden

```
int nwhite = 0;
int nother = 0;
int ndigit[10] ={ 0, 0, 0, 0, 0, 0, 0, 0, 0, 0 };

main()          /* Ziffern, Zwischenraeume */
{               /* und andere Zeichen zaehlen */
        int c, i;
    ...
}
```

Diese Initialisierungen sind tatsächlich nicht notwendig, da sie alle 0 sind, aber es ist guter Stil, dies trotzdem explizit anzugeben. Werden weniger Initialisierungswerte angegeben als für einen Vektor nötig sind, so werden die restlichen Elemente auf 0 gesetzt. Werden zuviele Initialisierungen angegeben, so liegt ein Fehler vor. Leider gibt es keine syntaktische Möglichkeit, eine einzelne Initialisierung wiederholen zu lassen, und ein Element in der Mitte eines Vektors kann auch nur initialisiert werden, indem alle vorhergehenden Werte auch angegeben werden.

Zeichen Vektoren bilden bei Initialisierungen einen Sonderfall; anstelle einer Liste von Einzelzeichen kann eine Zeichenkette angegeben werden:

```
char pattern[] = "the";
```

Dies ist eine Abkürzung für die längere, aber äquivalente Formulierung

```
char pattern[] = { 't', 'h', 'e', '\0' };
```

Ist die Größe eines Vektors mit beliebigem Datentyp nicht angegeben, so berechnet der Übersetzer diese Länge, indem er die Initialisierungen zählt. Im vorliegenden Fall ist die Vektor Größe 4 (3 Zeichen und das abschließende Null Zeichen).

4.10 Rekursion

C Funktionen können rekursiv benützt werden; das heißt, eine Funktion kann *sich selbst* entweder direkt oder indirekt aufrufen. Ein traditionelles Beispiel dafür ist das Ausgeben eines Zahlenwertes als Zeichenkette. Wie wir früher festgestellt haben, werden die Ziffern in der umgekehrten Reihenfolge erzeugt: Die Ziffern am rechten Ende stehen zur Verfügung vor den Ziffern am linken Ende, aber die Ausgabe muß gerade in der anderen Reihenfolge erfolgen.

Es gibt zwei Lösungen für dieses Problem. Einmal kann man die Ziffern in einem Vektor speichern in der Reihenfolge, in der sie generiert werden, anschließend kann man den Vektor in umgekehrter Reihenfolge ausgeben, wie wir dies in Kapitel 3 bei **itoa** getan haben. Die erste Fassung von **printd** ist nach diesem Muster konstruiert.

```
printd(n)      /* n dezimal ausgeben */
int n;
{
      char s[10];
      int  i;

      if (n < 0) {
            putchar('-');
            n = -n;
      }
      i = 0;
      do {
            s[i++] = n % 10 + '0'; /* naechstes Zeichen holen */
      } while ((n /= 10) > 0); /* und durch Division entfernen */
      while (--i >= 0)
            putchar(s[i]);
}
```

Die Alternative dazu ist eine rekursive Lösung, bei der **printd** jeweils sich selber aufruft, um etwa führende Ziffern abzuarbeiten, und dann selbst die nachfolgende Ziffer druckt.

```
printd(n)      /* n dezimal ausgeben (rekursiv) */
int n;
{
      int  i;

      if (n < 0) {
            putchar('-');
            n = -n;
      }
      if ((i = n/10) != 0)
            printd(i);
      putchar(n % 10 + '0');
}
```

Ruft sich eine Funktion selbst rekursiv auf, dann erhält jede Aktivierung einen neuen Satz aller ihrer automatischen Variablen, und zwar unabhängig von allen anderen Aktivierungen. Beim Aufruf **printd(123)** gilt in der ersten Aktivierung von **printd** **n=123**. Diese Aktivierung übergibt 12 an einen zweiten Aufruf von **printd** und druckt dann selbst 3, nachdem dieser zweite Aufruf beendet ist. Ebenso liefert die zweite Aktivierung von **printd** den Wert 1 an eine dritte Aktivierung (die diesen Wert druckt), und druckt selbst 2.

Rekursion spart im allgemeinen keinen Speicherplatz, da irgendwo ein Stack der bearbeiteten Werte unterhalten werden muß. Ebenso ist Rekursion nicht schneller. Aber eine rekursive Lösung ist kompakter und oft wesentlich leichter zu schreiben und zu verstehen. Rekursion ist besonders bequem bei rekursiv definierten Datenstrukturen wie Bäumen; wir werden in Kapitel 6 ein gutes Beispiel dazu sehen.

Aufgabe 4–7. Verwenden Sie die Ideen von **printd** dazu, eine rekursive Version von **itoa** zu schreiben; das heißt, einen ganzzahligen Wert in eine Zeichenkette mit Hilfe von einer rekursiven Routine zu verwandeln.

Aufgabe 4–8. Schreiben Sie eine rekursive Version der Funktion **reverse(s)**, die die Zeichenkette **s** umkehrt.

4.11 Der C Preprozessor

C läßt einfache Spracherweiterungen mit Hilfe eines einfachen Makro Prozessors zu. **#define** haben wir bereits benützt; diese Preprozessor Anweisung wird am häufigsten zur Spracherweiterung benützt. Außerdem können während der Übersetzung andere Dateien in die Quelldatei eingefügt werden.

Dateien einfügen

Um etwa eine Reihe von **#define**-Anweisungen und Deklarationen leichter zusammenfassen zu können, verfügt C über einen Mechanismus zum Einfügen von Dateien. Eine Zeile

```
#include "filename"
```

wird durch den Inhalt der Datei *filename* ersetzt. (Die Doppel-Anführungsstriche sind notwendig.) Eine oder mehrere solcher Zeilen finden wir oft am Anfang einer Quelldatei, um mehrfach benützte **#define**-Anweisungen und **extern** Deklarationen für globale Variablen einzufügen. **#include**-Anweisungen können verschachtelt sein.

#include ist die bevorzugte Methode, um die Deklarationen für ein großes Programm zusammenzuhalten. Dadurch ist sichergestellt, daß alle Quelldateien die gleichen Definitionen und Vereinbarungen für Variablen enthalten; eine besonders unangenehme Art von Fehlern kann auf diese Weise vermieden werden. Ändert man eine solche Datei, muß man natürlich alle Quelldateien, in die sie eingefügt wird, neu übersetzen.

Text Ersatz

Eine Definition der Form

```
#define YES 1
```

sorgt für die einfachste Art von Text Ersatz – ein Name wird durch eine Zeichenkette ersetzt. Der Name hat bei **#define** die gleiche Form wie ein Name in einem C Programm; der Ersatztext ist beliebig. Normalerweise ist der Ersatztext der Rest der Zeile; eine lange Definition kann fortgesetzt werden, indem man ein \ Zeichen an das Ende der Zeile stellt, die fortgesetzt werden soll. Der Geltungsbereich eines mit **#define** vereinbarten Namens erstreckt sich von der Definition bis zum Ende der Quelldatei. Namen können neu definiert werden, und eine Definition kann frühere Definitionen verwenden. Text Ersatz findet nicht innerhalb von Zeichenketten statt; ist also etwa **YES** ein definierter Name, dann findet bei **printf("YES")** kein Text Ersatz statt.

#define wird durch einen Preprozessor implementiert, der nicht Teil des eigentlichen Übersetzers ist; folglich gibt es kaum grammatische Einschränkungen für die möglichen Ersatztexte. Beispielsweise könnten Algol Fans

```
#define then
#define begin {
#define end ;}
```

definieren und dann folgendes "C" Programm schreiben:

```
if (i > 0) then
    begin
        a = 1;
        b = 2
    end
```

Ein Makro kann parametrisiert sein, so daß der Ersatztext vom Aufruf des Makros abhängt. Beispielsweise kann man einen Makro **max** folgendermaßen definieren

```
#define max(A, B) ((A) > (B) ? (A) : (B))
```

Jetzt wird die Zeile

```
x = max(p+q, r+s);
```

ersetzt durch die Zeile

```
x = ((p+q) > (r+s) ? (p+q) : (r+s));
```

Auf diese Weise entsteht eine "Maximum Funktion", die nicht durch einen Funktionsaufruf, sondern direkt als Ausdruck realisiert ist. Werden die Parameter konsequent behandelt, dann kann dieser Makro für beliebige Datentypen verwendet werden; anders als bei Funktionen genügt eine einzige Definition von **max** für verschiedene Datentypen.

Studiert man die Definition von **max** genauer, entdeckt man natürlich einige Fallstricke. Die Ausdrücke werden zweimal bewertet; enthalten sie Nebeneffekte wie Funktionsaufrufe oder Inkrement Operatoren, so ergeben sich Probleme. Der Ersatztext muß sorgfältig geklammert sein, damit die gewünschte Reihenfolge der Bewertung erhalten bleibt. (Betrachten Sie beispielsweise den Makro

```
#define square(x) x * x
```

und den Aufruf **square(z+1)**.) Es gibt auch gewisse Erkennungsprobleme: Wenigstens in der Definition kann kein Zwischenraum zwischen dem Makro Namen und der linken Klammer sein, mit der die Parameter Liste beginnt.

Makros sind trotzdem sehr wertvoll. Ein praktisches Beispiel ist die Standard E/A Bücherei, die in Kapitel 7 beschrieben wird. Hierbei sind **getchar** und **putchar** als Makros definiert (offensichtlich benötigt **putchar** ein Argument), damit der Aufwand eines Funktionsaufrufs zur Bearbeitung eines einzelnen Zeichens vermieden wird.

Andere Leistungen des Makro Prozessors sind in Anhang A beschrieben.

Aufgabe 4–9. Definieren Sie einen Makro **swap(x,y)**, der seine zwei **int** Argumente vertauscht. (Block Struktur sollte sich hilfreich erweisen.) ✐

Kapitel 5: Zeiger und Vektoren

Ein Zeiger ist eine Variable, die die Adresse einer anderen Variablen enthält. Zeiger werden in C sehr häufig benützt, dies liegt zum Teil daran, daß sie manchmal die einzige Möglichkeit darstellen, eine Berechnung auszudrücken, und zum Teil daran, daß normalerweise mit Hilfe von Zeigern kompakter und effizienter programmiert werden kann als dies auf andere Weise möglich ist.

Zeiger wurden mit der **goto**-Anweisung in einen Topf geworfen, als Technik, die hervorragend dazu geeignet ist, unverständliche Programme zu formulieren. Dies gilt sicher, wenn Zeiger unvorsichtig verwendet werden, und es ist sehr leicht, Zeiger Werte zu erzeugen, die "irgendwohin" zeigen. Mit einer gewissen Disziplin können Zeiger aber auch benützt werden, um klar und einfach zu programmieren. Gerade diesen Aspekt wollen wir im folgenden herausarbeiten.

5.1 Zeiger und Adressen

Da ein Zeiger die Adresse eines Objekts enthält, kann man auf das Objekt "indirekt" über den Zeiger zugreifen. Nehmen wir an, daß **x** eine Variable ist, etwa vom Typ **int**, und daß **px** ein Zeiger ist, der auf eine uns noch unbekannte Art und Weise definiert wurde. Der als Vorzeichen verwendete Adreßoperator **&** liefert die *Adresse* eines Objekts. Die Anweisung

```
px = &x;
```

weist also die Adresse von **x** an die Variable **px** zu; man sagt, daß jetzt **px** "auf **x** zeigt". Der Adreßoperator **&** kann nur auf Variablen und Vektor Elemente angewendet werden; Konstruktionen wie **&(x+1)** und **&3** sind nicht erlaubt. Auch die Adresse einer Variablen in der Speicherklasse **register** kann nicht berechnet werden.

Der als Vorzeichen verwendete Verweis Operator ***** behandelt seinen Operanden als die Adresse des eigentlichen Ziel Objekts, und benützt diese Adresse, um den Wert des Ziel Objekts zu manipulieren. Ist also **y** auch eine **int** Variable, so erhält mit der Zuweisung

```
y = *px;
```

y den Wert, auf den **px** zeigt. Die Anweisungen

```
px = &x;
y = *px;
```

weisen an **y** den gleichen Wert zu wie

```
y = x;
```

Wir müssen auch die Variablen deklarieren, die in den vorhergehenden Beispielen verwendet wurden:

```
int x, y;
int *px;
```

Die Definition von **x** und **y** ist uns wohlbekannt. Die Definition der Zeiger Variablen **px** ist ein neues Konzept. Die Definition

```
int *px;
```

soll als Muster verstanden werden; sie besagt, daß die Kombination ***px** ein **int** Wert ist, das heißt, wenn **px** in der Form ***px** verwendet wird, dann ist dies äquivalent zu einer Variablen vom Typ **int**. Die Syntax einer Variablen Deklaration imitiert effektiv die Syntax von Ausdrücken, in denen diese Variable auftreten könnte. Diese Betrachtungsweise ist nützlich bei allen Fällen, in denen komplizierte Deklarationen auftreten. Beispielsweise besagt

```
double atof(), *dp;
```

daß in einem Ausdruck **atof()** und ***dp** Werte vom Typ **double** liefern.

Beachten Sie auch, daß aus der Vereinbarung folgt, daß ein Zeiger jeweils nur auf ein Objekt von einem bestimmten Typ verweisen kann.

Zeiger können in Ausdrücken auftreten. Zeigt beispielsweise **px** auf die **int** Variable **x**, dann kann ***px** überall dort auftreten, wo auch **x** auftreten könnte:

```
y = *px + 1
```

weist an **y** den um 1 vergrösserten Wert von **x** zu;

```
printf("%d\n", *px)
```

gibt den momentanen Wert von **x** aus; und

```
d = sqrt((double) *px)
```

weist an **d** die Quadratwurzel von **x** zu; dabei wird der Wert von **x** in **double** umgewandelt, bevor er an **sqrt** übergeben wird (siehe Kapitel 2).

In Ausdrücken wie

```
y = *px + 1
```

haben die Vorzeichen Operatoren ***** und **&** höheren Vorrang als arithmetische Operatoren. Bei diesem Ausdruck wird also 1 zum Wert des Objekts addiert, auf das **px** zeigt, und das Resultat wird an **y** zugewiesen. Wir werden in Kürze erklären, was

```
y = *(px + 1)
```

bedeuten könnte.

Verweise mit Zeigern können auch auf der linken Seite von Zuweisungen auftreten. Wenn **px** auf **x** zeigt, dann setzt

```
*px = 0
```

x auf 0, und

```
*px += 1
```


vergrößert **x**, ebenso wie

```
(*px)++
```

Im letzten Beispiel sind die Klammern notwendig; ohne die Klammern würde in diesem Ausdruck **px** inkrementiert werden, und nicht das Objekt, auf das **px** zeigt, da Vorzeichen Operatoren wie * und ++ von rechts nach links bewertet werden.

Schließlich sind Zeiger Variablen, sie können also genauso manipuliert werden wie andere Variablen. Ist **py** ein weiterer Zeiger auf **int** Werte, dann kopiert

```
py = px
```

den Inhalt von **px** nach **py**; dadurch zeigt **py** auf das gleiche Objekt wie **px**.

5.2 Zeiger und die Argumente von Funktionen

Da C an Funktionen Argument *Werte* übergibt, kann die aufgerufene Funktion Variablen beim Aufrufer nicht direkt ändern. Was tun wir jedoch, wenn wir wirklich ein gewöhnliches Argument ändern müssen? Ein Sortierprogramm könnte zum Beispiel zwei Elemente mit einer **swap** Funktion in die richtige Reihenfolge bringen. Dabei genügt es jedoch nicht

```
swap(a, b);
```

aufzurufen, wenn die **swap** Funktion folgendermaßen definiert ist:

```
swap(x, y)        /* FALSCH */
int x, y;
{
    int temp;

    temp = x;
    x = y;
    y = temp;
}
```

Da an **swap** nur Argument Werte übergeben werden, kann **swap** die Argumente **a** und **b** beim Aufrufer nicht ändern.

Erfreulicherweise gibt es eine Möglichkeit, den gewünschten Effekt zu erzielen. Der Aufrufer übergibt *Zeiger*, die auf die Werte zeigen, die geändert werden sollen:

```
swap(&a, &b);
```

Da der Operator **&** die Adresse einer Variablen liefert, ist **&a** ein Zeiger auf **a**. In der **swap** Funktion selbst werden die Parameter als Zeiger deklariert, und auf die eigentlichen Operanden wird mit Hilfe dieser Zeiger zugegriffen.

```
swap(px, py)        /* *px und *py austauschen */
int *px, *py;
{
    int temp;

    temp = *px;
    *px = *py;
    *py = temp;
}
```

Zeiger Parameter findet man häufig bei Funktionen, die mehrere Resultat Werte liefern müssen. (Man könnte sagen, daß **swap** zwei Werte liefert, nämlich die neuen Werte seiner Argumente.) Betrachten wir zum Beispiel eine Funktion **getint**: Die Funktion liefert bei jedem Aufruf einen ganzzahligen Wert; die Eingabe kann dabei beliebig viele Zwischenräume, optional ein Vorzeichen, und dann eine Ziffernkette enthalten. **getint** muß dann jeweils den Wert der Ziffernkette liefern oder das Datei Ende anzeigen, wenn keine Eingabe mehr zur Verfügung steht. Datei Ende und ganzzahliger Wert sind dabei separate Resultat Werte, denn ganz unabhängig davon, wie **EOF** definiert ist, ist dieser Wert doch immer auch ein ganzzahliger Wert, der dann mit einem Eingabe Wert verwechselt werden könnte.

Analog zur Eingabe Funktion **scanf**, die wir in Kapitel 7 beschreiben werden, ist eine mögliche Lösung, daß **getint** den Wert **EOF** als Funktionswert liefert, wenn das Datei Ende erkannt wird; jeder andere Resultat Wert signalisiert, daß ein gewöhnlicher ganzzahliger Wert berechnet wurde. [1] Der berechnete Zahlenwert wird über ein Argument geliefert, das ein Zeiger auf **int** sein muß. Diese Anordnung trennt die Datei Ende Anzeige von numerischen Resultat Werten.

Folgende Schleife füllt einen **int** Vektor mit ganzzahligen Werten durch Aufrufe der **getint** Funktion:

```
int n, v, array[SIZE];

for (n = 0; n < SIZE && getint(&v) != EOF; n++)
    array[n] = v;
```

Bei jedem Aufruf erhält **v** den nächsten Zahlenwert aus der Eingabe. Man beachte, daß man unbedingt **&v** schreiben muß und nicht nur **v**, als Argument von **getint**. **v** allein würde wahrscheinlich einen Adressierungsfehler hervorrufen, da **getint** annehmen muß, daß ein gültiger Zeiger Wert übergeben wurde.

getint selbst ist eine naheliegende Modifikation der **atoi** Funktion, die wir früher konstruiert haben:

---

[1] Die Funktion geht davon aus, daß sich keine Ziffernkette unmittelbar am Ende der Eingabe befindet; dies ist bei Eingabe vom Benutzerterminal oder aus einer mit dem Editor behandelten Datei der Fall, nicht aber im allgemeinen. A.d.Ü.

```
getint(pn)      /* naechsten ganzzahligen Wert */
int *pn;        /* aus der Eingabe holen */
{
    int c, sign;

    while ((c = getch()) == ' ' || c == '\n' || c == '\t')
        ;    /* Zwischenraeume ueberlesen */
    sign = 1;
    if (c == '+' || c == '-') {     /* Vorzeichen */
        sign = (c=='+') ? 1 : -1;
        c = getch();
    }
    for (*pn = 0; c >= '0' && c <= '9'; c = getch())
        *pn = 10 * *pn + c - '0';
    *pn *= sign;
    if (c != EOF)
        ungetch(c);
    return(c);
}
```

Überall in **getint** wird ***pn** als normale **int** Variable benützt. Wir haben auch die in Kapitel 4 beschriebenen Funktionen **getch** und **ungetch** benützt, damit das eine Zeichen, das wir zuviel lesen müssen, wieder in die Eingabe zurückgestellt werden kann.

Aufgabe 5 – 1. Konstruieren Sie **getfloat**, eine Funktion analog zu **getint**, die Gleitkomma Werte extrahieren kann. Was für einen Datentyp liefert **getfloat** als Funktionswert? ✏

5.3 Zeiger und Vektoren

In C hängen Zeiger und Vektoren sehr eng zusammen, eng genug, so daß man Zeiger und Vektoren wirklich gemeinsam behandeln sollte. Jede Operation mit Vektor Indizes kann auch mit Zeigern formuliert werden. Mit Zeigern formuliert ist die Operation im allgemeinen effizienter, aber zumindest für Uneingeweihte zunächst schwerer zu verstehen.

Die Vereinbarung

```
int a[10]
```

definiert einen Vektor **a** mit zehn Elementen, das heißt einen Block von zehn aufeinander folgenden Objekten, mit Namen **a[0]**, **a[1]**, ... , **a[9]**. **a[i]** bezeichnet das Element im Vektor **a**, das **i** Stellen vom Anfang entfernt ist. Vereinbart man **pa** als Zeiger auf einen **int** Wert,

```
int *pa
```

dann erhält **pa** durch die Zuweisung

pa = &a[0]

die Adresse des Elements 0 im Vektor **a**; das heißt **pa** zeigt auf das Element **a[0]**. Die Zuweisung

x = *pa

weist dann den Wert von **a[0]** an **x** zu.

Zeigt **pa** auf ein bestimmtes Element des Vektors **a**, dann zeigt *per Definition* **pa+1** auf das nachfolgende Element, und allgemein zeigt **pa−i i** Elemente vor **pa**, und **pa+i i** Elemente dahinter. Wenn also **pa** auf das Element **a[0]** zeigt, dann bezeichnet

*(pa+1)

den Inhalt von **a[1]**, **pa+i** ist die Adresse des Elements **a[i]**, und ***[pa+i]** ist der Wert des Elements **a[i]**.

Dies alles gilt unabhängig vom Datentyp der Elemente im Vektor **a**. "Addiere 1 zu einem Zeiger", und als Konsequenz davon die gesamte Arithmetik mit Zeigern, ist so definiert, daß das Inkrement vergrößert wird in Abhängigkeit vom Speicherbedarf des Objekts, auf das der Zeiger zeigt. Bei **pa+i** wird also **i** mit der Größe der Objekte multipliziert, auf die **pa** zeigt, bevor das Resultat zu **pa** addiert wird.

Es besteht also offensichtlich ein sehr enger Zusammenhang zwischen Indizierung und Zeiger Arithmetik. Tatsächlich verwandelt der Übersetzer einen Verweis auf einen Vektor in einen Zeiger Wert auf den Anfang des Vektors. Dadurch *ist* ein Vektor Name ein Zeiger Ausdruck. Dies hat eine Reihe von nützlichen Konsequenzen. Da der Name eines Vektors synonym zur Adresse des Elements in Position 0 ist, kann man die Zuweisung

pa = &a[0]

auch folgendermaßen formulieren:

pa = a

Wesentlich überraschender, wenigstens auf den ersten Blick, ist die Tatsache, daß **a[i]** auch als ***(a+i)** formuliert werden kann. Wenn **a[i]** bewertet wird, so wandelt der C Übersetzer dies sofort in ***(a+i)** um; die zwei Angaben sind vollständig äquivalent. Wendet man nun den Adreßoperator **&** an, so sieht man, daß **&a[i]** und **a+i** ebenfalls identisch sind: **a+i** ist die Adresse des Elements in Position **i**. Die Kehrseite der Medaille ist, daß in Ausdrücken ein Zeiger **pa** zusammen mit einem Index verwendet werden kann: **pa[i]** ist äquivalent zu ***(pa+i)**. Kurz – statt Vektor Namen und Index Ausdruck kann man immer einen Zeiger und Abstand angeben und umgekehrt, sogar innerhalb der gleichen Anweisung.

Einen Unterschied zwischen Vektor Namen und Zeiger muß man allerdings beachten. Ein Zeiger ist eine Variable, also sind **pa=a** und **pa++** sinnvolle Operationen. Ein Vektor Name ist jedoch eine *Konstante*, nicht eine Variable: Ausdrücke wie **a=pa** oder **a++** oder **p=&a** sind nicht erlaubt.

Wird ein Vektor Name an eine Funktion übergeben, so wird in Wirklichkeit die Adresse des Vektor Anfangs übergeben. Innerhalb der aufgerufenen Funktion ist dieses Argument eine Variable wie jede andere Variable auch, und folglich ist ein Vektor Name als Argument wirklich ein Zeiger, das heißt eine Variable, die eine Adresse enthält. Damit können wir eine neue Version von **strlen** realisieren, die die Länge einer Zeichenkette berechnet:

```
strlen(s)      /* Laenge der Zeichenkette s */
char *s;
{
    int n;

    for (n = 0; *s != '\0'; s++)
        n++;
    return(n);
}
```

Hier darf man **s** inkrementieren, denn es ist eine Zeiger Variable; **s++** läßt die Zeichenkette bei der aufrufenden Funktion unverändert, lediglich die lokale Kopie der Adresse innerhalb von **strlen** wird inkrementiert.

Als formale Parameter bei der Definition einer Funktion sind

```
char s[];
```

und

```
char *s;
```

vollkommen äquivalent; welche Formulierung man wählt, hängt hauptsächlich davon ab, wie man Ausdrücke in der Funktion formuliert. Wird ein Vektor Name an eine Funktion übergeben, so bleibt es der Funktion überlassen, ob sie davon ausgeht, daß ein Vektor oder ein Zeiger übergeben wurde, und entsprechende Operationen verwendet. Man kann innerhalb einer Funktion auch beide Arten von Operationen verwenden, wenn dies zweckmäßig und klar erscheint.

Man kann auch einen Teil eines Vektors an eine Funktion übergeben, indem man einen Zeiger auf den Anfang der Vektor Teilfläche übergibt. Ist beispielsweise **a** ein Vektor, dann liefern

```
f(&a[2])
```

und

```
f(a+2)
```

jeweils der Funktion **f** die Adresse des Elements **a[2]**, da sowohl **&a[2]** als auch **a+2** Zeiger Ausdrücke sind, die auf das dritte Element im Vektor **a** verweisen. Innerhalb von **f** kann man den Parameter sowohl als

```
f(arr)
int arr[];
{
        ...
}
```

als auch als

```
f(arr)
int *arr;
{
        ...
}
```

vereinbaren. Soweit **f** betroffen ist, ist es unerheblich, daß das Argument wirklich nur Teil eines größeren Vektors ist.

5.4 Arithmetik mit Adressen

Ist **p** eine Zeiger Variable, dann wird **p** mit **p++** inkrementiert und zeigt dann auf das nächste Element in der Folge von Objekten, auf die **p** zeigt; **p+=i** inkrementiert **p**, so daß **p** auf einen Punkt verweist, der **i** Elemente von dem momentanen Punkt entfernt ist. Diese und ähnliche Konstruktionen sind die einfachsten und häufigsten Anwendungen für Zeiger oder Adreßarithmetik.

Adreßarithmetik ist in C konsistent und gleichförmig definiert; die Integration von Zeigern, Vektoren und Adreßarithmetik ist eine der wesentlichen Stärken dieser Sprache. Wir illustrieren einige Eigenschaften, indem wir eine elementare Speicherverwaltung implementieren, die jedoch trotzdem nützlich ist. Es gibt dabei zwei Funktionen: **alloc(n)** liefert einen Zeiger **p** auf **n** zusammenhängende Speicherzellen für Einzelzeichen, die der Aufrufer von **alloc** zur Abspeicherung von Zeichen verwenden kann; **free(p)** gibt die auf diese Weise reservierte Speicherfläche wieder frei, damit sie später neu vergeben werden kann. Diese Funktionen zur Speicherverwaltung sind "elementar", da **free** in umgekehrter Reihenfolge wie **alloc** aufgerufen werden muß. Das heißt, **alloc** und **free** verwalten Speicher in Form einer *last-in, first-out* Disziplin, also als Stack. Die Standard Bücherei für C stellt analoge Funktionen zur Verfügung, die dieser Einschränkung nicht unterliegen, und wir werden in Kapitel 8 entsprechend verbesserte Fassungen beschreiben. Es gibt jedoch viele Anwendungen, bei denen nur eine triviale **alloc** Funktion benötigt wird, die kleine Speicherflächen von nicht vorhersehbarer Größe zu nicht vorhersehbarer Zeit zur Verfügung stellt.

Am einfachsten liefert **alloc** Teile eines großen Zeichen Vektors, den wir **allocbuf** nennen wollen. Dieser Vektor wird nur von **alloc** und **free** verwaltet. Da wir mit Zeigern und nicht Vektor Indizes operieren, braucht keine andere Funktion den Namen des Vektors zu kennen; wir können den Vektor also global **static** definieren, also lokal in der Quelldatei, die **alloc** und **free** enthält, und unsichtbar außerhalb dieser Datei. Bei einer realistischen Implementierung hat dieser Vektor möglicherweise nicht einmal einen Namen; er könnte stattdessen entstehen, indem man vom Betriebssystem einen Zeiger auf einen unbenannten Speicherbereich verlangt.

Wir benötigen auch noch eine Angabe dazu, wieviel von **allocbuf** bereits verteilt wurde. Wir benützen dazu einen Zeiger auf das nächste freie Element, nämlich **allocp**. Werden dann von **alloc n** Zeichen verlangt, dann wird zunächst überprüft, ob noch genügend Platz in **allocbuf** vorhanden ist. Falls ja, dann liefert **alloc** den momentanen Wert von **allocp**, das heißt, die Anfangsadresse der freien Fläche, und inkrementiert **allocp** mit dem Wert **n**, damit der Zeiger auf die nächste freie Fläche zeigt. **free(p)** weist nur **p** an **allocp** zu, wenn **p** auf einen Punkt innerhalb von **allocbuf** zeigt.

```
#define NULL 0          /* Zeiger Wert fuer Fehler Anzeige */
#define ALLOCSIZE 1000       /* verfuegbarer Platz */

static char allocbuf[ALLOCSIZE]; /* Speicherplatz fuer alloc */
static char *allocp = allocbuf;  /* naechste freie Position */

char *alloc(n)       /* liefert Zeiger auf Platz fuer n Zeichen */
int n;
{
    if (allocp + n <= allocbuf + ALLOCSIZE) {   /* passt! */
        allocp += n;
        return(allocp - n);     /* alter Zeiger */
    } else      /* nicht genug Platz */
        return(NULL);
}

free(p)       /* Speicher ab p freigeben */
char *p;
{
    if (p >= allocbuf && p < allocbuf + ALLOCSIZE)
        allocp = p;
}
```

Einige Erklärungen: Im allgemeinen kann ein Zeiger wie jede andere Variable initialisiert werden; normalerweise sind jedoch die einzig sinnvollen Werte entweder **NULL** (siehe unten) oder ein Ausdruck mit Adressen von früher definierten Objekten mit geeignetem Datentyp. Die Vereinbarung

```
static char *allocp = allocbuf;
```

definiert **allocp** als Zeiger auf **char** und initialisiert diesen Zeiger so, daß er auf den Anfang von **allocbuf** zeigt, dies ist zu Beginn der Programm Ausführung die nächste freie Position. Eine alternative Formulierung dazu wäre

```
static char *allocp = &allocbuf[0];
```

denn der Name eines Vektors *ist* die Adresse des Elements in Position 0; man kann jeweils die natürlichere Formulierung verwenden.

Die Bedingung

```
if (allocp + n <= allocbuf + ALLOCSIZE)
```

überprüft, ob es noch genügend freien Platz gibt, um eine Anforderung über **n** Zeichen zu erfüllen. Falls ja, dann kann der neue Wert von **allocp** höchstens auf die erste Position nach dem Ende von **allocbuf** verweisen. Kann die Anforderung erfüllt werden, dann liefert **alloc** einen normalen Zeiger Wert (man beachte die Vereinbarung der Funktion selbst). Kann die Anforderung nicht erfüllt werden, dann muß **alloc** ein Anzeichen dafür liefern, daß kein Platz mehr zur Verfügung steht. In C ist sichergestellt, daß kein Zeiger, der korrekt auf Daten Objekte verweist, den Wert 0 enthält; 0 als Resultat Wert kann folglich dazu verwendet werden, einen Fehler anzuzeigen, in diesem Fall also die Tatsache, daß kein Speicherplatz mehr verfügbar ist. Wir schreiben **NULL** anstelle des Zahlenwerts **0**, um besonders klar auszudrücken, daß dies ein spezieller Wert für einen Zeiger ist. Im allgemeinen können ganze Zahlen nicht sinnvoll an Zeiger zugewiesen werden; 0 ist ein Ausnahmefall.

Bedingungen wie

```
if (allocp + n <= allocbuf + ALLOCSIZE)
```

und

```
if (p >= allocbuf && p < allocbuf + ALLOCSIZE)
```

zeigen verschiedene wichtige Aspekte von Zeiger Arithmetik. Zum einen können Zeiger unter bestimmten Umständen verglichen werden. Wenn **p** und **q** auf Elemente im gleichen Vektor zeigen, dann sind Vergleiche wie **<**, **>=**, usw. sinnvoll.

```
p < q
```

trifft zum Beispiel zu, wenn **p** auf ein Vektor Element zeigt, das vor dem Vektor Element steht, auf das **q** zeigt. Vergleiche wie **==** und **!=** funktionieren ebenfalls. Ein derartiger Vergleich mit **NULL** ist für jeden Zeiger sinnvoll. Keinerlei Verlaß ist jedoch auf die Resultate von Arithmetik oder Vergleiche von Zeiger Werten, die auf verschiedene Vektoren verweisen. Wenn Sie Glück haben, erhalten Sie offensichtlich unsinnige Resultate auf allen Maschinen. Haben Sie Pech, dann funktioniert Ihr Programm auf einer Maschine und bricht auf einer anderen unter mysteriösen Umständen in sich zusammen.

Zum zweiten haben wir bereits festgestellt, daß ein Zeiger und ein ganzzahliger Wert addiert oder subtrahiert werden können. Die Konstruktion

```
p + n
```

bezeichnet das **n**-te Objekt im Anschluß an das Objekt, auf das **p** im Augenblick zeigt. Dies gilt unabhängig von der Art des Objekts, auf das **p** nach Vereinbarung zeigt; der Übersetzer vergrößert **n** in Abhängigkeit von der Größe des Objekts, auf das **p** zeigt. Diese Größe wird aus der Vereinbarung von **p** bestimmt. Auf der PDP-11 zum Beispiel sind die entsprechenden Faktoren 1 für **char**, 2 für **int** und **short**, 4 für **long** und **float**, und 8 für **double**.

Subtraktion von Zeigern ist ebenfalls erlaubt: Zeigen **p** und **q** auf Elemente im gleichen Vektor, dann ist **p−q** die Anzahl Elemente zwischen **p** und **q**. Damit kann man noch eine weitere Version von **strlen** schreiben:

```
strlen(s)       /* Laenge der Zeichenkette s */
char *s;
{
        char *p = s;

        while (*p != '\0')
                p++;
        return(p-s);
}
```

In der Definition wird **p** mit dem Wert von **s** initialisiert, das heißt **p** zeigt auf das erste Zeichen der Zeichenkette **s**. In der **while**-Schleife wird ein Zeichen nach dem anderen untersucht, bis das Null Zeichen am Ende der Zeichenkette entdeckt wird. Da das Null Zeichen **\0** den Wert 0 hat und da **while** nur untersucht, ob der Wert der Bedingung 0 ist, ist der explizite Text nicht notwendig; solche Schleifen werden oft auch folgendermaßen formuliert:

```
while (*p)
        p++;
```

Da **p** auf Zeichen zeigt, sorgt **p++** dafür, daß **p** jeweils auf das nächste Zeichen zeigt, und **p−s** liefert die Anzahl Zeichen, über die fortgeschritten wurde, das heißt also die Länge der Zeichenkette. Zeiger Arithmetik ist konsistent: Hätten wir Objekte vom Typ **float** manipuliert, die mehr Speicherplatz benötigen als **char** Objekte, und hätten wir **p** als Zeiger auf **float** vereinbart, dann würde **p++** zum nächsten **float** Wert fortschreiten. Wir könnten also eine neue Fassung von **alloc** schreiben, die beispielsweise **float** Werte anstelle von **char** Werten manipuliert, indem wir überall in **alloc** und **free** den Datentyp **char** durch **float** ersetzen. Alle Zeiger Manipulationen berücksichtigen automatisch die Größe der betroffenen Objekte, folglich muß sonst nichts geändert werden.

Abgesehen von den hier vorgeführten Operationen (Addition oder Subtraktion von Zeiger Wert und ganzer Zahl, Subtraktion oder Vergleich von zwei Zeigern) existiert keine andere Arithmetik mit Zeigern. Zwei Zeiger können nicht addiert werden, Zeiger können weder multipliziert noch dividiert, mit Shift oder anderen logischen Operatoren behandelt werden, und **float** oder **double** Werte können nicht zu Zeigern addiert werden.

5.5 "char" Zeiger und Funktionen

Eine *Zeichenketten Konstante* wie

```
"I am a string"
```

ist ein Zeichen Vektor. In der internen Repräsentierung beendet der Übersetzer den Vektor mit dem Null Zeichen **\0**, damit Programme das Ende der Zeichenkette finden können. Die Länge des Vektors im Speicher ist daher um 1 größer als die Anzahl Zeichen zwischen den Doppel-Anführungsstrichen.

Am häufigsten kommen Zeichenketten Konstanten wohl als Funktionsargumente vor wie bei

```
printf("hello, world\n");
```

Erscheint eine Zeichenkette wie diese in einem Programm, dann wird auch auf sie über einen Zeiger zugegriffen; **printf** erhält als Argument einen Zeiger auf den Zeichen Vektor.

Zeichen Vektoren brauchen natürlich nicht nur Funktionsargumente zu sein. Wird **message** als

```
char *message;
```

definiert, dann wird in der Zuweisung

```
message = "now is the time";
```

an **message** ein Zeiger auf die eigentlichen Zeichen zugewiesen. Dabei wird die Zeichenkette *nicht* kopiert; an der Operation sind nur Zeiger beteiligt. C hat keine Operatoren, die eine Zeichenkette als Einheit behandeln.

Wir illustrieren einige weitere Aspekte von Zeigern und Vektoren, indem wir zwei nützliche Funktionen aus der Standard Bücherei vorstellen, die in Kapitel 7 noch weiter besprochen wird.

Die erste Funktion ist **strcpy(s,t)**, die die Zeichenkette **t** in die Zeichenkette **s** kopiert. Die Reihenfolge der Argumente ist analog zur Zuweisung, wo man

```
s = t
```

schreiben würde, um **t** an **s** zuzuweisen. Die Vektor Fassung von **strcpy** ist

```
strcpy(s, t)        /* t nach s kopieren */
char s[], t[];
{
    int i;

    i = 0;
    while ((s[i] = t[i]) != '\0')
        i++;
}
```

Als Gegensatz dazu ist hier eine Version von **strcpy** mit Zeigern:

```
strcpy(s, t)      /* t nach s kopieren; 1. Version mit Zeigern */
char *s, *t;
{
     while ((*s = *t) != '\0') {
          s++;
          t++;
     }
}
```

Da für Argumente nur Werte übergeben werden, kann **strcpy** **s** und **t** auf beliebige Weise benützen. Hier werden sie als zweckmaßig initialisierte Zeiger Variablen verwendet, die Element für Element die Vektoren entlanggeführt werden, bis das Null Zeichen, das am Ende der Zeichenkette **t** steht, nach **s** kopiert wurde.

In Wirklichkeit würde **strcpy** nicht so geschrieben werden, wie wir das oben gezeigt haben. Eine weitere Möglichkeit wäre

```
strcpy(s, t)      /* t nach s kopieren; 2. Version mit Zeigern */
char *s, *t;
{
     while ((*s++ = *t++) != '\0')
          ;
}
```

Die Inkrementierung von **s** und **t** wurde hier in die Bedingung verlagert. Der Wert von ***t++** ist das Zeichen, auf das **t** gezeigt hat, bevor **t** inkrementiert wurde; der nachgestellte Inkrement Operator **++** ändert **t** erst, nachdem dieses Zeichen abgeholt wurde. Analog wird das Zeichen an der alten Zielposition **s** abgespeichert, bevor **s** inkrementiert wird. Dieses Zeichen wird auch mit **\0** verglichen, um die Schleife zu kontrollieren. Es ergibt sich, daß Zeichen von **t** nach **s** kopiert werden, bis hin zum abschließenden Null Zeichen **\0**, das ebenfalls noch kopiert wird.

Als letzte Abkürzung halten wir fest, daß ein Vergleich mit **\0** redundant ist; die Funktion wird folglich oft folgendermaßen formuliert:

```
strcpy(s, t)      /* t nach s kopieren; 3. Version mit Zeigern */
char *s, *t;
{
     while (*s++ = *t++)
          ;
}
```

Dies mag auf den ersten Blick unübersichtlich erscheinen; es ist jedoch eine sehr bequeme Formulierung, und Sie sollten diese Ausdrucksweise beherrschen, und sei es nur, weil Sie sie häufig in C Programmen sehen werden.

Die zweite Funktion ist **strcmp(s,t)**, die die Zeichenketten **s** und **t** vergleicht und ein negatives oder positives Resultat oder 0 liefert, je nachdem, ob **s** lexikographisch kleiner, größer oder gleich **t** ist. Der Resultat Wert entsteht als Differenz der Zeichen an der ersten Stelle, an der **s** und **t** nicht mehr gleich sind.

```
strcmp(s, t)     /* liefert <0 wenn s<t, 0 wenn s==t, */
char s[], t[];   /* und >0 wenn s>t */
{
    int i;

    i = 0;
    while (s[i] == t[i])
        if (s[i++] == '\0')
            return(0);
    return(s[i] - t[i]);
}
```

Die Zeiger Fassung von **strcmp**:

```
strcmp(s, t)     /* liefert <0 wenn s<t, 0 wenn s==t, */
char *s, *t;     /* und >0 wenn s>t */
{
    for ( ; *s == *t; s++, t++)
        if (*s == '\0')
            return(0);
    return(*s - *t);
}
```

Da **++** und **--** vor oder nach ihren Operanden geschrieben werden können, sind andere Kombinationen von *, **++** und **--** möglich, wenn auch weniger häufig. Zum Beispiel inkrementiert

```
*++p
```

p, *bevor* das Zeichen geholt wird, auf das **p** zeigt;

```
*--p
```

dekrementiert **p** entsprechend zuerst.

Aufgabe 5-2. Schreiben Sie eine Zeiger Version der Funktion **strcat**, die wir in Kapitel 2 vorgestellt haben: **strcat(s,t)** kopiert die Zeichenkette **t** an das Ende der Zeichenkette **s**. ✎

Aufgabe 5-3. Realisieren Sie **strcpy** als Makro. ✎

Aufgabe 5-4. Formulieren Sie geeignete Programme aus den früheren Kapiteln und Aufgaben mit Hilfe von Zeigern anstelle von Vektor Indizes neu. Gut geeignet dazu sind **getline** (Kapitel 1 und 4), **atoi**, **itoa** und ihre Varianten (in Kapitel 2, 3 und 4) **reverse** (in Kapitel 3), **index** und **getop** (in Kapitel 4). ✎

5.6 Zeiger sind keine ganzzahligen Werte

In älteren C Programmen können Sie eine ziemlich lässige Einstellung gegenüber dem Kopieren von Zeigern feststellen. Es ist ziemlich allgemein so, daß auf den meisten Maschinen ein Zeiger an eine **int** Variable und umgekehrt zugewiesen werden kann, ohne daß sich etwas ändert; dabei wird nicht vergrößert oder anders umgewandelt, und keine Bits gehen verloren. Dies hat leider zu einem entsprechenden Umgang mit Funktionen geführt, die Zeiger Werte liefern, die dann lediglich an andere Funktionen übergeben werden – die notwendigen Zeiger Vereinbarungen werden oft unterlassen. Betrachten wir etwa die Funktion **strsave(s)**, die die Zeichenkette **s** an einen sicheren Speicherplatz kopiert, der von **alloc** geliefert wird und die einen Zeiger auf die Kopie als Resultat Wert liefert. Korrekterweise sollte man dies folgendermaßen formulieren:

```
char *strsave(s)        /* Zeichenkette s in Sicherheit bringen */
char *s;
{
        char *p, *alloc();

        if ((p = alloc(strlen(s)+1)) != NULL)
                strcpy(p, s);
        return(p);
}
```

In Wirklichkeit besteht hier eine starke Tendenz dazu, die Vereinbarungen zu unterlassen:

```
strsave(s)        /* Zeichenkette s in Sicherheit bringen */
{
        char *p;

        if ((p = alloc(strlen(s)+1)) != NULL)
                strcpy(p, s);
        return(p);
}
```

Dies funktioniert auf vielen Maschinen, da für Funktionen und Argumente der Typ **int** angenommen wird und da man **int** und Zeiger Werte normalerweise ohne weiteres aneinander zuweisen kann. Trotzdem ist diese Art der Codierung einigermaßen riskant, da sie von Details der Implementierung und Maschinen Architektur abhängt, die für den speziellen Übersetzer, den Sie benützen, nicht unbedingt zutreffen müssen. Es ist vernünftiger, alle Objekte vollständig zu vereinbaren. (Das *lint* Programm warnt bei solchen Konstruktionen, wenn sie versehentlich auftauchen.)

5.7 Mehrdimensionale Vektoren

C stellt rechteckige mehrdimensionale Vektoren zur Verfügung, obgleich sie in der Praxis wesentlich seltener gebraucht werden als Vektoren von Zeigern. In diesem Abschnitt werden wir einige ihrer Eigenschaften vorführen.

Betrachten wir das Problem der Umwandlung eines Datums, aus Tag und Monat in den Tag im Jahr und umgekehrt. Beispielsweise ist der 1. März der 60. Tag in einem normalen Jahr und der 61. Tag in einem Schaltjahr. Wir wollen zwei Funktionen definieren, die die Umwandlungen vornehmen: **day_of_year** wandelt Monat und Tag in den Tag im Jahr um, und **month_day** wandelt den Tag im Jahr in Monat und Tag um. Da diese zweite Funktion zwei Resultat Werte liefern muß, müssen die Monat und Tag Argumente jeweils Zeiger sein:

```
month_day(1977, 60, &m, &d)
```

liefert **3** an **m** und **1** an **d** (nämlich den 1. März).

Diese Funktionen brauchen beide die gleiche Information, nämlich eine Tabelle der Anzahl von Tagen in jedem Monat. Da die Anzahl der Tage pro Monat in Schalt- und Normaljahren verschieden ist, ist es einfacher, dies in zwei Zeilen in einen zweidimensionalen Vektor aufzuteilen, als während der Berechnung zu verfolgen, was im Februar passiert. Der zweidimensionale Vektor und die Funktionen für die Umwandlungen ergeben sich wie folgt:

```
static int day_tab[2][13] ={
	{0, 31, 28, 31, 30, 31, 30, 31, 31, 30, 31, 30, 31},
	{0, 31, 29, 31, 30, 31, 30, 31, 31, 30, 31, 30, 31}
};

day_of_year(year, month, day)       /* Tag im Jahr... */
int year, month, day;        /* ...aus Monat und Tag bestimmen */
{
	int i, leap;

	leap = year%4 == 0 && year%100 != 0 || year%400 == 0;
	for (i = 1; i < month; i++)
		day += day_tab[leap][i];
	return(day);
}
```

```
month_day(year, yearday, pmonth, pday)      /* Monat und Tag */
int year, yearday, *pmonth, *pday;          /* ...aus Tag im Jahr */
{
        int i, leap;

        leap = year%4 == 0 && year%100 != 0 || year%400 == 0;
        for (i = 1; yearday > day_tab[leap][i]; i++)
                yearday -= day_tab[leap][i];
        *pmonth = i;
        *pday = yearday;
}
```

Der Vektor **day_tab** muß extern zu beiden Funktionen definiert werden, damit Sie ihn beide benützen können.

day_tab ist der erste zweidimensionale Vektor, dem wir begegnen. In C ist nach Definition ein zweidimensionaler Vektor in Wirklichkeit ein eindimensionaler Vektor, bei dem jedes Element wieder ein Vektor ist. Folglich werden Indizes in der Form

```
day_tab[i][j]
```

und nicht als

```
day_tab[i, j]
```

geschrieben, wie dies in den meisten anderen Sprachen geschieht. Davon abgesehen kann ein zweidimensionaler Vektor ziemlich genauso verwendet werden wie in anderen Programmiersprachen. Die Elemente werden zeilenweise abgespeichert, das heißt der Index, der am weitesten rechts steht, ändert sich am schnellsten, wenn die Elemente in der abgespeicherten Reihenfolge angesprochen werden.

Ein Vektor wird durch eine Liste von Initialisierungen in geschweiften Klammern initialisiert; jede Zeile eines zweidimensionalen Vektors wird mit einer entsprechenden Teilliste initialisiert. Wir haben den Vektor **day_tab** mit einer Spalte mit 0 begonnen, so daß sich die Monatsnummern im natürlichen Bereich 1 bis 12 und nicht im Bereich 0 bis 11 bewegen können. Da hier nicht extrem an Platz gespart werden muß, ist dies leichter, als die Indizes entsprechend abzuändern.

Wenn ein zweidimensionaler Vektor an eine Funktion übergeben wird, dann *muß* die Parameter Deklaration in der Funktion die Spalten Dimensionierung enthalten; die Zeilen Dimensionierung ist irrelevant, da genau wie früher ein Zeiger übergeben wird. In diesem Fall handelt es sich um einen Zeiger auf Objekte, die Vektoren von 13 **int** Objekten sind. Soll also der Vektor **day_tab** an die Funktion **f** übergeben werden, dann muß **f** folgendermaßen vereinbart werden:

```
f(day_tab)
int day_tab[2][13];
{
        ...
}
```

Die Parameter Deklaration in **f** könnte auch

```
int day_tab[][13];
```

sein, da die Anzahl der Zeilen unerheblich ist. Alternativ könnte man auch

```
int (*day_tab)[13];
```

angeben, dies drückt aus, daß als Argument ein Zeiger auf einen Vektor mit 13 **int** Objekten übergeben wird. Hierbei sind die Klammern notwendig, da die eckigen Klammern [] Vorrang vor * haben; Ohne Klammern ist die Deklaration

```
int *day_tab[13];
```

ein Vektor mit 13 Zeigern auf **int** Werte, wie wir im nächsten Abschnitt sehen werden.

5.8 Vektoren von Zeigern; Zeiger auf Zeiger

Da Zeiger selbst Variablen sind, können Sie davon ausgehen, daß es auch Anwendungen für Zeiger Vektoren gibt. Dies ist tatsächlich der Fall. Wir wollen dies anhand eines Programms illustrieren, das eine Anzahl Textzeilen alphabetisch sortiert, eine vereinfachte Fassung des UNIX Dienstprogramms *sort*.

In Kapitel 3 haben wir Shell's Sortieralgorithmus vorgestellt, in einer Funktion, die einen Vektor von ganzen Zahlen sortiert hat. Der gleiche Algorithmus funktioniert wieder, abgesehen davon, daß wir jetzt mit Textzeilen operieren müssen, die von verschiedener Länge sind und die, anders als ganze Zahlen, nicht in einer einzigen Operation verglichen oder verlagert werden können. Wir benötigen eine Daten Repräsentierung, die effizient und bequem mit variabel langen Textzeilen umgehen kann.

An dieser Stelle führen wir einen Vektor von Zeigern ein. Wenn wir die zu sortierenden Textzeilen nacheinander in einem langen Zeichen Vektor abspeichern (der vielleicht von **alloc** unterhalten wird), dann kann auf jede Zeile mit Hilfe eines Zeigers auf das erste Zeichen zugegriffen werden. Die Zeiger selbst können in einem Vektor gespeichert werden. Zwei Zeilen können verglichen werden, indem ihre Zeiger an **strcmp** übergeben werden. Müssen zwei Textzeilen ausgetauscht werden, da sie sich nicht in der richtigen Reihenfolge befinden, dann werden einfach die *Zeiger* im Zeiger Vektor ausgetauscht, nicht die Textzeilen selbst. Auf diese Weise wird das doppelte Problem eliminiert, daß die Speicherverwaltung sehr kompliziert und die Manipulation sehr aufwendig wird, wenn wir tatsächlich die Textzeilen verlagern würden.

Das Sortierproblem zerfällt nun in drei Schritte:

```
alle Eingabe Zeilen lesen
sortieren
in neuer Reihenfolge ausgeben
```

Wie üblich ist es am einfachsten, wenn wir das Programm in Funktionen aufteilen, die dieser natürlichen Unterteilung entsprechen, wobei das Hauptprogramm nur den Ablauf insgesamt kontrolliert.

Stellen wir den Sortiervorgang für den Augenblick zurück und konzentrieren wir uns auf die Datenstruktur und Eingabe und Ausgabe. Die Eingabe Funktion muß die Zeichen auf jeder Zeile sammeln und aufbewahren und einen Vektor von Zeigern auf die Zeilen konstruieren. Außerdem muß die Anzahl Eingabe Zeilen bestimmt werden, denn diese Information ist für Sortieren und Ausgeben notwendig. Da die Eingabe Funktion nur eine endliche Anzahl Eingabe Zeilen behandeln kann, kann eine "unmögliche" Zeilenzahl wie **−1** als Resultat Wert ausdrücken, daß zuviele Eingabe Zeilen vorliegen. Die Ausgabe Funktion muß nur die Zeilen in der Reihenfolge ausgeben, in der sie in dem Zeiger Vektor stehen.

```
#define NULL 0
#define LINES 100       /* maximale Anzahl Zeilen */

main()      /* Eingabe Zeilen sortieren */
{
    char *lineptr[LINES];     /* Zeiger auf die Text Zeilen */
    int  nlines;      /* Anzahl eingelesener Zeilen */

    if ((nlines = readlines(lineptr, LINES)) >= 0) {
        sort(lineptr, nlines);
        writelines(lineptr, nlines);
    }
    else
        printf("input too big to sort\n");
}
```

```
#define MAXLEN 1000

readlines(lineptr, maxlines)      /* Eingabe Zeilen einlesen */
char *lineptr[];       /* um sie zu sortieren */
int  maxlines;
{
    int  len, nlines;
    char *p, *alloc(), line[MAXLEN];

    nlines = 0;
    while ((len = getline(line, MAXLEN)) > 0)
        if (nlines >= maxlines)
            return(-1);
        else if ((p = alloc(len)) == NULL)
            return(-1);
        else {
            line[len-1] = '\0'; /* Zeilentrenner entfernen */
            strcpy(p, line);
            lineptr[nlines++] = p;
        }
    return(nlines);
}
```

Das Zeilentrennzeichen am Ende jeder Zeile wird entfernt, damit es keinen Einfluß auf die Reihenfolge hat, in der die Zeilen sortiert werden.

```
writelines(lineptr, nlines)      /* Zeilen ausgeben */
char *lineptr[];
int  nlines;
{
    int i;

    for (i = 0; i < nlines; i++)
        printf("%s\n", lineptr[i]);
}
```

Der wesentliche neue Punkt ist die Definition für **lineptr**:

```
char *lineptr[LINES];
```

Diese Definition besagt, daß **lineptr** ein Vektor mit **LINES** Elementen ist, wobei jedes Element ein Zeiger auf einen **char** Wert ist. Das heißt, **lineptr[i]** ist ein Zeiger auf **char**, und ***lineptr[i]** verweist auf ein einzelnes Zeichen.

Da **lineptr** selbst ein Vektor ist, der an **writelines** übergeben wird, kann dieser Parameter selbst als Zeiger, genau wie in unseren früheren Beispielen, behandelt werden, und die Funktion kann alternativ auch folgendermaßen formuliert werden:

```
writelines(lineptr, nlines)      /* Zeilen ausgeben */
char *lineptr[];
int  nlines;
{
    while (--nlines >= 0)
        printf("%s\n", *lineptr++);
}
```

***lineptr** zeigt am Anfang auf die erste Zeile; mit jeder Inkrementierung rückt dieser Zeiger auf die nächste Zeile vor, während in **nlines** auf 0 zurückgezählt wird.

Nachdem Eingabe und Ausgabe realisiert sind, können wir uns nun mit Sortieren befassen. Die Shell Sortierfunktion aus Kapitel 3 muß leicht geändert werden: Die Deklarationen müssen abgeändert und die Vergleichsoperation in eine separate Funktion verwandelt werden. Grundsätzlich bleibt der Algorithmus derselbe, damit können wir uns einigermaßen darauf verlassen, daß er noch immer funktioniert.

```
sort(v, n)       /* Zeichenketten v[0] ... v[n-1] sortieren */
char *v[];        /* in aufsteigende Reihenfolge */
int  n;
{
    int gap, i, j;
    char *temp;

    for (gap = n/2; gap > 0; gap /= 2)
        for (i = gap; i < n; i++)
            for (j = i-gap; j >= 0; j -= gap) {
                if (strcmp(v[j], v[j+gap]) <= 0)
                    break;
                temp = v[j];
                v[j] = v[j+gap];
                v[j+gap] = temp;
            }
}
```

Jedes einzelne Element von **v** (alias **lineptr**) ist ein Zeiger auf **char**, also sollte dies auch **temp** sein, damit entsprechend zugewiesen werden kann.

Wir haben das Programm so direkt wie möglich formuliert, um es möglichst schnell lauffähig zu bekommen. Es wäre beispielsweise vielleicht effizienter, die Eingabe Zeilen direkt in einen Vektor zu kopieren, den **readlines** unterhält, anstatt sie zunächst in **line** zu kopieren und anschließend nochmals in einen durch **alloc** unterhaltenen, verborgenen Speicherbereich. Aber es ist vernünftiger in erster Näherung etwas zu formulieren, das leicht verständlich ist, und erst später "Effizienz" Überlegungen anzustellen. Um dieses Programm entscheidend schneller zu machen, sollten wir wahrscheinlich nicht die unnötige Kopie der Eingabe Zeilen vermeiden. Eine wesentliche Verbesserung wäre wahrscheinlich, daß wir das Shell Sortierverfahren durch ein effizienteres Verfahren wie Quicksort ersetzen.

while- und **for**-Schleifen überprüfen die Abbruch Bedingung, *bevor* die abhängigen Anweisungen auch nur einmal ausgeführt werden. Schon in Kapitel 1 haben wir darauf hingewiesen, daß diese Eigenschaft sehr nützlich ist, um sicherzustellen, daß Programme in ihren Grenzbereichen auch noch funktionieren, insbesondere also auch ohne Eingabe. Es ist sehr lehrreich, die Funktionen dieses Sortierprogramms zu durchlaufen, um zu überprüfen, was passiert, wenn keinerlei Eingabe zur Verfügung steht.

Aufgabe 5–5. Schreiben Sie **readlines** so um, daß die Textzeilen in einem Vektor angelegt werden, der von **main** zur Verfügung gestellt wird, so daß **alloc** nicht zur Speicherverwaltung verwendet wird. Wieviel schneller wird das Programm?

5.9 Die Initialisierung von Zeiger Vektoren

Betrachten wir das Problem, eine Funktion **month_name(n)** zu schreiben, die als Resultat einen Zeiger auf eine Zeichenkette liefert, die den Namen des **n**-ten Monats enthält. Dies ist eine ideale Anwendung für einen internen Vektor in der Speicherklasse **static**. **month_name** enthält einen privaten Vektor mit Zeichenketten und liefert als Resultat einen Zeiger auf die entsprechende Zeichenkette. Im vorliegenden Abschnitt soll diskutiert werden, wie dieser Vektor von Namen initialisiert wird.

Die Syntax gleicht früheren Initialisierungen:

```
char *month_name(n)        /* liefert Name des n. Monats */
int n;
{
    static char *name[] ={
        "illegal month",
        "January",
        "February",
        "March",
        "April",
        "May",
        "June",
        "July",
        "August",
        "September",
        "October",
        "November",
        "December"
    };

    return((n < 1 || n > 12) ? name[0] : name[n]);
}
```

name ist ein Vektor von Zeigern auf **char**; die Definition erfolgt wie bei **lineptr** im Sortierbeispiel. Die Initialisierung ist eine Liste von Zeichenketten; jede Zeichenkette wird der entsprechenden Position im Vektor zugewiesen. Präziser formuliert, werden die Zeichen des **i**-ten Namens irgendwo anders aufbewahrt, und ein Zeiger auf die Zeichenkette wird in **name[i]** abgelegt. Da die Größe des Vektors **name** nicht angegeben ist, zählt der Übersetzer selbst die Initialisierungen und dimensioniert den Vektor entsprechend.

5.10 Zeiger und mehrdimensionale Vektoren – der kleine Unterschied

Neulinge in Sachen C werden manchmal verwirrt durch den Unterschied zwischen einem zweidimensionalen Vektor und einem Vektor von Zeigern, wie **name** im vorhergehenden Beispiel. Mit den Definitionen

```
int a[10][10];
int *b[10];
```

können **a** und **b** zwar in ähnlicher Weise verwendet werden, denn **a[5][5]** und **b[5][5]** sind beide legitime Verweise auf einen einzelnen **int** Wert. Aber **a** ist wirklich ein Vektor: 100 Speicherelemente sind wirklich bereitgestellt worden, und die übliche Rechteckformel zur Index Berechnung wird angewendet, um ein bestimmtes Element aufzufinden. Bei **b** reserviert die Definition jedoch nur 10 Zeiger; bei jedem Zeiger muß dann noch explizit ein Verweis auf einen Vektor von ganzzahligen Werten eingetragen werden. Angenommen, daß jeder Zeiger auf einen Vektor mit 10 Elementen zeigt, dann müssen insgesamt 100 Speicherzellen zur Verfügung gestellt werden, zuzüglich der 10 Speicherzellen für die Zeiger. Ein Vektor von Zeigern braucht also etwas mehr Platz und vielleicht auch einen expliziten Initialisierungsschritt. Aber ein Vektor von Zeigern hat zwei Vorteile: Ein Element wird indirekt mit Hilfe eines Zeigers adressiert und nicht mittels Multiplikation und Addition, außerdem können die Zeilen des Vektors verschieden lang sein. Das heißt, jedes Element von **b** muß nicht unbedingt auf einen Vektor mit 10 Elementen zeigen; manche Elemente könnten auf Vektoren mit 2 Elementen zeigen, andere auf Vektoren mit 20, und wieder andere auf überhaupt keine Vektoren.

Wir haben dies zwar in bezug auf **int** Vektoren diskutiert; am häufigsten werden Vektoren von Zeigern jedoch so benützt wie in **month_name** vorgeführt: um Zeichenketten mit verschiedenen Längen zu speichern.

Aufgabe 5–6. Ändern Sie die Funktionen **day_of_year** und **month_day** so, daß Zeiger anstelle von Index Ausdrücken verwendet werden. ✏

5.11 Argumente aus der Kommandozeile

In Programmierumgebungen mit C können normalerweise Argumente aus der Kommandozeile an ein Programm zu Beginn der Ausführung übergeben werden. Wird **main** aufgerufen, damit die Programm Ausführung beginnt, dann werden beim Aufruf zwei Argumente übergeben. Das erste Argument (normalerweise **argc** genannt) ist die Anzahl der Argumente auf der Kommandozeile, mit denen das Programm aufgerufen wurde; das zweite Argument (**argv**) ist ein Zeiger auf einen Vektor mit Zeichenketten, die die Argumente enthalten, ein Argument pro Zeichenkette. Die Manipulation dieser Zeichenketten ist ein typisches Beispiel für die Verwendung von mehreren Ebenen von Zeigern.

Das einfachste Beispiel für die notwendigen Vereinbarungen und deren Benutzung ist das Programm *echo*, das einfach seine Argumente aus der Kommandozeile auf einer einzelnen Zeile, durch Leerstellen getrennt, ausgibt. Das heißt, gibt man das Kommando

```
echo hello, world
```

so ist die Ausgabe

```
hello, world
```

Nach Konvention ist **argv[0]** der Name, unter dem das Programm aufgerufen wurde, also ist **argc** wenigstens 1. Im obigen Beispiel ist **argc** gleich 3 und **argv[0]**, **argv[1]** und **argv[2]** sind entsprechend "**echo**", "**hello,**", und "**world**". Das erste eigentliche Argument aus der Kommandozeile ist **argv[1]** und das letzte ist **argv[argc−1]**. Ist **argc** gleich 1, dann gab es keine Argumente in der Kommandozeile nach dem Programm Namen. Dies zeigt sich bei *echo*:

```
main(argc, argv)      /* Echo der Argumente, 1. Version */
int  argc;
char *argv[];
{
     int i;

     for (i = 1; i < argc; i++)
          printf("%s%c", argv[i], (i<argc-1) ? ' ' : '\n');
}
```

Da **argv** ein Zeiger auf einen Vektor von Zeigern ist, gibt es mehrere Möglichkeiten, dieses Programm so zu schreiben, daß Zeiger Manipulationen anstelle von Index Operationen bei einem Vektor stehen. Betrachten wir zwei Variationen zu diesem Thema:

```
main(argc, argv)        /* Echo der Argumente, 2. Version */
int  argc;
char *argv[];
{
    while (--argc > 0)
        printf("%s%c", *++argv, (argc > 1) ? ' ' : '\n');
}
```

Da **argv** ein Zeiger auf den Anfang des Vektors mit Kommando Argumenten ist, sorgt die Inkrementierung (**++argv**) dafür, daß dieser Zeiger auf das ursprüngliche Element **argv[1]** zeigt und nicht mehr auf **argv[0]**. Jede weitere Inkrementierung bewegt diesen Zeiger auf das nächste Argument fort; ***argv** ist dann ein Zeiger auf das entsprechende Argument. Gleichzeitig wird **argc** dekrementiert; wird dieser Wert 0, sind keine Argumente mehr zur Ausgabe übrig.

Alternativ die dritte Variante:

```
main(argc, argv)        /* Echo der Argumente, 3. Version */
int  argc;
char *argv[];
{
    while (--argc > 0)
        printf((argc > 1) ? "%s " : "%s\n", *++argv);
}
```

Diese Version zeigt übrigens, daß das Format Argument bei **printf** ein Ausdruck sein kann genau wie alle anderen Argumente. Diese Art von Aufruf ist nicht häufig, man sollte sie jedoch auch kennen.

Als zweites Beispiel wollen wir das Mustersuchprogramm aus Kapitel 4 etwas erweitern. Wie Sie sich erinnern, haben wir das Suchmuster tief im Programm versteckt, ein ganz offensichtlich ungenügendes Arrangement. Analog zum UNIX Dienstprogramm *grep* wollen wir jetzt das Programm so ändern, daß das Suchmuster als erstes Argument auf der Kommandozeile angegeben werden kann.

```
#define MAXLINE 1000

main(argc, argv)        /* Zeilen mit Suchmuster finden */
int  argc;
char *argv[];          /* Muster als 1. Argument */
{
    char line[MAXLINE];

    if (argc != 2)
        printf("Usage: find pattern\n");
    else
        while (getline(line, MAXLINE) > 0)
            if (index(line, argv[1]) >= 0)
                printf("%s", line);
}
```

Dieses Grundmodell kann nunmehr verfeinert werden, um weitere Zeiger Konstruktionen zu illustrieren. Nehmen wir an, daß wir zwei optionale Argumente erlauben wollen. Das eine Argument verlangt "Gib alle Zeilen aus, *mit Ausnahme* derer, die das Suchmuster enthalten"; das zweite verlangt "Gib vor jeder Ausgabezeile auch deren Nummer aus".

Eine übliche Konvention bei C Programmen ist, daß ein optionales Argument mit einem Minus-Zeichen beginnt. Wählen wir etwa **-x** (für "ausgenommen", englisch *except*), um die Umkehrung der Auswahl zu signalisieren, und **-n** ("Nummer"), um die Numerierung der Ausgabe Zeilen zu verlangen, dann sollte das Kommando

```
find -x -n the
```

bezogen auf die Eingabe

```
now is the time
for all good men
to come to the aid
of their party.
```

folgende Ausgabe produzieren:

```
2:for all good men
```

Optionale Argumente sollten in beliebiger Reihenfolge erlaubt sein, und der Rest des Programms sollte nicht davon abhängen, wieviele Argumente tatsächlich vorhanden waren. Insbesondere sollte etwa der Aufruf von **index** nicht auf **argv[2]** Bezug nehmen, wenn ein einzelnes Argument vorhanden war und auf **argv[1]**, wenn kein Argument angegeben war. Schliesslich ist es auch für Benutzer bequem, wenn optionale Argumente aneinander gefügt werden können, wie zum Beispiel

```
find -nx the
```

Hier ist das Programm.

```
#define MAXLINE 1000

main(argc, argv)        /* Zeilen mit Suchmuster finden */
int  argc;
char *argv[];           /* Muster als letztes Argument */
{
    char line[MAXLINE], *s;
    long lineno = 0;
    int  except = 0, number = 0;

    while (--argc > 0 && (*++argv)[0] == '-')
        for (s = argv[0]+1; *s != '\0'; s++)
            switch (*s) {
            case 'x':
                except = 1;
                break;
            case 'n':
                number = 1;
                break;
            default:
                printf("find: illegal option %c\n", *s);
                argc = 0;
                break;
            }
    if (argc != 1)
        printf("Usage: find -x -n pattern\n");
    else
        while (getline(line, MAXLINE) > 0) {
            lineno++;
            if ((index(line, *argv) >= 0) != except) {
                if (number)
                    printf("%ld: ", lineno);
                printf("%s", line);
            }
        }
}
```

Vor jedem optionalen Argument wird **argv** inkrementiert und **argc** dekrementiert. Verlief alles fehlerfrei, dann sollte am Ende der Schleife **argc** gleich 1 sein, und ***argv** sollte auf das Suchmuster zeigen. Man beachte, daß ***++argv** auf eine Argument Zeichenkette zeigt; **(*++argv)[0]** ist das erste Zeichen des Arguments. Die Klammern sind hier notwendig, denn ohne sie wäre der Ausdruck ***++(argv[0])**, dies bedeutet etwas ganz anderes (und ist falsch). Eine korrekte alternative Formulierung wäre ****++argv**.

Aufgabe 5–7. Schreiben Sie das Programm *add*, das einen Ausdruck in umgekehrter polnischer Notation aus der Kommandozeile bewertet. Beispielsweise sollte

```
add 2 3 4 + *
```

den Ausdruck **2*(3+4)** bewerten.

Aufgabe 5 – 8. Ändern Sie die Programme *entab* und *detab* (die als Aufgaben in Kapitel 1 entwickelt wurden), so daß Sie eine Liste von Tabulator Positionen als Argumente akzeptieren. Gibt es keine Argumente, dann sollen die normalen Tabulator Positionen benützt werden. ✏

Aufgabe 5 – 9. Erweitern Sie *entab* und *detab*, so daß die Abkürzung

entab *m* +*n*

akzeptiert wird; sie soll bedeuten, daß Tabulator Positionen alle *n* Spalten, ausgehend von Spalte *m* anzunehmen sind. Sorgen Sie für eine (aus der Sicht des Benutzers) praktische Voreinstellung. ✏

Aufgabe 5 – 10. Schreiben Sie ein Programm *tail*, das die letzten *n* Zeilen aus der Eingabe druckt. Nach Voreinstellung soll *n* etwa 10 sein, dies soll aber mit einem optionalen Argument verändert werden können, so daß

tail −*n*

die letzten *n* Zeilen ausgibt. Das Programm soll sich vernünftig verhalten, unabhängig davon, wie unsinnig die Eingabe oder auch der Wert von *n* sein kann. Schreiben Sie das Programm so, daß es den verfügbaren Speicherplatz optimal ausnützt: Zeilen sollen wie bei **sort** gespeichert werden, und nicht etwa in einem zweidimensionalen Vektor von fester Größe. ✏

5.12 Zeiger auf Funktionen

In C ist eine Funktion selbst keine Variable, aber es ist möglich, einen *Zeiger* auf eine Funktion zu definieren, der manipuliert, an Funktionen übergeben, in Vektoren eingetragen werden kann usw. Wir illustrieren dies, indem wir das Sortierprogramm modifizieren, das wir früher in diesem Kapitel geschrieben haben, so daß ein optionales Argument **−n** dafür sorgt, daß die Eingabe Zeilen numerisch und nicht lexikographisch sortiert werden.

Ein Sortiervorgang besteht oft aus drei Teilen – ein *Vergleich*, der die Anordnung von jeweils zwei Objekten bestimmt, ein *Tausch*, der diese Anordnung umkehrt, und ein *Sortieralgorithmus*, der Vergleich und Tausch solange durchführt, bis die Objekte sich in der richtigen Reihenfolge befinden. Der Sortieralgorithmus ist von Vergleich und Tauschoperation jeweils unabhängig; indem wir also verschiedene Vergleich- und Tauschfunktionen übergeben, können wir dafür sorgen, daß nach verschiedenen Kriterien sortiert wird. Dies ist die Technik, die wir bei unserem neuen Sortierprogramm benutzen wollen.

Der Textvergleich von zwei Zeilen erfolgt mit Hilfe von **strcmp**, und der Tausch erfolgt wie vorher durch **swap**; wir benötigen zusätzlich eine Funktion **numcmp**, die zwei Zeilen auf der Basis ihrer numerischen Werte vergleicht und die ein Resultat liefert, das **strcmp** entspricht. Diese drei Funktionen werden in **main** deklariert, und

Zeiger auf diese Funktionen werden an **sort** übergeben. **sort** ruft seinerseits die Funktionen mit Hilfe dieser Zeiger auf. Wir nehmen hier keine Fehler Behandlung für die Argumente vor, um uns auf die hauptsächlichen Punkte zu konzentrieren.

```
#define LINES 100       /* maximale Anzahl Zeilen */

main(argc, argv)       /* Eingabe Zeilen sortieren */
int  argc;
char *argv[];
{
    char *lineptr[LINES];       /* Zeiger auf die Text Zeilen */
    int  nlines;       /* Anzahl eingelesener Zeilen */
    int  strcmp(), numcmp();       /* Vergleichs-Funktionen */
    int  swap();       /* Tausch Funktion */
    int  numeric = 0;       /* 1 fuer numerisches Sortieren */

    if (argc>1 && argv[1][0] == '-' && argv[1][1] == 'n')
        numeric = 1;
    if ((nlines = readlines(lineptr, LINES)) >= 0) {
        if (numeric)
            sort(lineptr, nlines, numcmp, swap);
        else
            sort(lineptr, nlines, strcmp, swap);
        writelines(lineptr, nlines);
    } else
        printf("input too big to sort\n");
}
```

strcmp, **numcmp** und **swap** sind die Adressen von Funktionen; Da von vornherein bekannt ist, daß es sich hier um Funktionen handelt, ist der Adreßoperator **&** nicht nötig, ebenso wie er auch vor einem Vektor Namen nicht benötigt wird. Der Übersetzer sorgt dafür, daß die Adresse der Funktion übergeben wird.

Der zweite Schritt ist eine Modifikation von **sort**:

```
sort(v, n, comp, exch)       /* Zeichenketten v[0] ... v[n-1] */
char *v[];       /* aufsteigend sortieren */
int  n;
int  (*comp)(), (*exch)();
{
    int gap, i, j;

    for (gap = n/2; gap > 0; gap /= 2)
        for (i = gap; i < n; i++)
            for (j = i-gap; j >= 0; j -= gap) {
                if ((*comp)(v[j], v[j+gap]) <= 0)
                    break;
                (*exch)(&v[j], &v[j+gap]);
            }
}
```

Die Parameter Deklarationen sollten sorgfältig betrachtet werden.

```
int (*comp)()
```

besagt, daß **comp** ein Zeiger auf eine Funktion ist, die ein **int** Resultat liefert. Das erste Paar Klammern ist notwendig; ohne diese Klammern würde

```
int *comp()
```

ausdrücken, daß **comp** eine Funktion ist, die einen Zeiger auf einen **int** Wert liefert, und dies ist natürlich etwas ganz anderes.

In der Zeile

```
if ((*comp)(v[j], v[j+gap]) <= 0)
```

wird der Zeiger **comp** entsprechend seiner Deklaration benützt: **comp** ist ein Zeiger auf eine Funktion, ***comp** ist die Funktion, und

```
(*comp)(v[j], v[j+gap])
```

ist der Aufruf. Die Klammern sind notwendig, damit die einzelnen Teile korrekt zusammengefaßt werden.

Wir haben bereits **strcmp** vorgeführt, die Funktion, die zwei Zeichenketten vergleicht. Hier ist **numcmp**, eine Funktion die zwei Zeichenketten aufgrund eines führenden numerischen Wertes vergleicht:

```
numcmp(s1, s2)      /* s1 und s2 numerisch vergleichen */
char *s1, *s2;
{
    double atof(), v1, v2;

    v1 = atof(s1);
    v2 = atof(s2);
    if (v1 < v2)
        return(-1);
    else if (v1 > v2)
        return(1);
    else
        return(0);
}
```

Zum Schluß müssen wir die Funktion **swap** vorführen, die zwei Zeiger vertauscht. Sie folgt direkt aus dem, was wir ganz zu Beginn dieses Kapitels erläutert haben.

```
swap(px, py)      /* *px und *py austauschen */
char *px[], *py[];
{
        char *temp;

        temp = *px;
        *px = *py;
        *py = temp;
}
```

Das Sortierprogramm kann mit einer Vielzahl anderer Optionen ausgestattet werden; einige davon sorgen für entsprechend fortgeschrittene Aufgaben.

Aufgabe 5 – 11. Ändern Sie **sort**, so daß eine **–r** Option realisiert wird, die dazu dient, die Reihenfolge der Sortierung umzukehren. Natürlich muß **–r** auch im Zusammenhang mit **–n** funktionieren. ✎

Aufgabe 5 – 12. Fügen Sie die Option **–f** hinzu, mit der Groß- und Kleinbuchstaben überlappt werden (englisch *fold*), so daß Sie während des Sortiervorgangs nicht unterschieden werden: Texte in Groß- und Kleinbuchstaben werden zusammen sortiert, so daß **a** und **A** nebeneinander erscheinen und nicht durch jeweils ein ganzes Alphabet getrennt. ✎

Aufgabe 5 – 13. Fügen Sie die **–d** Option hinzu (*dictionary* Reihenfolge), bei der nur Buchstaben, Ziffern und Leerstellen verglichen werden. Sorgen Sie dafür, daß dies auch im Zusammenhang mit **–f** funktioniert. ✎

Aufgabe 5 – 14. Fügen Sie schließlich eine Möglichkeit hinzu, einzelne Felder zu unterscheiden, so daß innerhalb der Zeilen in bezug auf verschiedene Felder sortiert werden kann, wobei jedes Feld noch mit voneinander unabhängigen Optionen sortiert werden soll. (Das Sachverzeichnis dieses Buches wurde mit **–df** in bezug auf die Einträge und mit **–n** in bezug auf die Seitenzahlen sortiert.) ✎

Kapitel 6: Strukturen

Eine *Struktur* ist eine Ansammlung von einer oder mehreren Variablen, möglicherweise von verschiedenem Datentyp, die unter einem einzigen Namen zur bequemen Handhabung zusammengefaßt sind. (In einigen Sprachen, insbesondere in Pascal, wird eine Struktur als *record* bezeichnet.)

Das traditionelle Beispiel einer Struktur ist ein Eintrag in einer Datei für Lohnbuchhaltung: Ein "Mitarbeiter" wird als Satz von Attributen beschrieben, wie zum Beispiel Name, Adresse, Sozialversicherungsnummer, Tarifklasse usw. Einige dieser Attribute können selbst wieder Strukturen sein: Ein Name hat mehrere Komponenten, genau wie eine Adresse oder sogar eine Tarifklasse.

Strukturen sind nützlich, um komplizierte Daten zu organisieren, insbesondere in großen Programmen, denn in vielen Situationen erlauben sie, daß man eine Gruppe von zusammengehörigen Variablen als Einheit und nicht separat behandeln kann. In diesem Kapitel wollen wir versuchen, zu zeigen, wie Strukturen benützt werden. Die Programme, die wir vorführen, sind größer als viele andere im Buch aber immer noch einigermaßen überschaubar.

6.1 Die Grundbegriffe

Betrachten wir nochmals die Routinen zur Datumsumwandlung aus Kapitel 5. Ein Datum besteht aus verschiedenen Teilen, zum Beispiel aus Tag, Monat und Jahr, und vielleicht auch aus dem Tag im Jahr und dem Namen des Monats. Diese fünf Variablen können alle in eine einzige Struktur zusammengefaßt werden:

```
struct date {
      int  day;
      int  month;
      int  year;
      int  yearday;
      char mon_name[4];
};
```

Das reservierte Wort **struct** steht am Anfang einer Struktur Deklaration, die aus einer Liste von Deklarationen, die in geschweifte Klammern eingeschlossen sind, besteht. Unmittelbar nach dem Wort **struct** kann ein Name folgen, ein sogenannter *Struktur Name* (hier der Name **date**). Der Struktur Name steht dann für diese Art von Struktur und kann im folgenden als Abkürzung für die ausführliche Deklaration verwendet werden.

Die Variablen, die in einer Struktur erwähnt werden, nennen wir *Komponenten*. Eine Struktur oder eine Komponente können den gleichen Namen besitzen wie eine gewöhnliche Variable, ohne daß dadurch ein Konflikt entsteht, denn sie können immer aus dem Kontext unterschieden werden. Vom Programmierstil her würde man natürlich gleiche Namen nur für sehr eng zusammenhängende Objekte verwenden.

Nach der rechten geschweiften Klammer am Ende der Komponentenliste kann noch eine Liste von Variablen stehen, genau wie bei jedem elementaren Datentyp. Das heißt

```
struct { ... } x, y, z;
```

ist von der Syntax her analog zu verstehen wie

```
int x, y, z;
```

Jede dieser zwei Definitionen vereinbart **x**, **y** und **z** als Variablen des angegebenen Datentyps und sorgt dafür, daß für sie Speicherplatz reserviert wird.

Folgt einer Struktur Deklaration keine Variablenliste, so wird auch kein Speicherplatz reserviert; eine solche Deklaration beschreibt lediglich die *Form* einer Struktur. Hat die Deklaration dabei einen Struktur Namen, dann kann dieser Struktur Name später in Variablen Definitionen mit dieser Struktur verwendet werden. Wurde etwa **date** so wie oben deklariert, dann definiert

```
struct date d;
```

eine Variable **d**, die eine Struktur vom Typ **date** ist. Eine global oder **static** definierte Struktur kann im Anschluß an die Definition initialisiert werden, mit Hilfe einer Liste von Initialisierungen für die Komponenten:

```
struct date d ={ 4, 7, 1776, 186, "Jul" };
```

Ein Verweis auf eine Komponente in einer bestimmten Struktur hat in einem Ausdruck folgende Form:

Struktur Variablen Name . Komponente

Dabei verbindet der Operator für die Auswahl von Struktur Komponenten "**.**" den Namen der Struktur Variablen und den Namen der Komponenten. Um etwa die Bedingung **leap** aus dem Datum in der Struktur **d** zu bestimmen, schreibt man folgendes

```
leap = d.year % 4 == 0 && d.year % 100 != 0
     || d.year % 400 == 0;
```

Den Monatsnamen überprüft man mit

```
if (strcmp(d.mon_name, "Aug") == 0) ...
```

und das erste Zeichen im Monatsnamen wandelt man in einen Kleinbuchstaben mit folgender Zuweisung um:

```
d.mon_name[0] = lower(d.mon_name[0]);
```

Strukturen können Strukturen als Komponenten enthalten: Eine Struktur zur Lohnbuchhaltung könnte etwa folgende Form haben:

```
struct person {
    char name[NAMESIZE];
    char address[ADRSIZE];
    long zipcode;
    long ss_number;
    double salary;
    struct date birthdate;
    struct date hiredate;
};
```

Die **person** Struktur enthält hier zwei **date** Strukturen. Vereinbaren wir eine Variable **emp** mit Hilfe von

```
struct person emp;
```

dann verweist

```
emp.birthdate.month
```

auf den Geburtsmonat. Der Operator "**.**" assoziiert von links nach rechts, die Auswahl von Komponenten wird also von links her zusammengefaßt.

6.2 Strukturen und Funktionen

In bezug auf Strukturen gibt es in C eine Reihe von Einschränkungen. Die wesentliche Regel ist, daß bei Strukturen nur zwei Operationen erlaubt sind: Man kann die Adresse einer Struktur mit dem Adreßoperator **&** bestimmen, und man kann auf eine Komponente einer Struktur zugreifen. Daraus folgt, daß Strukturen nicht aneinander als Ganzes zugewiesen werden oder kopiert werden können, und daß sie nicht an Funktionen übergeben oder als Resultat Wert von Funktionen geliefert werden können. [2] Zeiger auf Strukturen unterliegen diesen Einschränkungen jedoch nicht, folglich sind Strukturen und Funktionen komfortabel miteinander zu benützen. Strukturen in der Speicherklasse **auto** können, wie auch Vektoren, nicht initialisiert werden; dies ist nur für globale Strukturen oder für solche in der Speicherklasse **static** möglich.

Untersuchen wir dies alles, indem wir die Funktionen zur Datumsumwandlung aus dem letzten Kapitel so umformulieren, daß sie Strukturen benützen. Da wir davon ausgehen, daß eine Struktur an eine Funktion nicht direkt übergeben werden kann, müssen wir entweder die Komponenten einzeln übergeben oder auch einen Zeiger auf die Struktur als Ganzes. Bei der ersten Alternative benützen wir **day_of_year**, wie wir diese Funktion in Kapitel 5 formuliert haben:

```
d.yearday = day_of_year(d.year, d.month, d.day);
```

[2] Diese Einschränkungen sind in späteren Versionen von C zum Teil entfallen (siehe Anhang A). A.d.Ü.

Die zweite Möglichkeit ist die Übergabe eines Zeigers. Haben wir **hiredate** mit

```
struct date hiredate;
```

definiert und **day_of_year** entsprechend neu formuliert, können wir dann einen Zeiger auf **hiredate** an **day_of_year** übergeben:

```
hiredate.yearday = day_of_year(&hiredate);
```

Die Funktion muß dabei modifiziert werden, da sie nunmehr als Argument einen Zeiger und nicht mehr eine Liste von Variablen erhält:

```
day_of_year(pd)          /* Tag im Jahr... */
struct date *pd;         /* ...aus Monat und Tag bestimmen */
{
    int i, day, leap;

    day = pd->day;
    leap = pd->year % 4 == 0 && pd->year % 100 != 0
        || pd->year % 400 == 0;
    for (i = 1; i < pd->month; i++)
        day += day_tab[leap][i];
    return(day);
}
```

Die Deklaration

```
struct date *pd;
```

besagt, daß **pd** ein Zeiger auf eine **date** Struktur ist. Neu ist in diesem Zusammenhang die Operation

```
pd->year
```

Ist **p** ein Zeiger auf eine Struktur, dann verweist

```
p -> Komponente einer Struktur
```

auf die individuelle Komponente. (Der Operator **->** besteht aus einem Minus-Zeichen, dem ein Winkel folgt.)

Da in unserem Beispiel der Zeiger **pd** auf die Struktur zeigt, könnte die **year** Komponente auch folgendermaßen selektiert werden:

```
(*pd).year
```

Zeiger auf Strukturen sind jedoch so häufig, daß die Formulierung **->** als zweckmäßige Abkürzung bevorzugt wird. Im Verweis **(*pd).year** sind die Klammern notwendig, da der Vorrang des Operators "**.**" höher ist als der Vorrang des Verweis Operators *. Beide Auswahl Operatoren **->** und "**.**" assoziieren von links nach rechts, also sind die Ausdrücke

```
p->q->memb
emp.birthdate.month
```

äquivalent zu den Ausdrücken

```
(p->q)->memb
(emp.birthdate).month
```

Der Vollständigkeit halber zeigen wir hier die andere Funktion **month_day** für Strukturen entsprechend umformuliert:

```
month_day(pd)          /* Monat und Tag... */
struct date *pd;       /* ...aus Tag im Jahr */
{
        int i, leap;

        leap = pd->year % 4 == 0 && pd->year % 100 != 0
                || pd->year % 400 == 0;
        pd->day = pd->yearday;
        for (i = 1; pd->day > day_tab[leap][i]; i++)
                pd->day -= day_tab[leap][i];
        pd->month = i;
}
```

Die Struktur Operatoren **->** und ".", zusammen mit **()** für Argument Listen, und **[]** für Index Operationen, sind an der Spitze der Vorrang Hierarchie der Operatoren und binden daher sehr eng. Bezogen auf die Deklaration

```
struct {
        int x;
        int *y;
} *p;
```

vergrößert

```
++p->x
```

x, und nicht **p**, da implizit als **++(p->x)** geklammert wird. Mit Klammern kann man natürlich die Bindung der Operatoren ändern: **(++p)->x** inkrementiert **p**, bevor dann auf **x** zugegriffen wird und **(p++)->x** inkrementiert **p** hinterher. (In diesem letzten Beispiel sind die Klammern unnötig. Warum?)

Ebenso wird bei ***p->y** auf das Objekt zugegriffen, auf das **y** zeigt; ***p->y++** inkrementiert **y** im Anschluß an den Zugriff auf das entsprechende Objekt (genauso wie auch ***s++**); **(*p->y)++** inkrementiert das Objekt, auf das **y** zeigt; und ***p++->y** schließlich inkrementiert **p**, nachdem zugegriffen wurde auf das Objekt, auf das **y** zeigt.

6.3 Vektoren von Strukturen

Strukturen sind besonders nützlich um Vektoren von logisch zusammenhängenden Variablen zu behandeln. Betrachten wir zum Beispiel ein Programm, um die in C reservierten Worte in einem Text zu zählen. Wir benötigen einen Vektor von Zeichenketten, um die Namen aufzubewahren, und einen Vektor von ganzzahligen Werten, um die Häufigkeit zu notieren. Eine Möglichkeit zur Repräsentierung sind zwei parallel zu betrachtende Vektoren **keyword** und **keycount**, die folgendermaßen definiert werden könnten:

```
char *keyword[NKEYS];
int  keycount[NKEYS];
```

Die Tatsache jedoch, daß die Vektoren parallel zu betrachten sind, deutet darauf hin, daß eine andersartige Organisation möglich sein sollte. Jeder Eintrag für ein reserviertes Wort besteht wirklich aus zwei Informationen:

```
char *keyword;
int  keycount;
```

und es gibt einen Vektor von solchen Informationspaaren. Die Struktur Definition

```
struct key {
    char *keyword;
    int  keycount;
} keytab[NKEYS];
```

definiert einen Vektor **keytab** von entsprechenden Strukturen und reserviert Speicher für diesen Vektor. Jedes Element des Vektors ist eine Struktur. Eine alternative Formulierung wäre

```
struct key {
    char *keyword;
    int  keycount;
};

struct key keytab[NKEYS];
```

Da die Struktur **keytab** absichtlich eine konstante Liste von Namen enthält, ist es am einfachsten, wenn sie ein für alle Mal bei der Definition gleich initialisiert wird. Die Initialisierung der Struktur erfolgt analog wie früher – der Definition folgt eine Liste von Initialisierungen eingeschlossen in geschweifte Klammern:

```
struct key {
    char *keyword;
    int  keycount;
} keytab[] ={
    "break", 0,
    "case", 0,
    "char", 0,
    "continue", 0,
    "default", 0,
    /* ... */
    "unsigned", 0,
    "while", 0
};
```

Die Initialisierungen werden paarweise angegeben, entsprechend wie die Komponenten der Struktur. Präziser sollte man dabei die Initialisierungen für jede "Zeile" oder Einzelstruktur in geschweifte Klammern einschließen, also in folgender Form:

```
{ "break", 0 },
{ "case", 0 },
...
```

Die inneren geschweiften Klammern sind jedoch nicht notwendig, wenn die Initialisierungen einfache Variablen oder Zeichenketten sind, und wenn alle angegeben werden. Wie üblich berechnet der Übersetzer die Anzahl der Einträge im Vektor **keytab**, wenn Initialisierungen angegeben sind und die Dimensionierung in **[]** ausgelassen wird.

Das Programm zum Zählen von reservierten Worten beginnt mit der Definition von **keytab**. Das Hauptprogramm liest seine Eingabe, indem wiederholt eine Funktion **getword** aufgerufen wird, die aus der Eingabe ein Wort auf einmal übergibt. Jedes Wort wird dann in **keytab** aufgesucht, mit einer Variante der Funktion zur binären Suche, die wir in Kapitel 3 entwickelt haben. (Selbstverständlich muß die Liste der reservierten Worte entsprechend aufsteigend sortiert sein, damit dies funktioniert.)

```
#define MAXWORD 20

main()          /* reservierte Worte in C zaehlen */
{
    int  n, t;
    char word[MAXWORD];

    while ((t = getword(word, MAXWORD)) != EOF)
        if (t == LETTER)
            if ((n = binary(word, keytab, NKEYS)) >= 0)
                keytab[n].keycount++;
    for (n = 0; n < NKEYS; n++)
        if (keytab[n].keycount > 0)
            printf("%4d %s\n",
                keytab[n].keycount, keytab[n].keyword);
}
```

```
binary(word, tab, n)      /* word in tab[0] ... tab[n-1] finden */
char *word;
struct key tab[];
int n;
{
    int low, high, mid, cond;

    low = 0;
    high = n - 1;
    while (low <= high) {
        mid = (low + high) / 2;
        if ((cond = strcmp(word, tab[mid].keyword)) < 0)
            high = mid - 1;
        else if (cond > 0)
            low = mid + 1;
        else
            return(mid);
    }
    return(-1);
}
```

Wir zeigen die Funktion **getword** in Kürze; im Augenblick genügt es, wenn wir davon ausgehen, daß diese Funktion das Resultat **LETTER** jedesmal liefert, wenn ein Wort gefunden wird, und daß das Wort in den Zeichen Vektor kopiert wird, der **getword** als erstes Argument übergeben wird.

Die Größe **NKEYS** ist die Anzahl der reservierten Worte in **keytab**. Wir könnten diese Zahl natürlich von Hand auszählen, es ist jedoch wesentlich leichter und sicherer, wenn dies das System übernimmt, insbesondere, falls die Liste später geändert wird. Eine Möglichkeit hierzu wäre, an das Ende der Initialisierungsliste einen **NULL** Zeiger zu stellen und dann **keytab** mit Hilfe einer Schleife entsprechend abzusuchen.

Dies ist jedoch zuviel des Guten, denn die Größe des Vektors kann vollständig vom Übersetzer bestimmt werden. Die Anzahl Einträge ist gerade

Grösse von keytab / *Grösse von* struct key

In C gibt es einen Vorzeichen Operator mit Namen **sizeof**, der vom Übersetzer bewertet wird und der dazu benützt werden kann, die Größe eines beliebigen Objekts festzustellen. Der Ausdruck

sizeof(Objekt)

liefert eine ganze Zahl, nämlich die Größe des angegebenen Objekts. (Diese Größe wird in einer undefinierten Maßeinheit, in "Byte", gemessen, ein **char** Objekt hat dabei die Größe 1.) Das Objekt kann dabei eine Variable, ein Vektor oder eine Struktur sein, oder auch der Name eines elementaren Typs wie **int** oder **double**, oder schließlich auch der Name eines Aggregat Typs, also einer Struktur. Im vorliegenden Fall ist die Anzahl reservierter Worte gerade die Größe des Vektors, dividiert durch die Größe eines Vektor Elements. Dies wird in einer **#define**-Anweisung dazu benützt, um den Wert von **NKEYS** festzulegen:

```
#define NKEYS (sizeof(keytab) / sizeof(struct key))
```

Betrachten wir jetzt die Funktion **getword**. Wir haben **getword** tatsächlich allgemeiner formuliert, als dies für dieses Programm nötig ist, aber die Funktion wird dadurch nicht wesentlich komplizierter. **getword** liefert das nächste "Wort" aus der Eingabe. Dabei ist ein Wort entweder ein einzelnes Zeichen oder eine Kette von Buchstaben und Ziffern, die mit einem Buchstaben beginnt. Der Typ des Objekts wird als Funktionswert geliefert; dieser Wert ist **LETTER**, wenn ein Name geliefert wird, **EOF** am Datei Ende, oder das Zeichen selbst, wenn es sich nicht um einen Namen handelt.

```
getword(w, lim)    /* naechstes Wort aus der Eingabe holen */
char *w;
int lim;
{
    int c, t;

    if (type(c = *w++ = getch()) != LETTER) {
        *w = '\0';
        return(c);
    }
    while (--lim > 0) {
        t = type(c = *w++ = getch());
        if (t != LETTER && t != DIGIT) {
            ungetch(c);
            break;
        }
    }
    *(w-1) - '\0';
    return(LETTER);
}
```

getword benützt die Funktionen **getch** und **ungetch**, die wir in Kapitel 4 entwickelt haben; wird das Ende eines Namens erreicht, dann hat **getword** ein Zeichen zuviel eingelesen. Durch einen Aufruf von **ungetch** wird dieses Zeichen wieder in die Eingabe zurückgestellt, so daß es beim nächsten Aufruf wieder gelesen werden kann.

getword benutzt die Funktion **type**, um den Typ der einzelnen Zeichen der Eingabe festzustellen. Hier ist eine Version dieser Funktion, *die nur im ASCII Zeichensatz funktioniert*:

```
type(c)          /* liefere Typ eines ASCII Zeichens */
int c;
{
     if (c >= 'a' && c <= 'z' || c >= 'A' && c <= 'Z')
          return(LETTER);
     else if (c >= '0' && c <= '9')
          return(DIGIT);
     else
          return(c);
}
```

Die symbolischen Konstanten **LETTER** und **DIGIT** können beliebige Werte haben, solange diese nicht mit den nicht alphanumerischen Zeichen und **EOF** verwechselt werden können; offensichtliche Kandidaten sind dabei

```
#define LETTER 'a'
#define DIGIT '0'
```

getword wird effizienter, wenn Aufrufe der Funktion **type** durch Verweise auf einen entsprechenden Vektor **type[]** ersetzt werden. Die Standard Bücherei für C enthält Makros mit Namen **isalpha** und **isdigit**, die auf diese Weise funktionieren.

Aufgabe 6 – 1. Modifizieren Sie **getword** mit Hilfe dieser Makros und messen Sie den entsprechenden Gewinn an Geschwindigkeit. ✏

Aufgabe 6 – 2. Implementieren Sie die Funktion **type** so, daß sie vom Zeichensatz unabhängig ist. ✏

Aufgabe 6 – 3. Schreiben Sie eine Fassung des Programms zum Zählen von reservierten Worten, die reservierte Worte innerhalb von Zeichenketten Konstanten nicht zählt. ✏

6.4 Zeiger auf Strukturen

Wir illustrieren einige der Überlegungen im Zusammenhang mit Zeigern auf Strukturen und Vektoren von Strukturen, indem wir das Programm zum Zählen von reservierten Worten nochmals schreiben, und zwar diesmal unter Verwendung von Zeigern anstelle von Vektor Indizes.

Die globale Definition von **keytab** muß dabei nicht geändert werden, aber **main** und **binary** müssen entsprechend modifiziert werden.

```
main()        /* reservierte Worte in C zaehlen */
              /* Version mit Zeigern */
{
    int  t;
    char word[MAXWORD];
    struct key *binary(), *p;

    while ((t = getword(word, MAXWORD)) != EOF)
        if (t == LETTER)
            if ((p=binary(word, keytab, NKEYS)) != NULL)
                p->keycount++;
    for (p = keytab; p < keytab + NKEYS; p++)
        if (p->keycount > 0)
            printf("%4d %s\n", p->keycount, p->keyword);
}

struct key *binary(word, tab, n)    /* word in... */
char *word;        /* tab[0] ... tab[n-1] finden */
struct key tab[];
int n;
{
    int cond;
    struct key *low = &tab[0];
    struct key *high = &tab[n-1];
    struct key *mid;

    while (low <= high) {
        mid = low + (high-low) / 2;
        if ((cond = strcmp(word, mid->keyword)) < 0)
            high = mid - 1;
        else if (cond > 0)
            low = mid + 1;
        else
            return(mid);
    }
    return(NULL);
}
```

Hier ist einiges erwähnenswert. Zunächst muß die Definition von **binary** anzeigen, daß als Resultat ein Zeiger auf eine **key** Struktur geliefert wird anstelle eines **int** Werts; dies wird in **main** wie **binary** vereinbart. Findet **binary** ein Wort, dann wird ein Zeiger auf den entsprechenden Eintrag geliefert; andernfalls ist der Resultat Wert **NULL**.

Zum zweiten wird auf Elemente von **keytab** nur mit Hilfe von Zeigern zugegriffen. Dies bedingt eine wesentliche Änderung in **binary**: Das mittlere Element kann nicht mehr als

```
mid = (low+high) / 2
```

berechnet werden, da die *Addition* zweier Zeiger kein sinnvolles Resultat liefert (sogar, wenn noch durch 2 dividiert wird), tatsächlich ist eine solche Addition nicht erlaubt. Wir müssen deshalb folgendermaßen formulieren:

```
mid = low + (high-low) / 2
```

Damit wird **mid** ein Zeiger auf das Element, das in der Mitte zwischen **low** und **high** liegt.

Sie sollten sich auch die Initialisierungen für **low** und **high** genau ansehen. Man kann einen Zeiger mit der Adresse eines früher definierten Objekts initialisieren; genau dieses haben wir hier getan.

In **main** erscheint folgende **for**-Schleife:

```
for (p = keytab; p < keytab + NKEYS; p++)
```

Ist **p** ein Zeiger auf eine Struktur, dann wird bei jeder Arithmetik mit **p** die tatsächliche Größe der Struktur berücksichtigt; **p++** inkrementiert daher **p** mit einem entsprechenden Wert, damit **p** auf das nächste Element im Vektor von Strukturen zeigt. Nehmen Sie dabei übrigens nicht an, daß die Größe einer Struktur nur die Summe der Größe der Komponenten ist – je nachdem, wie verschiedene Objekte ausgerichtet sein müssen, kann die Struktur "Löcher" enthalten.

Zum Schluß noch eine Bemerkung zum Programm Format. Liefert eine Funktion einen komplizierten Resultat Typ, wie zum Beispiel

```
struct key *binary(word, tab, n)
```

dann kann der Funktionsname entsprechend schwer sichtbar oder mit einem Texteditor aufzufinden sein. Entsprechend wird eine andere Anordnung oft benützt:

```
struct key *
binary(word, tab, n)
```

Dies ist wieder hauptsächlich eine Frage des persönlichen Programmierstils; wählen Sie das Format, das Ihnen gefällt, und behalten Sie es bei.

6.5 Rekursive Strukturen

Nehmen wir an, daß wir das allgemeinere Problem lösen wollen, die Häufigkeit *aller* Worte in einem Text zu zählen. Da die Liste der Worte von vornherein nicht bekannt ist, können wir sie nicht einfach sortieren und eine binäre Suche verwenden. Andererseits können wir auch nicht jedes Wort entsprechend der Eingabe linear suchen, um zu sehen, ob das Wort bereits früher aufgetreten ist; das Programm würde praktisch endlos laufen. (Präziser gesagt, die erwartete Laufzeit des Programms würde quadratisch mit der Anzahl der Eingabe Worte wachsen.) Wie können wir die Daten repräsentieren, um effizient mit einer Liste beliebiger Worte fertig zu werden?

Eine mögliche Lösung ist, die jeweils eingegebenen Worte grundsätzlich sortiert zu unterhalten, indem man jedes Wort unmittelbar nach der Eingabe an die richtige Stelle speichert. Dies sollte man allerdings nicht tun, indem man Worte in einem linearen Vektor verschiebt; dies benötigt auch zuviel Zeit. Wir werden stattdessen eine Datenstruktur verwenden, die man einen *binären Baum* nennt.

Der Baum enthält einen "Knoten" für jedes neue Wort; der Knoten enthält dabei folgende Information:

```
ein Zeiger auf den Text des Wortes
ein Zaehler fuer die Haeufigkeit
ein Zeiger auf den linken Nachkommen
ein Zeiger auf den rechten Nachkommen
```

Ein Knoten kann dabei nicht mehr als zwei Nachkommen besitzen; ein oder gar kein Nachkomme kann allerdings auftreten.

Die Knoten werden so angeordnet, daß bei jedem Knoten der linke Unterbaum nur Worte enthält, die kleiner sind als das Wort im Knoten, und der rechte Unterbaum nur die größeren Worte. Um festzustellen, ob sich ein neues Wort bereits im Baum befindet, beginnt man an der Wurzel und vergleicht das neue Wort mit dem Wort, das im Wurzel Knoten gespeichert ist. Handelt es sich um das gleiche Wort, ist die Frage bereits beantwortet worden. Ist das neue Wort kleiner als das Wort im Baum, wird die Suche mit dem linken Nachkommen fortgesetzt; andernfalls wird beim rechten Nachkommen weiter untersucht. Gibt es die benötigten Nachkommen nicht, befindet sich das neue Wort nicht im Baum, und es muß tatsächlich korrekterweise gerade als Nachkomme in der unbesetzten Position eingetragen werden. Der Suchvorgang ist prinzipiell rekursiv, da die Suche, ausgehend von jedem Knoten, eine Suche in bezug auf einen der Nachkommen benötigt. Folglich sind rekursive Funktionen für Einfügen und Ausgeben wohl am natürlichsten. [3]

Zurück zur Beschreibung eines Knotens: Es handelt sich selbstverständlich um eine Struktur mit vier Komponenten:

```
struct tnode {                  /* ein typischer Knoten */
        char *word;             /* zeigt auf den Text */
        int  count;             /* Haeufigkeit */
        struct tnode *left;     /* linker Nachkomme */
        struct tnode *right;    /* rechter Nachkomme */
};
```

Diese "rekursive" Vereinbarung eines Knotens sieht vielleicht riskant aus, sie ist aber ganz korrekt. Eine Struktur darf sich zwar selbst nicht enthalten, aber

```
struct tnode *left;
```

vereinbart **left** als *Zeiger* auf einen Knoten, nicht als Knoten selbst.

---

[3] Im Gegensatz zur Ausgabe ist beim Einfügen in den Baum eine "Rückkehr" im Baum nicht notwendig – daher bietet sich hier auch eine iterative Lösung an. A.d.Ü.

Das Programm selbst ist überraschend klein, wenn wir eine Handvoll Hilfsfunktionen benützen, die wir bereits früher geschrieben haben. Wir verwenden **getword**, um Worte einzugeben und **alloc** zur Speicherverwaltung, um die Worte abzuspeichern.

Das Hauptprogramm liest einfach die Worte mit **getword** und fügt sie in den Baum mit **tree** ein.

```
#define MAXWORD 20

main()      /* Haeufigkeit von Worten zaehlen */
{
    struct tnode *root, *tree();
    char word[MAXWORD];
    int  t;

    root = NULL;
    while ((t = getword(word, MAXWORD)) != EOF)
        if (t == LETTER)
            root = tree(root, word);
    treeprint(root);
}
```

tree selbst ist sehr einfach. **main** präsentiert ein Wort an der Wurzel des Baumes. Auf jeder Ebene wird dieses Wort mit dem Wort, das im Knoten bereits gespeichert ist, verglichen, und wird entsprechend mit einem rekursiven Aufruf von **tree** zum linken oder rechten Unterbaum hinabgereicht. Schließlich wird das Wort entweder im Baum gefunden (und in diesem Fall wird die Häufigkeit entsprechend inkrementiert) oder wir finden einen Null Zeiger, dies bedeutet, daß ein Knoten kreiert und zum Baum hinzugefügt werden muß. Wird ein neuer Knoten kreiert, dann liefert **tree** einen Zeiger auf diesen Knoten, und dieser Zeiger wird bei dem vorhergehenden Knoten entsprechend eingefügt.

```
struct tnode *tree(p, w)      /* w bei oder nach p einfuegen */
struct tnode *p;
char *w;
{
    struct tnode *talloc();
    char *strsave();
    int  cond;

    if (p == NULL) {        /* ein neues Wort */
        p = talloc();       /* neuen Knoten anlegen */
        p->word = strsave(w);
        p->count = 1;
        p->left = p->right = NULL;
    } else if ((cond = strcmp(w, p->word)) == 0)
        p->count++;         /* Wort wird wiederholt */
    else if (cond < 0)      /* kleiner: links darunter */
        p->left = tree(p->left, w);
    else        /* groesser: rechts darunter */
        p->right = tree(p->right, w);
    return(p);
}
```

Eine Funktion **talloc** liefert Speicherplatz für den neuen Knoten. Diese Funktion ist eine Variante der **alloc** Funktion, die wir früher geschrieben haben. Sie liefert einen Zeiger auf einen freien Speicherplatz, der geeignet ist, um einen Knoten aufzunehmen. (Wir werden dies in Kürze noch besprechen.) Das neue Wort wird mit Hilfe von **strsave** an eine verborgene Stelle kopiert, der Häufigkeitszähler wird initialisiert, und die zwei Nachkommen Zeiger werden auf **NULL** gesetzt. Dieser Teil der **tree** Funktion wird nur am Rande des Baumes ausgeführt, wenn ein neuer Knoten hinzugefügt wird. Wir haben auf Fehler Behandlung bei entsprechenden Resultat Werten von **strsave** und **talloc** verzichtet; dies empfiehlt sich natürlich nicht in einem Programm für Produktionszwecke.

treeprint gibt den Baum in *inorder* aus; bei jedem Knoten wird zunächst der linke Unterbaum (alle Worte, die dem momentanen Wort vorausgehen), dann das Wort selbst, und dann der rechte Unterbaum (alle Worte, die noch nachfolgen) ausgegeben. Macht Rekursion Sie unsicher, dann sollten Sie einen Baum aufzeichnen und ihn mit Hilfe von **treeprint** durchlaufen. Dies ist eine der übersichtlichsten rekursiven Routinen, die man finden kann.

```
treeprint(p)      /* Baum p rekursiv ausgeben */
struct tnode *p;
{
    if (p != NULL) {
        treeprint(p->left);
        printf("%4d %s\n", p->count, p->word);
        treeprint(p->right);
    }
}
```

Ein praktischer Hinweis: Wird der Baum "unbalanciert", weil die Worte schlecht verteilt ankommen, dann kann die Laufzeit des Programms zu schnell wachsen. Im schlimmsten Fall sind die Worte bereits sortiert, und dann verhält sich dieses Programm als sehr teuere Simulation einer linearen Suche. Es gibt Verallgemeinerungen von binären Bäumen, insbesondere 2 – 3 Bäume und AVL Bäume, die nicht derartig degenerieren, aber wir wollen diese hier nicht beschreiben.

Bevor wir dieses Beispiel verlassen, wollen wir noch kurz abschweifen und ein Problem diskutieren, das bei Speicherverwaltung auftritt. Es ist sicher wünschenswert, daß es in einem Programm nur eine Routine zur Speicherverwaltung gibt, auch wenn diese Routine Speicher für verschiedenartige Objekte liefern soll. Wenn aber die gleiche Funktion etwa Zeiger auf **char** und Zeiger auf **struct tnode** liefern soll, ergeben sich zwei Fragen. Erstens: Wie begegnet diese Funktion der Notwendigkeit, daß auf den meisten Rechnern Objekte mit bestimmten Datentypen auch in entsprechender Weise ausgerichtet sein müssen (beispielsweise müssen ganzzahlige Werte sehr oft auf geradzahligen Adressen angeordnet sein)? Zweitens: Welche Vereinbarungen lösen das Problem, daß **alloc** notwendigerweise verschiedenartige Zeiger als Resultat liefert?

Eine zweckmäßige Ausrichtung von Objekten kann im allgemeinen leicht erreicht werden, wenn man einen gewissen Verschnitt im Speicherplatz in Kauf nimmt. Man sorgt dann einfach dafür, daß die Funktion zur Speicherverwaltung grundsätzlich einen Zeiger Wert liefert, der allen Anforderungen an Ausrichtung genügt. Auf der PDP-11 und auf den Siemens PC's ist es beispielsweise ausreichend, daß **alloc** jeweils einen geradzahligen Zeiger Wert liefert, da jede Art von Objekt bei einer geradzahligen Adresse gespeichert werden kann. Dadurch geht bestenfalls ein einzelnes Zeichen bei Anforderungen mit ungeraden Längen verloren. Ähnliche Techniken stehen für andere Maschinen ebenfalls zur Verfügung. Die Implementierung von **alloc** ist daher möglicherweise nicht portabel, im Gegensatz zur Benützung. Die **alloc** Funktion aus Kapitel 5 kümmert sich nicht um eine bestimmte Speicherausrichtung; wir werden in Kapitel 8 vorführen, wie man diese Aufgabe korrekt löst.

Das Problem der Typ Deklaration für **alloc** ist ärgerlich, und zwar in jeder Sprache, die ihre Typ Überprüfung ernst nimmt. In C vereinbart man am besten, daß **alloc** einen Zeiger auf **char** liefert, dieser Zeiger wird dann jeweils explizit mit einem *cast* verwandelt. Das heißt, wenn **p** als

```
char *p;
```

definiert ist, dann verwandelt

```
(struct tnode *) p
```

p in einen **tnode** Zeiger in einem Ausdruck. Also wird **talloc** folgendermaßen implementiert:

```
struct tnode *talloc()
{
        char *alloc();

        return((struct tnode *) alloc(sizeof(struct tnode)));
}
```

Dies ist präziser, als es die Übersetzer zur Zeit verlangen, aber es ist auch die sicherste Formulierung für zukünftige Entwicklungen.

Aufgabe 6–4. Schreiben Sie ein Programm, das ein C Programm liest und in alphabetischer Reihenfolge jede Gruppe von Variablen Namen ausgibt, die sich erst nach den ersten sieben Zeichen unterscheiden. (Selbstverständlich muß 7 ein Parameter sein.) ✎

Aufgabe 6–5. Entwickeln Sie ein einfaches Referenzlisten Programm: ein Programm, das eine Liste aller Worte in einem Text ausgibt und bei jedem Wort zusätzlich die Nummern der Zeilen, auf denen dieses Wort auftritt. ✎

Aufgabe 6–6. Schreiben Sie ein Programm, das die verschiedenen Worte aus der Eingabe in abnehmender Häufigkeit ihres Auftretens ausgibt. Vor jedem Wort soll dabei ausgegeben werden, wie oft es in der Eingabe vorkam. ✎

6.6 Suchen in Tabellen

In diesem Abschnitt werden wir die wesentlichen Funktionen zur Tabellensuche konstruieren, als Illustration von weiteren Aspekten von Strukturen. Die Funktionen sind typisch dafür, was man als Symboltabellen Management in einem Makro Prozessor oder Übersetzer findet. Betrachten wir etwa die **#define**-Anweisung in C. Sieht der Preprozessor eine Zeile wie

```
#define YES 1
```

dann müssen der Name **YES** und der Ersatztext **1** in einer Tabelle gespeichert werden. Erscheint dann später der Name **YES** in einer Anweisung wie

```
inword = YES;
```

so muß der Text **1** eingefügt werden.

Es gibt dabei hauptsächlich zwei Funktionen, die die Namen und Ersatztexte manipulieren. **install(s,t)** trägt den Namen **s** und den Ersatztext **t** in eine Tabelle ein; **s** und **t** sind jeweils Zeichenketten. **lookup(s)** sucht die Zeichenkette **s** in der Tabelle und liefert einen Zeiger auf den entsprechenden Tabelleneintrag oder **NULL**, wenn **s** nicht aufgefunden wurde.

Als Algorithmus wird eine *hash* Technik verwendet – der betroffene Name wird in eine kleine natürliche Zahl verwandelt, die dann als Index in einen Zeiger Vektor verwendet wird. Ein Vektor Element zeigt auf den Anfang einer Kette von Datenblökken, die Namen beschreiben, die denselben *hash* Wert besitzen. Das Vektor Element ist **NULL**, wenn noch keine Namen für diesen *hash* Wert eingetragen wurden.

Ein Datenblock in der Kette ist eine Struktur, die Zeiger auf den Namen, den Ersatztext und den nächsten Datenblock entlang der Kette beinhaltet. Ein **NULL** Zeiger markiert dabei das Ende der Kette.

```
struct nlist {          /* ein typischer Tabellen Eintrag */
    char *name;
    char *def;
    struct nlist *next;      /* naechster Eintrag in der Kette */
};
```

Der Zeiger Vektor ist

```
#define HASHSIZE 100
static struct nlist *hashtab[HASHSIZE];      /* Zeiger Tabelle */
```

Die *hash* Funktion, die von **lookup** und **install** benützt wird, addiert einfach alle Zeichen im Namen und liefert dann den Rest nach Division durch die Vektor Größe. (Dies ist zwar nicht der bestmögliche Algorithmus, ist aber dafür extrem leicht zu realisieren.)

```
hash(s)        /* hash Wert fuer Zeichenkette s liefern */
char *s;
{
    int hashval;

    for (hashval = 0; *s != '\0'; )
        hashval += *s++;
    return(hashval % HASHSIZE);
}
```

Der *hash* Vorgang liefert einen Index für den Vektor **hashtab**; ist die gesuchte Zeichenkette überhaupt vorhanden, dann befindet sie sich in der Kette von Datenblöcken, die bei diesem Zeiger beginnt. Die Suche erfolgt in der Funktion **lookup**. Findet **lookup** den gewünschten Eintrag, so wird ein Zeiger auf diesen Zeiger als Resultat Wert geliefert; gibt es den Eintrag nicht, so ist das Resultat **NULL**.

```
struct nlist *lookup(s)      /* s in hashtab finden */
char *s;
{
    struct nlist *np;

    for (np = hashtab[hash(s)]; np != NULL; np = np->next)
        if (strcmp(s, np->name) == 0)
            return(np);      /* gefunden */
    return(NULL);        /* nicht gefunden */
}
```

install benützt **lookup**, um zu entscheiden, ob der neue Name bereits vorhanden ist; ist dies der Fall, dann muß die neue Definition die alte ersetzen. Andernfalls wird ein vollständig neuer Eintrag konstruiert. **install** liefert den Wert **NULL**, falls etwa kein Platz für einen neuen Eintrag vorhanden ist.

```
struct nlist *install(name, def)      /* (name,def) ... */
char *name, *def;        /* ...in hashtab eintragen */
{
    struct nlist *np, *lookup();
    char *strsave(), *alloc();
    int  hashval;

    if ((np = lookup(name)) == NULL) {        /* nicht da */
        np = (struct nlist *) alloc(sizeof(*np));
        if (np == NULL)
            return(NULL);
        if ((np->name = strsave(name)) == NULL)
            return(NULL);
        hashval = hash(np->name);
        np->next = hashtab[hashval];
        hashtab[hashval] = np;
    } else        /* bereits vorhanden */
        free(np->def);        /* alte Definition auflassen */
    if ((np->def = strsave(def)) == NULL)
        return(NULL);
    return(np);
}
```

strsave haben wir in Kapitel 5 erklärt: Die als Argument angegebene Zeichenkette wird in einen Speicherbereich kopiert, der durch einen Aufruf von **alloc** bereitgestellt wird. Da **alloc** und **free** in beliebiger Reihenfolge nacheinander aufgerufen werden können, und da die Ausrichtung der bereitgestellten Speicherflächen eine Rolle spielt, kann die einfache Fassung von **alloc**, die in Kapitel 5 entwickelt wurde, hier nicht verwendet werden; vergleichen Sie dazu Kapitel 7 und 8.

Aufgabe 6-7. Schreiben Sie eine Funktion, die einen Namen und eine Definition aus der Tabelle entfernt, die **lookup** und **install** unterhalten. ✎

Aufgabe 6-8. Implementieren Sie einen einfachen **#define** Prozessor, der für C Programme geeignet ist, unter Verwendung der Funktionen aus diesem Abschnitt. In diesem Zusammenhang werden Sie sicher auch **getch** und **ungetch** nützlich finden. ✎

6.7 Bit Felder

Wenn Speicherplatz sehr sparsam verwendet werden muß, kann es sich als notwendig erweisen, mehrere Objekte in einem einzelnen Maschinenwort zusammenzufassen; ein besonders häufiges Beispiel ist eine Menge von einzelnen Bit

Werten in Anwendungen wie Übersetzer Symboltabellen. Auch bei Datenformaten, die von der Umgebung abhängen, wie etwa bei den Schnittstellen von Peripherie Geräten, ist es oft notwendig, auf Teile eines Wortes zugreifen zu können.

Stellen Sie sich einen Ausschnitt aus einem Übersetzer vor, bei dem die Symboltabelle manipuliert wird. Zu jedem Namen in einem Programm gehört bestimmte Information, etwa ob es sich um ein reserviertes Wort handelt, ob der Name global bekannt ist, ob in der Speicherklasse **static** deklariert usw. Ganz kompakt codiert man diese Information in einer Menge von einzelnen Bit Werten in einer **char** oder **int** Variablen.

Dies geschieht üblicherweise, indem man "Bit Masken" definiert, die die entsprechenden Bit Positionen auswählen, also

```
#define KEYWORD  01
#define EXTERNAL 02
#define STATIC   04
```

(Die Zahlen müssen dabei Potenzen von 2 sein.) Zugriff auf die Bits wird dann ein Problem, das mit den Operatoren für Bit Manipulationen gelöst werden muß, die in Kapitel 2 beschrieben wurden.

Bestimmte Redewendungen sind sehr häufig. Die Zuweisung

```
flags |= EXTERNAL | STATIC;
```

setzt die **EXTERNAL** und **STATIC** Bits in **flags**,

```
flags &= ~(EXTERNAL | STATIC);
```

löscht genau diese Bits, und die Bedingung

```
if ((flags & (EXTERNAL | STATIC)) == 0) ...
```

ist genau dann erfüllt, wenn beide Bits gelöscht sind.

Obgleich diese Redewendungen leicht zu behalten sind, verfügt C alternativ dazu über die Möglichkeit, Bit Werte innerhalb eines Wortes direkt zu definieren und zu verwenden. Ein *Bit Feld* ist eine Menge von nebeneinander liegenden Bits innerhalb einer einzigen **int** Variablen. Die Syntax für Bit Feld Definition und Zugriff beruht auf Strukturen. Beispielsweise könnten die oben gezeigten **#define**-Anweisungen für eine Symboltabelle durch folgende Bit Feld Definition ersetzt werden:

```
struct {
    unsigned is_keyword : 1;
    unsigned is_extern  : 1;
    unsigned is_static  : 1;
} flags;
```

Hier wird eine Variable **flags** definiert, die drei einzelne Bit Felder enthält. Die Zahl, die in der Definition dem Doppelpunkt folgt, repräsentiert die Feldbreite in Bits. Die

Felder werden **unsigned** vereinbart, um zu betonen, daß es sich wirklich um Größen ohne Vorzeichen handelt.

flags.is_keyword, **flags.is_extern** usw. sind Zugriffe auf die einzelnen Felder. Dies geschieht genau wie bei anderen Struktur Komponenten. Bit Felder funktionieren wie kleine ganze Zahlen ohne Vorzeichen und können wie andere ganzzahlige Werte in arithmetischen Ausdrücken verwendet werden. Die vorhergehenden Beispiele könnte man etwas natürlicher also folgendermaßen formulieren:

```
flags.is_extern = flags.is_static = 1;
```

setzt die entsprechenden Bits;

```
flags.is_extern = flags.is_static = 0;
```

löscht sie; und mit

```
if (flags.is_extern == 0 && flags.is_static == 0) ...
```

werden die Bits überprüft.

Ein Feld kann eine **int** Grenze nicht überschreiten; paßt die gewünschte Feldbreite nicht mehr in eine teilweise vergebene **int** Fläche, dann wird das Bit Feld auf die nächste **int** Grenze ausgerichtet. Bit Felder müssen nicht unbedingt benannt werden; für Zwischenräume können unbenannte Bit Felder verwendet werden, die dann nur aus Doppelpunkt und Angabe zur Breite bestehen. Die besondere Breite 0 kann dazu benützt werden, um Ausrichtung auf die nächste **int** Grenze zu verlangen.

In gewissem Umfang ist bei Bit Feldern Vorsicht geboten. Am wichtigsten ist vielleicht, daß Bit Felder auf manchen Maschinen von links nach rechts und auf anderen von rechts nach links angeordnet werden, dies reflektiert die jeweilige Rechner Architektur. Entsprechend sind Bit Felder zwar sehr nützlich, um intern definierte Datenstrukturen zu repräsentieren, bildet man jedoch extern definierte Objekte ab, so muß man sorgfältig überlegen, in welcher Reihenfolge die Bit Felder angelegt werden.

Weitere Einschränkungen sollte man ebenfalls beachten: Bit Felder haben keine Vorzeichen; sie können nur in **int** (oder auch äquivalent dazu **unsigned**) Variablen gespeichert werden; es gibt keine Vektoren von Bit Feldern; Bit Felder haben schließlich keine Adressen, so daß der Adreßoperator **&** auf sie nicht angewendet werden kann.

6.8 Varianten

Eine *Variante* [4] ist eine Variable, die (natürlich nicht gleichzeitig) Objekte von verschiedenen Datentypen und Größen enthält, wobei der Übersetzer die nötige Größe und Ausrichtung des Speicherplatzes überwacht. Mit Varianten können ver-

[4] Englisch *union*; die Datenstruktur entspricht aber dem **case**-varianten **record** von Pascal. A.d.Ü.

schiedene Arten von Daten Objekten in einem einzigen Speicherbereich manipuliert werden, ohne daß dadurch maschinenabhängige Information in das Programm eingeht.

Betrachten wir als Beispiel dazu wieder einen Ausschnitt aus der Symboltabelle eines Übersetzers: Nehmen wir an, daß Konstanten **int** Werte, **float** Werte oder auch Zeiger auf Zeichen sein können. Der Wert einer bestimmten Konstante muß in einer Variablen von geeignetem Typ abgespeichert werden. Am bequemsten für die Verwaltung von Tabellen ist es jedoch, wenn der Wert unabhängig von seinem Datentyp jeweils gleich viel Speicher benötigt und auch an der gleichen Stelle abgespeichert wird. Darin liegt der Sinn einer Varianten – eine einzelne Variable steht zur Verfügung, die legitimerweise einen beliebigen von mehreren Datentypen besitzen kann. Wie bei Bit Feldern beruht auch hier die Syntax auf Strukturen:

```
union u_tag {
    int   ival;
    float fval;
    char  *pval;
} uval;
```

Die Variable **uval** ist groß genug, um den größten der drei Datentypen aufzunehmen, und zwar unabhängig davon, auf welchem System übersetzt wird – der Programm Text ist unabhängig von Hardware Eigenschaften. Ein Wert aus jedem der drei Datentypen kann an **uval** zugewiesen und dann in Ausdrücken benützt werden, jedenfalls solange die Benutzung konsistent ist: Der Datentyp, der entnommen wird, muß der Datentyp sein, der als letzter zuvor gespeichert wurde. Es ist die Aufgabe des Programmierers, zu verfolgen, welcher Datentyp jeweils in einer Varianten gespeichert ist; die Resultate sind maschinenabhängig, wenn ein Objekt mit einem Datentyp abgespeichert und mit einem anderen Datentyp wieder entnommen wird.

Syntaktisch werden, wie bei Strukturen, die Komponenten einer Varianten folgendermaßen ausgewählt:

```
Varianten Variablen Name . Komponente
```

oder

```
Varianten Zeiger -> Komponente
```

Benützt man etwa die Variable **utype**, um festzuhalten, welcher Datentyp im Augenblick in **uval** abgespeichert ist, dann könnte man etwa folgenden Programm Text finden:

```
if (utype == INT)
    printf("%d\n", uval.ival);
else if (utype == FLOAT)
    printf("%f\n", uval.fval);
else if (utype == STRING)
    printf("%s\n", uval.pval);
else
    printf("bad type %d in utype\n", utype);
```

Varianten können innerhalb von Strukturen und Vektoren auftreten und umgekehrt. Eine Komponente innerhalb einer Variante in einer Struktur (oder umgekehrt) wird genauso ausgewählt, wie das bei verschachtelten Strukturen geschieht. Beispielsweise wird im folgenden Struktur Vektor

```
struct {
        char *name;
        int  flags;
        int  utype;
        union {
                int   ival;
                float fval;
                char  *pval;
        } uval;
} symtab[NSYM];
```

die Variable **ival** folgendermaßen angesprochen:

```
symtab[i].uval.ival
```

Das erste Zeichen der Zeichenkette **pval** ist entsprechend

```
*symtab[i].uval.pval
```

Eine Variante ist tatsächlich eine Struktur, in der alle Komponenten die relative Adresse 0 besitzen. Die Struktur ist groß genug, um die "breiteste" Komponente aufzunehmen, und die Ausrichtung genügt allen Datentypen in der Varianten. Wie bei Strukturen sind zur Zeit bei Varianten auch nur Zugriff auf eine Komponente und die Berechnung der Adresse erlaubt; Varianten als Ganze können nicht zugewiesen werden, an Funktionen übergeben oder als Resultat Werte von Funktionen geliefert werden. Zeiger auf Varianten können jedoch genauso verwendet werden wie Zeiger auf Strukturen.

Die in Kapitel 8 vorgeführte Speicherverwaltung zeigt, wie eine Variante dazu benützt werden kann, die Ausrichtung einer Variablen zu beeinflussen.

6.9 "typedef"

Neue Datentyp Namen können in C mit Hilfe von **typedef** vereinbart werden. Beispielsweise wird durch die Vereinbarung

```
typedef int LENGTH;
```

der Name **LENGTH** synonym zu **int**. Der "Datentyp" **LENGTH** kann bei Vereinbarungen, *cast* Operationen usw. genauso verwendet werden wie der Typ **int**:

```
LENGTH len, maxlen;
LENGTH *lengths[];
```

Entsprechend vereinbart

```
typedef char *STRING;
```

STRING als Synonym für **char ***, also als einen Zeiger auf Zeichen, der dann etwa folgendermaßen benützt werden kann:

```
STRING p, lineptr[LINES], alloc();
```

Beachten Sie, daß der durch **typedef** eingeführte Datentyp in der Position eines Variablen Namens auftritt und nicht unmittelbar nach dem Wort **typedef**. Syntaktisch spielt **typedef** die Rolle der Speicherklasse wie **extern**, **static** etc. Wir haben hier auch Großbuchstaben benützt, um die Namen zu betonen.

Als komplizierteres Beispiel könnten wir einen Knoten für den früher in diesem Kapitel beschriebenen binären Baum mit **typedef** vereinbaren:

```
typedef struct tnode {          /* ein typischer Knoten */
        char *word;             /* zeigt auf den text */
        int  count;             /* Haeufigkeit */
        struct tnode *left;     /* linker Nachkomme */
        struct tnode *right;    /* rechter Nachkomme */
} TREENODE, *TREEPTR;
```

Hier werden zwei neue Datentyp Namen eingeführt, nämlich **TREENODE** (eine Struktur) und **TREEPTR** (ein Zeiger auf die Struktur). Die Funktion **talloc** könnte dann folgendermaßen formuliert werden:

```
TREEPTR talloc()
{
        char *alloc();

        return((TREEPTR) alloc(sizeof(TREENODE)));
}
```

Wir müssen betonen, daß eine **typedef** Vereinbarung in keiner Hinsicht einen *neuen* Datentyp konstruiert; es wird lediglich ein neuer Name für einen anderweitig auch existierenden Datentyp eingeführt. Ebenso entstehen keine neuen semantischen Möglichkeiten: Variablen, die mit Hilfe von **typedef** Datentypen vereinbart werden, haben genau die gleichen Eigenschaften wie Variablen, deren Vereinbarungen explizit formuliert wurden. **typedef** verhält sich effektiv wie **# define**, abgesehen davon, daß **typedef** vom Übersetzer selbst verarbeitet wird und folglich Text Ersatz vornehmen kann, der die Möglichkeiten des C Preprozessors übersteigt. Betrachten wir etwa

```
typedef int (*PFI)();
```

Der Datentyp **PFI**, nämlich "Zeiger auf eine Funktion, die ein **int** Resultat liefert", kann dann beispielsweise im Sortierprogramm von Kapitel 5 folgendermaßen benützt werden:

```
PFI strcmp, numcmp, swap;
```

typedef wird tatsächlich aus zwei Gründen benützt. Einmal kann dadurch ein Programm gegen Portabilitätsprobleme parametrisiert werden. Führt man Datentypen, die maschinenabhängig sein könnten, mit Hilfe von **typedef** ein, dann muß man nur die **typedef** Vereinbarungen ändern, wenn man das Programm auf eine andere Maschine überträgt. Häufig vereinbart man mit **typedef** Namen für verschiedene ganzzahlige Wertebereiche und wählt dann entsprechend **short**, **int** und **long** auf jedem Zielsystem.

Zum zweiten kann man mit **typedef** ein Programm besser dokumentieren – ein Datentyp mit Namen **TREEPTR** kann leichter zu verstehen sein als ein Datentyp, der nur als Zeiger auf eine komplizierte Struktur vereinbart ist.

Schließlich besteht immer noch die entfernte Möglichkeit, daß in Zukunft der Übersetzer oder ein anderes Programm wie *lint* die Information aus **typedef** Vereinbarungen dazu benützt, zusätzliche Überprüfungen in einem Programm vorzunehmen.

Kapitel 7: Eingabe und Ausgabe

Eingabe und Ausgabe sind nicht als Teil der Sprache C definiert, wir haben dies deshalb bisher einigermaßen ausgeklammert. Nichtsdestoweniger reagieren wirkliche Programme mit ihrer Umgebung, und zwar wesentlich komplizierter, als wir dies bisher gezeigt haben. Im vorliegenden Kapitel beschreiben wir die *Standard E/A Bücherei*, Funktionen, die entworfen wurden, um ein standardisiertes E/A System für C Programme zur Verfügung zu stellen. Die Funktionen sollen eine bequeme Schnittstelle für die Programmierung bieten, sie beruhen jedoch nur auf Operationen, die bei den meisten modernen Betriebssystemen zur Verfügung stehen. Die Funktionen sind effizient genug, so daß die Benutzer selten die Notwendigkeit sehen sollten, sie "aus Effizienzgründen" zu umgehen, unabhängig davon, wie zeitkritisch die Anwendung sein mag. Schließlich sind die Funktionen als portabel anzusehen, und zwar in der Hinsicht, daß sie kompatibel im Zusammenhang mit jedem C System existieren (sollen), so daß Programme, die ihren Kontakt mit dem Betriebssystem auf die Möglichkeiten beschränken, die die Standard Bücherei bietet, praktisch unverändert von einem System zum anderen übertragen werden können.

Wir werden hier nicht die ganze E/A Bücherei beschreiben; wir sind mehr daran interessiert, die wesentlichen Punkte in C Programmen zu zeigen, die mit ihrer Betriebssystem Umgebung reagieren.

7.1 Zugriff auf die Standard Bücherei

Jede Quelldatei, in der eine Funktion aus der Standard Bücherei vorkommt, muß möglichst am Anfang folgende Zeile enthalten:

```
#include <stdio.h>
```

Die Datei *stdio.h* definiert bestimmte Makros und Variablen, die in der E/A Bücherei verwendet werden. Die Winkel Klammern **< >** anstelle der sonst üblichen Doppel-Anführungsstriche instruieren den Übersetzer, diese Datei in einem Katalog zu suchen, der öffentlich verfügbare **#include** Dateien enthält (im UNIX System ist das typischerweise der Katalog */usr/include*).

Zusätzlich muß man möglicherweise bei der Montage eines Programms diese Bücherei explizit angeben, etwa mit folgendem Kommando: [1]

```
cc Quelldateien, etc. -lS
```

---

[1] Diese Details sind jedoch sehr vom lokalen System abhängig und heute nicht unbedingt mehr üblich. A.d.Ü.

7.2 Standard Eingabe und Ausgabe – "getchar" und "putchar"

Der einfachste Eingabe Mechanismus ist Einzelzeichen Eingabe aus der "Standard Eingabe", normalerweise also vom Benutzerterminal, mit Hilfe von **getchar**. **getchar()** liefert bei jedem Aufruf das nächste Eingabe Zeichen. Bei den meisten C Systemen kann man anstelle des Benutzerterminals eine Datei angeben, mit Hilfe der **<** Konvention: Wenn ein Programm *prog* **getchar** benützt, dann sorgt die Kommandozeile

prog <infile

dafür, daß *prog* die Datei *infile* liest anstelle des Benutzerterminals. Die Eingabe wird dabei so umgeschaltet, daß *prog* die Änderung nicht bemerkt; insbesondere befindet sich die Zeichenkette **"<infile"** nicht unter den Argumenten aus der Kommandozeile, die an **argv** übergeben werden. Die Eingabe Umschaltung ist ebenfalls unsichtbar, wenn die Eingabe von einem anderen Programm über eine *pipe* angeliefert wird; die Kommandozeile

otherprog | prog

führt zwei Programme *otherprog* und *prog* aus und sorgt dafür, daß die Standard Eingabe für *prog* als Standard Ausgabe von *otherprog* erzeugt wird.

getchar liefert den Wert **EOF**, wenn beim gerade verwendeten Eingabe Medium das Datei Ende erreicht wird. Die Standard Bücherei definiert die symbolische Konstante **EOF** als **−1** (mit Hilfe einer **#define**-Anweisung in der Datei *stdio.h*), aber in Bedingungen sollte der Name **EOF** und nicht der Wert **−1** verwendet werden, damit die Programm Texte unabhängig vom spezifischen Wert bleiben.

Die Ausgabe Funktion **putchar(c)** gibt das Zeichen **c** als "Standard Ausgabe" aus, nach Voreinstellung ebenfalls auf das Benutzerterminal. Mit Hilfe von **>** kann die Ausgabe ebenfalls in eine Datei gelenkt werden: Wenn *prog* **putchar** benützt, dann sorgt

prog >outfile

dafür, daß die Standard Ausgabe in die Datei *outfile* ausgegeben wird und nicht auf das Benutzerterminal. Im UNIX System kann auch eine *pipe* benützt werden:

prog | anotherprog

übergibt die Standard Ausgabe von *prog* an die Standard Eingabe von *anotherprog*. Wieder ist die Umlenkung für *prog* unsichtbar.

Eine Ausgabe, die mit Hilfe von **printf** erzeugt wird, taucht ebenfalls als Standard Ausgabe auf, und Aufrufe von **putchar** und **printf** können beliebig aufeinander folgen.

Überraschend viele Programme lesen nur ein einziges Eingabe Medium und schreiben nur ein einziges Ausgabe Medium; für solche Programme ist Eingabe und

Ausgabe mit Hilfe von **getchar**, **putchar** und **printf** unter Umständen völlig ausreichend, und diese Funktionen genügen am Anfang völlig. Dies gilt insbesondere im Zusammenhang mit der in UNIX möglichen Umlenkung von Standard Eingabe und Ausgabe und der *pipe* Konstruktion, die die Standard Ausgabe von einem Programm als Standard Eingabe des nächsten Programms verbindet. Betrachten wir etwa das Programm *lower*, das seine Eingabe Zeichen in Kleinbuchstaben umwandelt:

```
#include <stdio.h>
#include <ctype.h>

main()      /* Eingabe in Kleinbuchstaben umwandeln */
{
    int c;

    while ((c = getchar()) != EOF)
        putchar(isupper(c) ? tolower(c) : c);
}
```

Die "Funktionen" **isupper** und **tolower** sind tatsächlich Makros, die in *ctype.h* definiert sind. Der Makro **isupper** überprüft, ob sein Argument ein Großbuchstabe ist; er liefert einen von 0 verschiedenen Wert, falls dies gilt, und sonst 0. Der Makro **tolower** verwandelt einen Großbuchstaben in einen Kleinbuchstaben. Unabhängig davon, wie diese Funktionen auf einem bestimmten Rechner implementiert sind, ist ihr externes Verhalten doch das gleiche, so daß Programme, die sie benützen, den jeweils unterliegenden Zeichensatz nicht kennen müssen.

Um mehrere Dateien hintereinander umzuwandeln, kann man ein Dienstprogramm wie *cat* in UNIX dazu verwenden, um die Dateien zusammenzufassen:

```
cat file1 file2 ... | lower >output
```

und auf diese Weise kann man zunächst vermeiden, lernen zu müssen, wie man auf Dateien von einem Programm aus zugreift. (*cat* wird später in diesem Kapitel vorgestellt werden.)

Übrigens können in der Standard E/A Bücherei die "Funktionen" **getchar** und **putchar** tatsächlich Makros sein, damit auf diese Weise der Aufwand für einen Funktionsaufruf für jedes einzelne Zeichen vermieden wird. Wir werden in Kapitel 8 vorführen, wie man diese Makros definiert.

7.3 Formatierte Ausgabe - "printf"

Die zwei Funktionen **printf** für Ausgabe und **scanf** für Eingabe (im nächsten Abschnitt) dienen dazu, numerische Werte in Zeichen Darstellung umzuwandeln und umgekehrt. Damit können auch formatierte Textzeilen generiert oder interpretiert werden. Wir haben **printf** ohne eine formale Beschreibung in den vorhergehenden Kapiteln immer wieder benützt; hier ist eine vollständigere und präzisere Erklärung.

printf(control, arg1, arg2, ...)

Unter Kontrolle der Zeichenkette **control** wandelt die Funktion **printf** ihre Argumente um, formatiert sie und gibt sie als Standard Ausgabe aus. Die kontrollierende Zeichenkette enthält zwei Arten von Objekten: Gewöhnliche Zeichen, die einfach ausgegeben werden, und Format Elemente, die jeweils die Umwandlung und Ausgabe des nächstfolgenden Arguments von **printf** veranlassen.

Jedes Format Element beginnt mit dem Zeichen **%**. Am Ende des Format Elements steht ein Zeichen, das die Umwandlung kontrolliert. Zwischen **%** und Umwandlungszeichen kann der Reihe nach folgendes stehen:

Ein Minus-Zeichen, das verlangt, daß das umgewandelte Argument in seinem Feld nach links ausgerichtet wird.

Eine Ziffernkette, deren Wert eine minimale Feldbreite definiert. Das umgewandelte Argument wird in einem Feld ausgegeben, das wenigstens die entsprechende Breite besitzt und das noch breiter ist, falls nötig. Ist das umgewandelte Argument kürzer als dies die Feldbreite verlangt, so wird auf der linken Seite entsprechend aufgefüllt. (Wurde eine Ausrichtung nach links angegeben, so wird entsprechend rechts aufgefüllt.) Zum Auffüllen werden normalerweise Leerstellen verwendet; beginnt die Feldbreite mit einer 0, so wird mit 0 aufgefüllt (diese führende 0 impliziert *nicht*, daß die Feldbreite in Basis 8 angegeben ist).

Ein Punkt, der die Feldbreite von einer weiteren Ziffernkette trennt.

Eine Ziffernkette, deren Wert angibt, wieviele Zeichen maximal von einer Zeichenkette ausgegeben werden sollen, oder wieviele Ziffern bei **float** oder **double** rechts vom Dezimalpunkt erscheinen sollen.

Das Zeichen **l** (Buchstabe l), das angibt, daß das zugehörige Argument **long** und nicht nur **int** ist.

Die Umwandlungen werden mit Hilfe der folgenden Zeichen definiert:

d Das Argument wird dezimal dargestellt.

o Das Argument wird in Basis 8 ohne Vorzeichen dargestellt (ohne führende 0).

x Das Argument wird in Basis 16 (ohne führende **0x**) dargestellt.

u Das Argument wird dezimal ohne Vorzeichen dargestellt.

c Das Argument wird als einzelnes Zeichen betrachtet.

s Das Argument ist eine Zeichenkette; aus dieser Zeichenkette werden einzelne Zeichen solange ausgegeben, bis entweder ein Null Zeichen erreicht wird, oder bis so viele Zeichen ausgegeben worden sind, wie die zweite Ziffernkette im Format Element verlangt.

e Das Argument muß **float** oder **double** sein, es wird dezimal dargestellt. Das Ausgabe Format ist **[–]m.nnnnnnE[+ –]xx**, dabei definiert die zweite Ziffernkette im Format Element die Anzahl Ziffern rechts vom Dezimalpunkt; voreingestellt sind hierbei 6 Ziffern.

f Das Argument muß **float** oder **double** sein und wird dezimal in der Form **[–]mmm.nnnnnn** dargestellt, wobei die Anzahl der Ziffern rechts vom Dezimalpunkt wieder durch die zweite Ziffernkette im Format Element festgelegt wird. Voreingestellt sind wieder sechs Ziffern. Man beachte, daß dies die Anzahl signifikanter Ziffern im **f** Format nicht definiert.

g Die Umwandlung erfolgt mit **%e** oder **%f**, je nachdem, welches Format kürzer ist; nicht signifikante Null Ziffern werden dabei nicht ausgegeben.

Ist das Zeichen nach **%** keines der hier definierten Umwandlungszeichen, so wird das Zeichen selbst ausgegeben; **%** kann folglich mit Hilfe von **%%** ausgegeben werden.

Die meisten Umwandlungen sind offensichtlich, und sie wurden in den vorhergehenden Kapiteln illustriert. Die einzige Ausnahme ist die Kontrolle der Feldbreite bei Zeichenketten. Die nachfolgende Tabelle zeigt den Effekt einer Reihe von Format Elementen, wenn **"hello, world"** (12 Zeichen) ausgegeben wird. Wir haben jedes Format Element mit Doppelpunkten umgeben, damit das resultierende Feld sichtbar wird.

```
:%10s:        :hello, world:
:%-10s:       :hello, world:
:%20s:        :        hello, world:
:%-20s:       :hello, world        :
:%20.10s:     :          hello, wor:
:%-20.10s:    :hello, wor          :
:%.10s:       :hello, wor:
```

Eine Warnung: **printf** benützt das erste Argument dazu, um zu entscheiden, wieviele weitere Argumente folgen und um welche Datentypen es sich handelt. **printf** wird sehr verwirrt, und Sie erhalten unsinnige Antworten, wenn nicht genügend Argumente vorhanden sind, oder wenn die Datentypen nicht stimmen.

Aufgabe 7 – 1. Schreiben Sie ein Programm, das beliebige Eingabe Zeichen einigermaßen sinnvoll ausgibt. Dabei sollten mindestens die Steuerzeichen in Basis 8 oder 16 (je nach den lokalen Unsitten) ausgegeben werden, und lange Zeilen sollten entsprechend getrennt werden. ✏

7.4 Formatierte Eingabe – "scanf"

scanf ist die zu **printf** analoge Eingabe Funktion, die praktisch die gleichen Umwandlungen in der umgekehrten Richtung zur Verfügung stellt.

scanf(control, arg1, arg2, ...)

scanf liest Zeichen aus der Standard Eingabe, interpretiert sie unter Kontrolle des Formats in der Zeichenkette **control** und speichert die Resultate in den übrigen Argumenten. Das Format Argument wird nachstehend beschrieben; die anderen Argumente, *die alle Zeiger sein müssen*, geben an, wohin die einzelnen eingegebenen und umgewandelten Werte gespeichert werden sollen.

control enthält normalerweise Format Elemente, die die Interpretation der Eingabe Zeichenfolge steuern. Die **control** Zeichenkette kann folgendes enthalten:

Leerstellen, Tabulator Zeichen oder Zeilentrenner ("Zwischenraum Zeichen"), die jeweils ignoriert werden.

Gewöhnliche Zeichen (nicht **%**), die dann jeweils als nächste Zeichen (nach beliebig viel Zwischenraum) in der Eingabe vorkommen müssen.

Format Elemente, die aus den Zeichen **%**, optional dem Zeichen ***** zur Unterdrückung der Zuweisung, optional einer Ziffernkette, deren Wert die maximale Eingabe Feldbreite bestimmt, und einem Umwandlungszeichen bestehen.

Ein Format Element kontrolliert jeweils die Umwandlung des nächsten Eingabe Feldes. Normalerweise wird das Resultat der Umwandlung in die Variable gespeichert, auf die das zugehörige Argument zeigt. Enthält das Format Element jedoch ein ***** Zeichen, so wird das Eingabe Feld einfach übersprungen; keine Zuweisung findet statt. Ein Eingabe Feld ist als Folge von Zeichen definiert, die keine Zwischenraum Zeichen sind; ein Eingabe Feld reicht entweder bis zum nächsten Zwischenraum Zeichen oder bis zur im Format Element angegebenen Feldbreite. Daraus folgt, daß **scanf** über Zeilentrenner in der Eingabe hinwegliest, um Eingabe Felder zu finden, da Zeilentrenner als Zwischenraum Zeichen zählen.

Das Umwandlungszeichen definiert die Interpretation des Eingabe Feldes; das zugehörige Argument muß ein Zeiger sein, da in C Argument Werte und nicht Argument Adressen an Funktionen übergeben werden. Folgende Umwandlungszeichen sind erlaubt:

d Als Eingabe wird eine dezimal dargestellte, ganze Zahl erwartet; das zugehörige Argument sollte ein **int** Zeiger sein.

o Als Eingabe wird ein in Basis 8 (mit oder ohne führende Null) dargestellter, ganzzahliger Wert erwartet; das zugehörige Argument sollte ein **int** Zeiger sein.

x Als Eingabe wird eine in Basis 16 (mit oder ohne führende **0x**) dargestellter ganzzahliger Wert erwartet; das zugehörige Argument sollte ein **int** Zeiger sein.

h Als Eingabe wird ein kleiner, dezimal dargestellter, ganzzahliger Wert erwartet; das zugehörige Argument sollte ein Zeiger auf **short** sein.

c Als Eingabe wird ein einzelnes Zeichen akzeptiert; das zugehörige Zeichen muß ein Zeiger auf **char** sein; das *nächste* Zeichen aus der Eingabe wird an der entsprechenden Stelle abgelegt. In diesem Fall werden Zwischenraum Zeichen nicht wie sonst überlesen; das Format Element **%1s** sucht in der Eingabe nach dem nächsten Zeichen, das kein Zwischenraum Zeichen ist.

s Als Eingabe wird eine Zeichenkette akzeptiert; das zugehörige Argument sollte ein Zeiger auf **char** sein, der auf einen Zeichen Vektor zeigt, der groß genug ist, um die Zeichenkette und danach ein Null Zeichen zu akzeptieren.

f Als Eingabe wird ein dezimal dargestellter Gleitkomma Wert erwartet; das zugehörige Argument sollte ein Zeiger auf **float** sein. Das Umwandlungszeichen **e** ist synonym zu **f**. In der Eingabe besteht ein Gleitkomma Wert aus einem optionalen Vorzeichen, einer Ziffernkette, die einen Dezimalpunkt enthalten kann, und optional einem Exponenten, der aus dem Buchstaben **E** oder **e** besteht, dem eine eine ganze Zahl, optional mit Vorzeichen, folgt.

Vor den Umwandlungszeichen **d**, **o** und **x** kann jeweils das Zeichen **l** (Buchstabe l) stehen, um anzuzeigen, daß der zugehörige Zeiger auf **long** und nicht **int** verweist. Ebenso kann **l** vor den Umwandlungszeichen **e** oder **f** stehen, um anzuzeigen, daß in der Argument Liste ein Zeiger auf **double** und nicht **float** steht.

Beispielsweise weist der Aufruf

```
int i;
float x;
char name[50];
scanf("%d %f %s", &i, &x, name);
```

aus der Eingabe Zeile

```
25    54.32E-1    Thompson
```

folgende Werte zu: 25 an **i**, 5.432 an **x**, und die Zeichenkette **"Thompson"** zusammen mit einem abschließenden **\0** Zeichen an **name**. Zwischen den Eingabe Feldern können beliebig viele Leerstellen, Tabulator Zeichen und Zeilentrenner stehen.

Der Aufruf

```
int i;
float x;
char name[50];
scanf("%2d %f %*d %2s", &i, &x, name);
```

weist aus der Eingabe Zeile

```
56789 0123 45a72
```

folgende Werte zu: 56 an **i**, 789.0 an **x**, 0123 wird übersprungen, die Zeichenkette **"45"** wird an **name** zugewiesen. Der nächste Aufruf einer Eingabe Funktion beginnt mit der Verarbeitung des Buchstabens **a**. In den vorstehenden Beispielen *ist* **name** als Name eines Vektors ein Zeiger Wert, dem folglich der Adreßoperator **&** *nicht* vorausgehen darf.

Als weiteres Beispiel kann der elementare Tischrechner aus Kapitel 4 jetzt mit **scanf** zur Eingabe Umwandlung formuliert werden:

```
#include <stdio.h>

main()          /* rudimentaerer Tischrechner */
{
    double sum, v;

    sum = 0;
    while (scanf("%lf", &v) != EOF)
        printf("\t%.2f\n", sum += v);
}
```

scanf wird beendet, wenn das Format abgearbeitet ist oder wenn die Eingabe dem Format nicht mehr entspricht. **scanf** liefert als Funktionswert die Anzahl der erfolgreich umgewandelten und zugewiesenen Eingabe Werte. Dies kann dazu benützt werden, um festzustellen, wieviel Eingabe Werte gefunden wurden. Am Datei Ende ist der Funktionswert **EOF**; beachten Sie, daß dies von 0 verschieden ist, dem Funktionswert, der geliefert wird, wenn das nächste Eingabe Zeichen bereits der ersten Angabe im Format nicht genügt. Der nächste Aufruf von **scanf** nimmt die Suche unmittelbar nach dem letzten Zeichen auf, das bereits verarbeitet wurde.

Eine abschließende Warnung: Die Argumente von **scanf** *müssen* Zeiger sein. Bei weitem der häufigste Fehler ist die Angabe von

```
scanf("%d", n);
```

anstelle von

```
scanf("%d", &n);
```

7.5 Format Umwandlung im Speicher

Die Funktionen **scanf** und **printf** haben Geschwister mit Namen **sscanf** und **sprintf**, die die gleichen Umwandlungen vornehmen, aber dabei eine Zeichenkette anstelle einer Datei bearbeiten. Die Aufrufe haben allgemein folgende Form

```
sprintf(string, control, arg1, arg2, ... )
sscanf(string, control, arg1, arg2, ... )
```

sprintf formatiert die Argumente in **arg1**, **arg2** usw. wie zuvor unter Kontrolle der Zeichenkette **control**, aber das Resultat wird in der Zeichenkette **string** und nicht als Standard Ausgabe abgeliefert. Es wäre natürlich recht zweckmäßig, wenn **string** groß genug ist, um das Resulat aufzunehmen. Ist beispielsweise **name** ein Zeichen Vektor und **n** ein ganzzahliger Wert, dann konstruiert

```
sprintf(name, "temp%d", n);
```

in **name** eine Zeichenkette der Form **temp***nnn*, wobei *nnn* der Wert von **n** ist.

sscanf nimmt die umgekehrten Umwandlungen vor – **string** wird entsprechend **control** analysiert, die entsprechenden Werte werden umgewandelt und in **arg1**, **arg2** usw. abgelegt. Diese Argumente müssen Zeiger sein. Der Aufruf

```
sscanf(name, "temp%d", &n);
```

weist an **n** den Wert der Ziffernkette zu, die nach **temp** in **name** steht.

Aufgabe 7-2. Ändern Sie den Tischrechner aus Kapitel 4 so ab, daß **scanf** bzw. **sscanf** verwendet werden, um Eingabe und Wert Umwandlung vorzunehmen.

7.6 Datei Zugriff

Unsere Programme haben bisher alle die Standard Eingabe gelesen und und die Standard Ausgabe geschrieben, und wir haben angenommen, daß diese Medien für ein Programm vom lokalen Betriebssystem vordefiniert sind.

Als nächste Aufgabe zum Thema Eingabe und Ausgabe müssen wir ein Programm schreiben, das auf eine Datei zugreift, die *nicht* bereits mit dem Programm verbunden ist. Ein Programm, das die Notwendigkeit solcher Operationen klar illustriert, ist *cat*, das eine Reihe von namentlich angegebenen Dateien nacheinander als Standard Ausgabe ausgibt. *cat* wird dazu benützt, Dateien auf das Benutzerterminal auszugeben sowie als allgemeines Programm zur Eingabe Sammlung für Programme, die selbst nicht per Namen auf Dateien zugreifen können. Das Kommando

```
cat x.c y.c
```

gibt beispielsweise den Inhalt der Dateien *x.c* und *y.c* als Standard Ausgabe aus. [2]

---

[2] *cat* steht für *catenate*, also "verketten". A.d.Ü.

Die Frage ist, wie man dafür sorgt, daß die namentlich angegebenen Dateien gelesen werden – das heißt, wie verbindet man die externen Namen, die der Benutzer angibt, mit den Anweisungen, die tatsächlich die Daten lesen?

Die Regeln sind einfach. Bevor eine Datei gelesen oder geschrieben werden kann, muß sie mit der Funktion **fopen** aus der Standard Bücherei *eröffnet* werden. **fopen** akzeptiert einen externen Namen (wie *x.c* oder *y.c*), führt Buch und verhandelt mit dem Betriebssystem (wobei die Details für uns noch nicht von Interesse sind), und liefert als Funktionswert einen internen Namen, der anschließend zum Lesen oder Schreiben der Datei verwendet werden muß.

Dieser interne Name ist tatsächlich ein sogenannter *Filepointer*, ein Zeiger auf eine Struktur, die Information über die Datei enthält, wie zum Beispiel die Adresse einer Puffer Fläche, die nächste Zeichen Position im Puffer, eine Angabe, ob die Datei gelesen oder geschrieben wird, usw. Die Details sind für den Benutzer nicht von Interesse, da als Teil der E/A Definitionen aus *stdio.h* auch eine Struktur Definition namens **FILE** übernommen wird. Die nötigen Vereinbarungen für einen Filepointer zeigt folgendes Beispiel:

```
FILE *fopen(), *fp;
```

Diese Vereinbarung besagt, daß **fp** ein Zeiger auf eine **FILE** Struktur ist und daß **fopen** einen entsprechenden Zeiger liefert. Man beachte, daß **FILE** ein Datentyp Name wie **int** ist und nicht ein Struktur Name; dies wird mit Hilfe von **typedef** implementiert. (Wie dies alles im Detail im UNIX System funktioniert, wird in Kapitel 8 erklärt.)

fopen wird in einem Programm folgendermaßen aufgerufen:

```
fp = fopen(name, mode);
```

Das erste Argument von **fopen** ist der Name der Datei als Zeichenkette. Das zweite Argument ist die Zugriffsart, ebenfalls als Zeichenkette, die angibt, wie wir auf die Datei zugreifen wollen. Erlaubt sind hier Lesezugriff (**"r"**), Schreibzugriff (**"w"**) oder Schreibzugriff zum Anfügen an die Datei (**"a"**).

Existiert eine Datei nicht, die zum Schreiben oder Anfügen eröffnet werden soll, so wird sie neu erzeugt (falls möglich). Wird eine existente Datei zum Schreiben eröffnet, so geht der alte Inhalt verloren. Ein Versuch, eine Datei zu lesen, die nicht existiert, gilt als Fehler, und es gibt auch andere Fehler Möglichkeiten (wie zum Beispiel ein Versuch, eine Datei zu lesen, wenn man dazu nicht berechtigt ist). Im Fehlerfall liefert **fopen** den Zeiger Wert **NULL**, der deshalb ebenfalls in *stdio.h* definiert ist.

Als nächstes benötigen wir eine Möglichkeit, um eine Datei zu lesen oder zu schreiben, nachdem sie eröffnet wurde. Es gibt dazu verschiedene Funktionen, am einfachsten sind **getc** und **putc**. **getc** liefert das nächste Zeichen aus einer Datei; dazu benötigt die Funktion den Filepointer, um die richtige Datei anzusprechen. Also weist

```
c = getc(fp)
```

an **c** das nächste Zeichen aus der Datei zu, auf die **fp** verweist, und **EOF** wird zugewiesen, wenn das Datei Ende erreicht ist.

putc ist das Gegenteil von **getc**:

```
putc(c, fp)
```

gibt das Zeichen **c** in die Datei **fp** aus und liefert **c** als Resultat Wert. Wie bei **getchar** und **putchar** kann es sich auch bei **getc** und **putc** um Makros anstelle von Funktionen handeln.

Wenn die Ausführung eines Programms beginnt, sind drei Datei Verbindungen automatisch vorgenommen worden, und es existieren entsprechende Filepointer. Diese Datei Verbindungen sind Standard Eingabe, Standard Ausgabe, und Standard Diagnose; die zugehöriger. Filepointer heißen **stdin**, **stdout** und **stderr**. Normalerweise sind diese Filepointer alle mit dem Benutzerterminal verbunden, aber **stdin** und **stdout** können in Dateien oder mit dem *pipe* Mechanismus umgelenkt werden, wie das in Abschnitt 7.2 beschrieben wurde.

getchar und **putchar** können als Spezialfälle von **getc**, **putc**, **stdin** und **stdout** folgendermaßen definiert werden:

```
#define getchar()   getc(stdin)
#define putchar(c)  putc(c, stdout)
```

Für formatierte Eingabe oder Ausgabe im Zusammenhang mit Filepointern können die Funktionen **fscanf** und **fprintf** benutzt werden. Diese Funktionen werden exakt wie **scanf** und **printf** verwendet, abgesehen davon, daß das erste Argument jeweils ein Filepointer ist, der die Datei bezeichnet, die gelesen oder geschrieben werden soll; das Format wird hier erst als zweites Argument übergeben.

Nach diesen Vorbemerkungen können wir nunmehr das Programm *cat* schreiben, das Dateien aneinanderreiht. Der grundsätzliche Entwurf hat sich schon für viele Programme als nützlich erwiesen: Gibt es Argumente aus der Kommandozeile, dann werden sie der Reihe nach bearbeitet. Gibt es keine Argumente, dann wird die Standard Eingabe verarbeitet. Auf diese Weise kann das Programm allein oder im Zusammenhang mit anderen Programmen eingesetzt werden.

```
#include <stdio.h>

main(argc, argv)      /* cat: Dateien nacheinander ausgeben */
int argc;
char *argv[];
{
    FILE *fp, *fopen();

    if (argc == 1)      /* ohne Argumente: */
        filecopy(stdin); /* Standard Eingabe kopieren */
    else
        while (--argc > 0)
            if ((fp = fopen(*++argv, "r")) == NULL) {
                printf("cat: can't open %s\n", *argv);
                break;
            } else {
                filecopy(fp);
                fclose(fp);
            }
}

filecopy(fp)          /* Datei fp als Standard Ausgabe ausgeben */
FILE *fp;
{
    int c;

    while ((c = getc(fp)) != EOF)
        putc(c, stdout);
}
```

Die Filepointer **stdin** und **stdout** sind in der Standard E/A Bücherei für Standard Eingabe und Standard Ausgabe vordefiniert; sie können überall dort verwendet werden, wo ein Objekt vom Typ **FILE *** benötigt wird. Diese Filepointer sind jedoch Konstanten, *keine* Variablen, Sie sollten deshalb nicht versuchen, Werte an diese Filepointer zuzuweisen.

Die Funktion **fclose** ist das Gegenteil von **fopen**; die mit Hilfe von **fopen** eingerichtete Verbindung zwischen einem Filepointer und dem externen Datei Namen wird wieder unterbrochen, und der Filepointer kann für eine andere Datei verwendet werden. Da die meisten Betriebssysteme die Anzahl Dateien begrenzen, die innerhalb eines Programms gleichzeitig eröffnet sein können, ist es eine gute Idee, die Objekte freizugeben, wenn sie nicht länger benötigt werden, wie wir dies in *cat* getan haben. **fclose** ist bei einer Ausgabe Datei noch aus einem anderen Grund notwendig – der Puffer, in dem **putc** die Ausgabe sammelt, wird entsprechend geleert. (**fclose** wird bei normal verlaufender Programm Ausführung am Schluß automatisch für jede offene Datei aufgerufen.)

7.7 Fehler Behandlung - "stderr" und "exit"

Die Fehler Behandlung in *cat* ist bisher nicht ideal: Kann aus irgendeinem Grund auf eine der Dateien nicht zugegriffen werden, so wird die Fehler Meldung am Ende der bisherigen Ausgabe angefügt. Dies ist akzeptabel, wenn diese Ausgabe auf das Benutzerterminal erfolgt; es ist aber unangenehm, wenn die Ausgabe in eine Datei oder zu einem anderen Programm mit Hilfe einer *pipe* geleitet wird.

Um dieser Situation besser begegnen zu können, wird einem Programm jeweils ein zweiter Ausgabe Filepointer **stderr** zur Verfügung gestellt, genauso wie **stdin** und **stdout**. Wenn dies überhaupt möglich ist, dann erscheint eine Ausgabe für **stderr** am Benutzerterminal, auch dann, wenn die Standard Ausgabe umgelenkt wurde.

Ändern wir *cat*, so daß die Fehlermeldungen als Standard Diagnose erscheinen:

```
#include <stdio.h>

main(argc, argv)       /* cat: Dateien nacheinander ausgeben */
int argc;
char *argv[];
{
    FILE *fp, *fopen();

    if (argc == 1)      /* ohne Argumente: */
        filecopy(stdin); /* Standard Eingabe kopieren */
    else
        while (--argc > 0)
            if ((fp = fopen(*++argv, "r")) == NULL) {
                fprintf(stderr,
                    "cat: can't open %s\n", *argv);
                exit(1);
            } else {
                filecopy(fp);
                fclose(fp);
            }
    exit(0);
}
```

Das Programm teilt Fehler auf zwei Arten mit: Die Fehlermeldungen, die mit **fprintf** erzeugt werden, erscheinen als **stderr** und werden deshalb am Benutzerterminal ausgegeben; sie verschwinden nicht in einer *pipe* oder Ausgabe Datei.

Das Programm benützt außerdem die Funktion **exit** aus der Standard Bücherei, die bei Aufruf die Programm Ausführung beendet. Das Argument von **exit** wird an den Prozess übertragen, der den vorliegenden Prozess aufgerufen hat; auf diese Weise kann Erfolg oder Mißerfolg unseres Programms von einem anderen Programm abgeprüft werden, das unser Programm als Teilprozess benützt. Nach einer üblichen Vereinbarung zeigt ein **exit** Argument mit Wert 0 an, daß alles funktioniert hat, und verschiedene von 0 verschiedene Werte kennzeichnen unvorhergesehene Umstände.

exit ruft **fclose** für jede offene Ausgabe Datei auf, um entsprechend die letzten Puffer zu schreiben, anschließend wird eine Funktion namens **_exit** aufgerufen. Die Funktion **_exit** bricht ein Programm unmittelbar ab, ohne die letzten Puffer zu schreiben; auch diese Funktion kann natürlich direkt aufgerufen werden, falls dies gewünscht wird.

7.8 Zeilen Eingabe und Ausgabe

In der Standard Bücherei gibt es die Funktion **fgets**, die sehr ähnlich zu der **getline** Funktion ist, die wir immer wieder in diesem Buch verwendet haben. Der Aufruf

```
fgets(line, MAXLINE, fp)
```

liest die nächste Eingabe Zeile (darunter auch das Zeilentrennzeichen) aus der Datei **fp** in den Zeichen Vektor **line**; dabei werden höchstens **MAXLINE – 1** Zeichen gelesen. Am Ende der resultierenden Zeile wird noch ein **\0** Zeichen angefügt. Normalerweise liefert **fgets** den Zeiger Wert **line** als Resultat; am Datei Ende ist der Resultat Wert **NULL**. (Unsere **getline** Funktion liefert die Länge der eingelesenen Zeile und 0 am Datei Ende.)

Als entsprechende Ausgabe Funktion schreibt **fputs** eine Zeichenkette (die kein Zeilentrennzeichen enthalten muß) in eine Datei:

```
fputs(line, fp)
```

Funktionen wie **fgets** und **fputs** sind nichts Besonderes; hier sind sie, direkt aus der Standard E/A Bücherei kopiert:

```
#include <stdio.h>

char *fgets(s, n, iop)      /* hoechstens n Zeichen */
char *s;                    /* ueber iop einlesen */
int n;
register FILE *iop;
{
	register int c;
	register char *cs;

	cs = s;
	while (--n > 0 && (c = getc(iop)) != EOF)
		if ((*cs++ = c) == '\n')
			break;
	*cs = '\0';
	return((c == EOF && cs == s) ? NULL : s);
}
```

```
fputs(s, iop)        /* Zeichenkette s ueber iop ausgeben */
register char *s;
register FILE *iop;
{
    register int c;

    while (c = *s++)
        putc(c, iop);
}
```

Aufgabe 7–3. Schreiben Sie ein Programm, das zwei Dateien vergleicht und die erste Zeilen- und Zeichen-Position ausgibt, wo die Dateien verschieden sind. ✏

Aufgabe 7–4. Ändern Sie das Programm zur Mustersuche aus Kapitel 5 so ab, daß die Eingabe aus einer Reihe von explizit angegebenen Dateien kommt; sind keine Dateien als Argumente angegeben, soll die Standard Eingabe verwendet werden. Sollte der Datei Name ausgegeben werden, wenn eine gesuchte Zeile gefunden wird? ✏

Aufgabe 7–5. Schreiben Sie ein Programm, das eine Reihe von Dateien druckt, wobei für jede Datei eine neue Seite begonnen wird; zu jeder Datei soll es einen laufenden Seitentitel und eine Seitennumerierung geben. ✏

7.9 Verschiedene weitere Funktionen

Die Standard Bücherei stellt eine Vielzahl von Funktionen zur Verfügung; ein paar davon haben sich als besonders nützlich erwiesen. Wir haben die Zeichenketten Funktionen **strlen**, **strcpy**, **strcat** und **strcmp** bereits erwähnt. Hier sind noch einige andere.

Charakterisierung und Umwandlung von Zeichen

Verschiedene Makros dienen zur Klassifikation und Umwandlung von Zeichen:[3]

Funktion	von Null verschiedenes Resultat bedeutet
isalpha(c)	c ist Buchstabe
isupper(c)	c ist Grossbuchstabe
islower(c)	c ist Kleinbuchstabe
isdigit(c)	c ist Ziffer
isspace(c)	c ist Zwischenraum (Leerstelle, Tabulator Zeichen, Zeilentrenner)

Funktion	Resultat
toupper(c)	Grossbuchstabe, der dem Kleinbuchstaben c entspricht
tolower(c)	Kleinbuchstabe, der dem Grossbuchstaben c entspricht

"ungetc"

In der Standard Bücherei gibt es auch eine sehr eingeschränkte Fassung der Funktion **ungetch**, die wir in Kapitel 4 entwickelt haben; hier heißt die Funktion **ungetc**.

```
ungetc(c, fp)
```

stellt das Zeichen **c** in die Datei **fp** zurück. Für jede Datei kann jeweils nur ein Zeichen zurückgestellt werden. **ungetc** kann in Verbindung mit allen Eingabe Funktionen und Makros wie **scanf**, **getc** oder **getchar** verwendet werden.

"system"

Die Funktion **system(s)** bringt das Kommando, das in der Zeichenkette **s** enthalten ist, zur Ausführung und setzt dann die Ausführung des vorliegenden Programms fort. Der Inhalt der Zeichenkette **s** hängt natürlich stark vom lokalen Betriebssystem ab. Als triviales Beispiel sorgt in UNIX der Aufruf

```
system("date");
```

dafür, daß das **date** Kommando ausgeführt wird; dieses Kommando druckt Datum und Uhrzeit.

---

[3] Diese Makros befinden sich üblicherweise in der **# include** Datei *ctype.h*. Die Makros zur Klassifikation können nur verwendet werden, wenn **isascii(c)** gilt; die Makros zur Umwandlung können nur auf Zeichen angewendet werden, die bereits als Klein- oder Großbuchstaben bekannt sind. A.d.Ü.

Speicherverwaltung

Die Funktion **calloc** gleicht ziemlich der **alloc** Funktion, die wir in den vorhergehenden Kapiteln verwendet haben.

```
calloc(n, sizeof(Objekt))
```

liefert einen Zeiger auf genügend Speicherplatz für **n** Objekte der angegebenen Größe. Ist nicht genügend Speicher vorhanden, so ist der Resultat Wert **NULL**. Der Speicherplatz wird mit 0 initialisiert.

Der Zeiger hat die korrekte Ausrichtung für das gewünschte Objekt, sollte aber noch mit einer *cast* Operation in den entsprechenden Datentyp umgewandelt werden:

```
char *calloc();
int  *ip;

ip = (int *) calloc(n, sizeof(int));
```

cfree(p) stellt den Speicherplatz wieder zur Verfügung, auf den **p** zeigt; dabei sollte **p** ursprünglich durch einen Aufruf von **calloc** entstanden sein. Speicherplatz kann zwar in beliebiger Reihenfolge freigegeben werden; es ist jedoch ein entsetzlicher Fehler, wenn eine Speicherfläche freigegeben wird, die nicht von **calloc** stammt.

Ein Mechanismus zur Speicherverwaltung wie **calloc**, bei dem Speicherflächen in beliebiger Reihenfolge wieder freigegeben werden können, wird in Kapitel 8 vorgeführt.

Kapitel 8: Die Schnittstelle zum UNIX Betriebssystem

In diesem Kapitel befassen wir uns mit der Schnittstelle zwischen C Programmen und dem UNIX Betriebssystem. [1] Da die meisten Anwender von C auch UNIX Betriebssysteme verwenden, sollte dies für die Mehrzahl der Leser nützlich sein. Jedoch auch wenn Sie C auf einer anderen Maschine verwenden, sollten Sie weitere Einblicke in die C Programmierung durch das Studium dieser Beispiele gewinnen können.

Das Kapitel ist in drei wesentliche Teile unterteilt: Eingabe und Ausgabe, Datei System, und der Mechanismus zur Speicherverwaltung. In den ersten beiden Teilen nehmen wir an, daß Sie ein wenig mit den externen Charakteristika von UNIX vertraut sind.

Kapitel 7 zeigte eine System Schnittstelle auf, die über eine Vielzahl von Betriebssystemen hinweg einheitlich zur Verfügung steht. Auf jedem speziellen System müssen die Funktionen der Standard Bücherei mit Hilfe der E/A Funktionen, die es im speziellen Betriebssystem tatsächlich gibt, implementiert werden. In den nächsten Abschnitten beschreiben wir die grundsätzlichen System Aufrufe für Eingabe und Ausgabe im UNIX Betriebssystem und zeigen dann, wie Teile der Standard Bücherei mit Hilfe dieser System Aufrufe realisiert werden können.

8.1 File Deskriptoren

Im UNIX Betriebssystem erfolgt Eingabe und Ausgabe grundsätzlich durch Lesen oder Schreiben von Dateien, da auch alle Peripherie Geräte, sogar das Benutzerterminal, als Dateien im Datei System repräsentiert sind. Dies bedeutet, daß eine einzige, homogene Schnittstelle für die gesamte Kommunikation zwischen einem Programm und peripheren Geräten zur Verfügung steht.

Im allgemeinsten Fall muß, bevor eine Datei gelesen oder geschrieben wird, das System von diesem Vorhaben informiert werden; dieser Vorgang wird als "Eröffnen der Datei" bezeichnet. Wenn Sie in eine Datei schreiben, muß diese Datei möglicherweise erst kreiert werden. Das System überprüft, ob Sie dies dürfen: Existiert die Datei? Sind Sie berechtigt, auf diese Datei zuzugreifen? Ist alles in Ordnung, so erhält das Programm eine kleine positive Zahl, einen sogenannten *File Deskriptor*. Bei Transfer Operationen in bezug auf diese Datei wird dann der File Deskriptor anstelle des Namens benützt, um die Datei zu identifizieren. (In groben Zügen gleicht dies READ (5,...) und WRITE (6,...) in Fortran.) Alle Information, die die Verbindung zwischen Programm und Datei betrifft, wird vom System unterhalten; der Benutzer verweist auf die Datei nur mit Hilfe des File Deskriptors.

---

[1] UNIX ist ein Warenzeichen der Bell Laboratorien.

Da Eingabe und Ausgabe am Benutzerterminal so häufig vorkommt, sind besondere Vorkehrungen getroffen worden, um dies bequem zu machen. Wenn der Kommando Prozessor (die *shell*) ein Programm ausführen läßt, dann eröffnet er bereits drei Dateien mit den File Deskriptoren 0, 1 und 2, die als Standard Eingabe, Standard Ausgabe und Standard Diagnose bezeichnet werden. Normalerweise sind diese File Deskriptoren mit dem Benutzerterminal verbunden; wenn also ein Programm vom File Deskriptor 0 liest, und auf File Deskriptor 1 oder 2 schreibt, kann eine Kommunikation mit dem Benutzerterminal durchgeführt werden, bei der man selbst keine Dateien eröffnen muß.

Der Benutzer eines Programms kann Standard Eingabe und Ausgabe in Dateien *umlenken* mit Hilfe von < und >:

```
prog <infile >outfile
```

In diesem Fall verknüpft der Kommando Prozessor die File Deskriptoren 0 und 1 mit den angegebenen Dateien und nicht mit dem Benutzerterminal. Der File Deskriptor 2 bleibt normalerweise mit dem Benutzerterminal verbunden, so daß Fehlermeldungen dort ausgegeben werden können. Ähnliches gilt, wenn Standard Eingabe oder Ausgabe mit einer *pipe* verbunden werden. Halten wir dabei aber fest, daß in allen Fällen die Datei Verbindungen für Standard Eingabe und Ausgabe vom Kommando Prozessor vorgenommen werden und nicht vom Programm selbst. Das Programm weiß nicht, woher die Standard Eingabe kommt oder wohin die Standard Ausgabe geht, wenn die File Deskriptoren 0 für Eingabe und 1 und 2 für Ausgabe verwendet werden.

8.2 Elementare E/A Operationen – "read" und "write"

Die elementaren Eingabe und Ausgabe Operationen in UNIX haben keine Vorkehrungen für Pufferung oder andere Hilfsleistungen; sie sind tatsächlich direkte Aufrufe des Betriebssystems. Eingabe und Ausgabe erfolgen stets mit Hilfe von zwei Funktionen **read** und **write**. Bei beiden ist das erste Argument ein File Deskriptor. Das zweite Argument ist eine Speicherfläche in Ihrem Programm, aus der oder in die Daten transferiert werden sollen. Das dritte Argument ist die Anzahl Speicherzellen (Bytes), die transferiert werden sollen. Die Aufrufe sind

```
n_read = read(fd, buf, n);
```

und

```
n_written = write(fd, buf, n);
```

Jeder Aufruf liefert als Resultat die Anzahl Bytes, die tatsächlich transferiert wurden. Bei **read** kann der Resultat Wert kleiner sein als das dritte Argument, das heißt es können weniger Bytes gelesen worden sein als dies gewünscht wurde. Liefert **read** das Resultat 0, so bedeutet dies, daß das Datei Ende erreicht wurde. Ist das Resultat **−1**, so ist irgendein Fehler passiert. Bei **write** ist der Resultat Wert die Anzahl Bytes, die tatsächlich geschrieben wurden; allgemein gilt es als Fehler, wenn weniger Bytes geschrieben wurden als dies gewünscht wurde.

Wieviele Bytes gelesen oder geschrieben werden sollen, kann beliebig festgelegt werden. Die häufigsten Werte sind 1, also Einzelzeichen Übertragung ("nicht gepuffert") und 512, nämlich die physikalische Satzlänge von vielen Peripherie Geräten. [2] Die letztere Größe ist am effizientesten, aber auch Einzelzeichen Eingabe und Ausgabe ist nicht ausgesprochen aufwendig.

Wenn wir dies alles zusammenfassen, können wir ein einfaches Programm schreiben, das seine Standard Eingabe als Standard Ausgabe ausgibt, also das Äquivalent des Datei Kopierprogramms, das wir in Kapitel 1 geschrieben haben. In UNIX kopiert dieses Programm von überall nach überall, da Standard Eingabe und Ausgabe in beliebige Dateien oder zu beliebigen Geräten hin gelenkt werden können.

```
#define BUFSIZE 512   /* beste Groesse fuer UNIX auf PDP */

main()      /* Eingabe in die Ausgabe kopieren */
{
    char buf[BUFSIZE];
    int n;

    while ((n = read(0, buf, BUFSIZE)) > 0)
        write(1, buf, n);
}
```

Ist die Datei Größe kein Vielfaches von **BUFSIZE**, so liefert ein Aufruf von **read** schließlich eine kleinere Anzahl Bytes, die von **write** ausgegeben werden sollen; danach liefert der nächste Aufruf von **read** den Wert 0, zeigt also das Datei Ende an.

Es ist instruktiv, wenn man sieht, wie **read** und **write** benützt werden zur Konstruktion von komplexeren Funktionen wie **getchar**, **putchar** usw. Hier ist zum Beispiel eine Version von **getchar**, bei der die Eingabe nicht gepuffert ist.

```
#define CMASK 0377  /* um char Werte positiv zu machen */

getchar()     /* nicht gepufferte Eingabe einzelner Zeichen */
{
    char c;

    return((read(0, &c, 1) > 0) ? c & CMASK : EOF);
}
```

c *muß* als **char** vereinbart werden, da **read** einen Zeiger auf **char** als zweites Argument erwartet. Das Zeichen, das als Resultat Wert geliefert wird, muß mit **0377** maskiert werden, damit ganz sicher ein positives Resultat geliefert wird; andernfalls könnte der Resultat Wert durch Propagierung des Vorzeichens negativ werden. (Die

[2] In neueren Implementierungen von UNIX auch 1024 oder mehr. A.d.Ü.

Konstante **0377** ist auf der PDP-11 sinnvoll, aber nicht unbedingt auf anderen Maschinen.)

Die zweite Version von **getchar** ist gepuffert, das heißt, sie liest jeweils eine größere Anzahl Zeichen mit **read** und liefert als Resultat Wert dann einzelne Zeichen der Reihe nach aus.

```
#define CMASK 0377  /* um char Werte positiv zu machen */
#define BUFSIZE 512

getchar()       /* gepufferte Eingabe einzelner Zeichen */
{
      static char buf[BUFSIZE];
      static char *bufp = buf;
      static int n = 0;

      if (n == 0) {       /* Puffer ist leer */
            n = read(0, buf, BUFSIZE);
            bufp = buf;
      }
      return((--n >= 0) ? *bufp++ & CMASK : EOF);
}
```

8.3 "open", "creat", "close", "unlink"

Standard Eingabe, Standard Ausgabe und Standard Diagnose sind von vornherein eröffnet. Andere Dateien müssen explizit eröffnet werden, bevor sie gelesen oder geschrieben werden können. Dazu gibt es zwei System Aufrufe, nämlich **open** und **creat** (!).

open gleicht ziemlich der **fopen** Funktion, die in Kapitel 7 besprochen wurde, abgesehen davon, daß anstelle eines **FILE** Zeigers ein File Deskriptor als Resultat geliefert wird, nämlich ein **int** Wert.

```
int fd;

fd = open(name, rwmode);
```

Wie bei **fopen** ist das Argument **name** eine Zeichenkette, die den externen Datei Namen enthält. Das zweite Argument, das wieder die Art des Zugriffs beschreibt, ist jedoch anders codiert: **rwmode** ist 0 bei Lesezugriff, 1 bei Schreibzugriff, und 2, falls sowohl Lese- als auch Schreibzugriff erfolgen soll. **open** liefert **−1**, falls ein Fehler passiert; andernfalls ist das Resultat ein File Deskriptor.

Es gilt als Fehler, wenn die bei **open** angegebene Datei nicht existiert. Der System Aufruf **creat** dient dazu, neue Dateien zu kreieren oder existierende Dateien zu überschreiben:

```
fd = creat(name, pmode);
```

Dieser Aufruf liefert einen File Deskriptor, wenn die in der Zeichenkette **name** angegebene Datei kreiert werden konnte und **−1**, falls dies nicht möglich war. Es gilt nicht als Fehler, wenn **creat** auf eine Datei angewendet wird, die bereits existiert; in diesem Fall reduziert **creat** die Länge der Datei auf 0.

Wird die Datei neu angelegt, so kreiert sie **creat** mit dem Zugriffsschutz, der als Argument **pmode** angegeben ist. Im UNIX Datei System gibt es als Zugriffsschutz für jede Datei neun Bits, die Lese- und Schreibzugriff sowie die Berechtigung zur Ausführung der Datei für den Besitzer der Datei, für die Gruppe des Besitzers und für alle anderen Teilnehmer kontrollieren. Zugriffsschutz wird deshalb normalerweise als Oktalzahl mit drei Ziffern angegeben. Beispielsweise definiert **0755** Lese-, Schreib- und Ausführungsrechte für den Besitzer, und Lese- und Ausführungsrechte für die Gruppe und alle anderen.

Hier ist nun eine vereinfachte Fassung des UNIX Dienstprogramms *cp*, ein Programm, das eine Datei in eine andere kopiert. (Die wesentliche Vereinfachung besteht darin, daß die hier vorgelegte Fassung nur eine Datei kopiert und daß das zweite Argument kein Katalog sein kann.)

```
#define NULL 0
#define BUFSIZE 512
#define PMODE 0644  /* Besitzer: rw, Gruppe und Rest: r */

main(argc, argv)      /* cp: f1 nach f2 kopieren */
int argc;
char *argv[];
{
	int f1, f2, n;
	char buf[BUFSIZE];

	if (argc != 3)
		error("Usage: cp from to", NULL);
	if ((f1 = open(argv[1], 0)) == -1)
		error("cp: can't open %s", argv[1]);
	if ((f2 = creat(argv[2], PMODE)) == -1)
		error("cp: can't create %s", argv[2]);

	while ((n = read(f1, buf, BUFSIZE)) > 0)
		if (write(f2, buf, n) != n)
			error("cp: write error", NULL);
	exit(0);
}

error(s1, s2)        /* Fehlermeldung ausgeben */
char *s1, *s2;       /* und (lautstark) sterben */
{
	printf(s1, s2);
	printf("\n");
	exit(1);
}
```

Die Anzahl Dateien, die ein Programm gleichzeitig eröffnen kann, ist typischerweise auf etwa 15 bis 25 begrenzt. Beabsichtigt man, in einem Programm viele Dateien zu bearbeiten, so muß man Vorkehrungen treffen, um File Deskriptoren wieder zu verwenden. Die Funktion **close** löst die Verbindung zwischen einem File Deskriptor und einer offenen Datei und gibt den File Deskriptor zur Wiederverwendung mit einer anderen Datei frei. Wird ein Programm durch **exit** oder **return** aus der **main** Funktion beendet, so werden alle offenen Dateien implizit geschlossen.

Die Funktion **unlink(filename)** entfernt den Datei Namen **filename** aus dem Datei System.

Aufgabe 8 – 1. Ändern Sie das Programm *cat* aus Kapitel 7, und benützen Sie **read**, **write**, **open** und **close** anstelle der analogen Funktionen aus der Standard Bücherei. Experimentieren Sie, um die relative Geschwindigkeit der zwei Programm Versionen festzustellen. ✏

8.4 Random Zugriff – "seek" und "lseek"

Transfer Operationen bei Dateien finden normalerweise sequentiell statt: Jeder **read** oder **write** Aufruf bezieht sich auf die dem vorhergehenden Aufruf unmittelbar folgende Stelle. Falls notwendig, kann jedoch eine Datei an beliebigen Punkten und in beliebiger Reihenfolge gelesen oder geschrieben werden. Mit dem System Aufruf **lseek** kann man sich in einer Datei bewegen, ohne tatsächlich zu lesen oder zu schreiben:

```
lseek(fd, offset, origin);
```

Dieser Aufruf setzt die Bearbeitungsposition in der durch den File Deskriptor **fd** beschriebenen Datei auf **offset** relativ zu dem durch **origin** beschriebenen Punkt. Der nächste **read** oder **write** Aufruf bezieht sich dann auf diese Position. **offset** ist **long**; **fd** und **origin** sind **int** Werte. **origin** kann 0, 1 oder 2 sein, damit wird festgelegt, daß **offset** sich auf den Anfang der Datei, auf die momentane Verarbeitungsposition oder auf das Datei Ende bezieht. Um an eine Datei anzufügen, zum Beispiel, muß man das Datei Ende als Verarbeitungsposition einstellen, bevor man schreibt:

```
lseek(fd, 0L, 2);
```

Auf den Datei Anfang kehrt man zurück (*rewind*) mit dem Aufruf:

```
lseek(fd, 0L, 0);
```

Beachten Sie das Argument **0L**, dies hätte auch als **(long) 0** formuliert werden können.

Mit Hilfe von **lseek** kann man Dateien mehr oder weniger wie große Vektoren behandeln, allerdings mit langsamerem Zugriff. Die folgende einfache Funktion liest beispielsweise eine beliebige Anzahl Bytes von einer beliebigen Stelle ab in einer Datei.

```
get(fd, pos, buf, n)      /* n Bytes ab Position pos einlesen */
int fd, n;
long pos;
char *buf;
{
        lseek(fd, pos, 0);      /* auf pos einstellen */
        return(read(fd, buf, n));
}
```

Vor Version 7 hieß in UNIX der System Aufruf nur **seek**. **seek** verhielt sich genau wie **lseek**, abgesehen davon, daß das **offset** Argument ein **int** und nicht ein **long** Wert war. Da auf der PDP-11 **int** Werte nur 16 Bits haben, war bei **seek offset** auf den Bereich −32768 bis 32767 begrenzt; für die **origin** Werte 3, 4 und 5 wurde daher bei **seek** implizit **offset** mit 512 (der Anzahl Bytes in einem physikalischen Satz) multipliziert, und das Resultat wurde dann relativ zu einem entsprechenden **origin** Wert 0, 1 oder 2 interpretiert. Ein beliebiger Punkt in einer großen Datei konnte daher mit Hilfe von zwei **seek** Operationen erreicht werden: In der ersten Operation wird der physikalische Satz angesteuert, anschließend wird mit dem **origin** Wert 1 das gewünschte Byte innerhalb des Satzes angesteuert.

Aufgabe 8−2. Man kann selbstverständlich **seek** in Abhängigkeit von **lseek** und umgekehrt formulieren. Tun Sie das. ✏

8.5 Beispiel: Eine Implementierung von "fopen" und "getc"

Wir illustrieren, wie dies alles zusammenpaßt, indem wir eine Implementierung der Standard Bücherei Funktionen **fopen** und **getc** vorführen.

Erinnern wir uns daran, daß Dateien in der Standard Bücherei mit Hilfe von **FILE** Zeigern und nicht mit File Deskriptoren beschrieben werden. Ein **FILE** Zeiger ist ein Zeiger auf eine Struktur, die verschiedene Informationen über den Datei Zugriff enthält: Ein Zeiger auf einen Puffer, damit eine größere Anzahl Bytes jeweils transferiert werden kann; die Anzahl Zeichen, die im Puffer noch verbleiben; ein Zeiger auf die nächste Position, die im Puffer verwendet werden soll; einige Bits, die die Zugriffstechnik und andere Zustände beschreiben; und schließlich noch der File Deskriptor.

Die Datenstruktur, die den Datei Zugriff beschreibt, wird in der Datei *stdio.h* beschrieben, die (mit **#include**) in jede Quelldatei eingefügt werden muß, die Funktionen aus der Standard Bücherei verwendet. Diese Datei wird auch bei Funktionen in dieser Bücherei verwendet. Im folgenden Auszug aus *stdio.h* beginnen Namen, die nur von Bücherei Funktionen verwendet werden sollten, mit einem Unterstrich, damit sie möglichst nicht mit Namen im Benutzerprogramm in Konflikt stehen. [3]

```
#define BUFSIZ 512
#define _NFILE  20  /* maximal moegliche Anzahl Dateien */

typedef struct _iobuf {
     char *_ptr;      /* Position des naechsten Zeichens */
     int _cnt;       /* Anzahl noch uebriger Zeichen */
     char *_base;     /* Adresse des Puffers */
     int _flag;      /* Art des Zugriffs, etc. */
     int _file;      /* File Deskriptor */
} FILE;
extern FILE _iob[_NFILE];

#define stdin (&_iob[0])
#define stdout (&_iob[1])
#define stderr (&_iob[2])

#define _IOREAD  01      /* Datei zum Lesen eroeffnet */
#define _IOWRT  02      /* Datei zum Schreiben eroeffnet */
#define _IONBF  04      /* nicht gepuffert */
#define _IOMYBUF 010     /* grosser Puffer angelegt */
#define _IOEOF  020    /* Datei Ende wurde bereits erreicht */
#define _IOERR  040     /* ein Fehler ist schon passiert */

#define NULL 0
#define EOF (-1)

#define getc(p)     (--(p)->_cnt >= 0 \
            ? *(p)->ptr++ & 0377 : _filbuf(p))
#define getchar()  getc(stdin)

#define putc(x,p)  (--(p)->_cnt >= 0 \
            ? *(p)->_ptr++ = (x) : _flsbuf((x),p))
#define putchar(x) putc(x, stdout)
```

getc ist als Makro implementiert. Normalerweise wird einfach die Anzahl im Puffer verbleibender Zeichen dekrementiert, der Zeiger weiter gesetzt und das betroffene Zeichen als Resultat geliefert. (Eine längere #**define**-Anweisung wird auf einer neuen Zeile fortgesetzt, indem die vorhergehende Zeile mit \ abgeschlossen wird.) Wird die Anzahl der im Puffer verbleibenden Zeichen jedoch negativ, so ruft **getc** die Funktion **_filbuf** auf, um den Puffer neu füllen zu lassen, die Datenstruktur wieder initialisieren zu lassen und schließlich ein Zeichen zur Verfügung zu stellen. Die Benutzung einer Funktion kann portabel sein, auch wenn die Funktion selbst nicht übertragbare Konstruktionen enthält: **getc** maskiert das Zeichen mit **0377**, damit wird die

[3] Dieser Auszug weicht leicht vom Original ab, damit er den heutigen Verhältnissen in UNIX entspricht. A.d.Ü.

Propagierung des Vorzeichens auf der PDP-11 verhindert, und es wird sichergestellt, daß alle Zeichen, die als Resultat Werte geliefert werden, positiv sind.

Der vorstehende Auszug aus *stdio.h* enthält auch die Definition von **putc**, obgleich wir die Details nicht diskutieren wollen. **putc** funktioniert praktisch wie **getc** und ruft eine Funktion **_flsbuf** auf, wenn der Puffer gefüllt ist.

Wir können jetzt die Funktion **fopen** formulieren. **fopen** befaßt sich hauptsächlich damit, den Zugriff zur Datei zu eröffnen und den Verarbeitungspunkt korrekt einzustellen und schließlich mit Bits in der **FILE** Struktur die Zustände ensprechend zu reflektieren. **fopen** stellt noch keine Puffer Fläche bereit; dies erfolgt durch **_filbuf** beim ersten Lesezugriff auf die Datei.

```
#include <stdio.h>
#define PMODE 0644  /* Besitzer: rw, Gruppe und Rest: r */

FILE *fopen(name, mode)       /* Datei eroeffnen; */
register char *name, *mode;     /* liefert FILE Zeiger */
{
    register int fd;
    register FILE *fp;

    if (*mode != 'r' && *mode != 'w' && *mode != 'a') {
        fprintf(stderr, "illegal mode %s opening %s\n",
            mode, name);
        exit(1);
    }
    for (fp = _iob; fp < _iob + _NFILE; fp++)
        if ((fp->_flag & (_IOREAD | _IOWRT)) == 0)
            break;      /* Schlitz gefunden */
    if (fp >= _iob + _NFILE)      /* nichts mehr frei */
        return(NULL);

    if (*mode == 'w')       /* Datei Zugriff eroeffnen */
        fd = creat(name, PMODE);
    else if (*mode == 'a') {
        if ((fd = open(name, 1)) == -1)
            fd = creat(name, PMODE);
        lseek(fd, 0L, 2);
    } else
        fd = open(name, 0);
    if (fd == -1)       /* Zugriff nicht moeglich */
        return NULL;

    fp->_file = fd;
    fp->_cnt = 0;
    fp->_base = NULL;
    fp->_flag &= ~(_IOREAD | _IOWRT);
    fp->_flag |= (*mode == 'r') ? _IOREAD : _IOWRT;
    return(fp);
}
```

Die Funktion **_filbuf** ist ein wenig komplizierter. Die wesentliche Schwierigkeit liegt darin daß **_filbuf** auch dann den Zugriff zur Datei zu ermöglichen sucht, wenn nicht genügend Speicherplatz vorhanden ist, um den Zugriff zu puffern. Kann **calloc** Speicherplatz für einen neuen Puffer bereitstellen, so ist alles in Ordnung; ist dies nicht möglich, so erfolgen die Eingabe und Ausgabe Operationen ungepuffert, mit Hilfe einer Speicherfläche für ein einzelnes Zeichen, die in einem privaten Vektor in **_filbuf** bereitgestellt wird.

```
#include <stdio.h>

_filbuf(fp)        /* Eingabe Puffer bereitstellen und fuellen */
register FILE *fp;
{
    static char smallbuf[_NFILE];    /* fuer nicht gepufferte Eingabe */
    char *calloc();

    if ((fp->_flag&_IOREAD)==0 || (fp->_flag&(_IOEOF|_IOERR))!=0)
        return(EOF);
    while (fp->_base == NULL)      /* Platz fuer Puffer besorgen */
        if (fp->_flag & _IONBF)     /* ungepuffert */
            fp->_base = &smallbuf[fp->_file];
        else if ((fp->_base=calloc(BUFSIZ, 1)) == NULL)
            fp->_flag |= _IONBF;      /* kein Platz mehr */
        else
            fp->_flag |= _IOMYBUF; /* Platz fuer grossen Puffer */
    fp->_ptr = fp->_base;
    fp->_cnt = read(fp->_file, fp->_ptr,
        fp->_flag & _IONBF ? 1 : BUFSIZ);
    if (--fp->_cnt < 0) {
        if (fp->_cnt == -1)
            fp->_flag |= _IOEOF;
        else
            fp->_flag |= _IOERR;
        fp->_cnt = 0;
        return(EOF);
    }
    return(*fp->_ptr++ & 0377);      /* positives Resultat */
}
```

Wird **getc** erstmals für eine Datei aufgerufen, so ist die Anzahl der verbleibenden Zeichen im Puffer 0, damit wird **_filbuf** aufgerufen. Entdeckt **_filbuf**, daß die Datei nicht für Lesezugriff eröffnet wurde, so wird sofort das Resultat **EOF** geliefert. Andernfalls versucht die Funktion, einen größeren Puffer bereitzustellen. Ist dies nicht möglich, so wird ein Puffer für ein einzelnes Zeichen zur Verfügung gestellt. In jedem Fall reflektiert dann **_flag** die Puffer Technik.

Existiert schließlich ein Puffer, so ruft **_filbuf** einfach **read** auf, um den Puffer füllen zu lassen. Anschließend werden die Anzahl der verbleibenden Zeichen und die

Zeiger entsprechend eingestellt, und als Resultat wird das Zeichen am Anfang des Puffers geliefert. Spätere Aufrufe von **_filbuf** finden dann einen Puffer bereits vor.

Zum Schluß verbleibt nur noch das Problem, wie alles initialisiert wird. Der Vektor **_iob** muß definiert und für **stdin**, **stdout** und **stderr** initialisiert werden:

```
FILE _iob[_NFILE] ={
        { NULL, 0, NULL, _READ, 0 },              /* stdin */
        { NULL, 0, NULL, _WRITE, 1 },             /* stdout */
        { NULL, 0, NULL, _WRITE | _UNBUF, 2 }     /* stderr */
};
```

Die Initialisierung der **_flag** Komponente der Struktur zeigt, daß **stdin** gelesen werden soll, **stdout** geschrieben werden soll und **stderr** ungepuffert geschrieben werden soll.

Aufgabe 8–3. Formulieren Sie **fopen** und **_filbuf** so, daß Bit Felder anstelle von expliziter Bit Manipulation verwendet werden. ✏

Aufgabe 8–4. Realisieren Sie die Funktionen **_flsbuf** und **fclose**. ✏

Aufgabe 8–5. In der Standard Bücherei gibt es die Funktion

```
fseek(fp, offset, origin)
```

Diese Funktion ist identisch zu **lseek**, abgesehen davon, daß **fp** ein **FILE** Zeiger und nicht ein File Deskriptor ist. Implementieren Sie **fseek**. Sorgen Sie unbedingt dafür, daß Ihre **fseek** Funktion korrekt funktioniert im Zusammenhang mit den Puffer Operationen, die die anderen Bücherei Funktionen durchführen. ✏

8.6 Beispiel: Kataloge ausgeben

Gelegentlich benötigt man andere Datei Operationen – etwa, wenn man Information *über* eine Datei selbst, und nicht über ihren Inhalt benötigt. Ein Beispiel dafür ist das UNIX Dienstprogramm *ls* ("list directory") – dieses Dienstprogramm gibt die Datei Namen in einem Katalog aus, und zusätzlich wahlweise auch andere Informationen, wie Datei Größe, Zugriffsberechtigungen, etc.

Da wenigstens in UNIX ein Katalog einfach eine Datei ist, ist ein Dienstprogramm wie *ls* nichts Besonderes; das Programm liest einfach eine Datei und benützt die relevanten Teile der Information, die es in der Datei findet. Das Format dieser Information hängt jedoch vom Betriebssystem ab und kann folglich nicht vom Benutzerprogramm festgelegt werden; *ls* muß deshalb wissen, wie das Betriebssystem die Dinge repräsentiert.

Einige Aspekte wollen wir vorstellen, indem wir ein Programm *fsize* schreiben. *fsize* ist eine spezielle Version von *ls*, die die Größen aller Dateien ausgibt, die als Argumente angegeben werden. Ist eine dieser Dateien selbst ein Katalog, so durchläuft *fsize* diesen Katalog rekursiv. Wird *fsize* ohne ein Argument aufgerufen, so wird der momentane Katalog bearbeitet.

Beginnen wir mit einer kurzen Übersicht über die Struktur des Datei Systems. Ein Katalog ist eine Datei, die eine Liste von Datei Namen enthält, zusammen mit einer Angabe, wo sich diese Dateien befinden. Diese Angabe ist tatsächlich ein Index in eine weitere Tabelle, die sogenannte *inode* Tabelle. Jede *inode* beschreibt eine Datenfläche; die *inode* enthält alle Information über eine Datei, mit Ausnahme des Datei Namens. Ein Katalog Eintrag enthält nur zwei Teile, nämlich eine *inode* Nummer und den Datei Namen. Die exakte Definition erhält man, indem man die Datei *sys/dir.h* einfügt. Diese Datei enthält folgendes:

```
#define DIRSIZ 14             /* maximale Laenge eines Datei Namens */

struct direct                 /* Struktur eines Katalog Eintrags */
{
        ino_t d_ino;          /* inode Nummer */
        char d_name[DIRSIZ];  /* Datei Name */
};
```

Der Datentyp **ino_t** entsteht durch eine **typedef** Vereinbarung und beschreibt einen Index in die *inode* Tabelle. Auf der PDP-11 handelt es sich hier um **unsigned**, aber diese Information verbirgt man besser nicht in einem Programm: Auf einer anderen Maschine kann dies ein ganz anderer Datentyp sein. Daher also die **typedef** Vereinbarung. Die Datei *sys/types.h* enthält einen vollständigen Satz von "System" Datentypen.

Der System Aufruf **stat** akzeptiert einen Datei Namen als Argument und liefert alle Information aus der *inode* für diese Datei; im Fehlerfall ist das Funktionsresultat **−1**, sonst **0**.

```
struct stat stbuf;
char *name;

stat(name, &stbuf);
```

Dieser Aufruf füllt die Struktur **stbuf** mit der *inode* Information über den Datei Namen. Die Struktur, die das Resultat von **stat** beschreibt, befindet sich in *sys/stat.h* und ist folgendermaßen definiert:

```
struct stat             /* Struktur, die stat fuellt */
{
    dev_t st_dev;       /* Geraet der inode */
    ino_t st_ino;       /* inode Nummer */
    short st_mode;      /* mode Bits */
    short st_nlink;     /* Anzahl Pfade zur Datei */
    short st_uid;       /* Nummer des Datei Besitzers */
    short st_gid;       /* Nummer der Gruppe des Datei Besitzers */
    dev_t st_rdev;      /* bei Geraeten */
    off_t st_size;      /* Datei Groesse (in Bytes) */
    time_t st_atime;    /* Zeit des letzten Zugriffs */
    time_t st_mtime;    /* Zeit der letzten Aenderung */
    time_t st_ctime;    /* Zeit der Kreierung der Datei */
};
```

Die Kommentare erklären die Bedeutung der meisten Komponenten dieser Struktur.[4] Die Komponente **st_mode** enthält eine Reihe von Bits, die Zugriffsrechte und andere Aspekte der Datei beschreiben; die Definitionen dieser Bits sind auch in der Datei *sys/stat.h* enthalten:

```
#define S_IFMT   0160000  /* Datei Typ */
#define S_IFDIR  0040000  /* Katalog */
#define S_IFCHR  0020000  /* Geraet mit Zeichen Protokoll */
#define S_IFBLK  0060000  /* Geraet mit Block Protokoll */
#define S_IFREG  0100000  /* normale Datei */
#define S_ISUID  0004000  /* Ausfuehrung scheinbar als Besitzer */
#define S_ISGID  0002000  /* scheinbar in Gruppe des Besitzers */
#define S_ISVTX  0001000  /* Text im Swap Raum hinterlassen */
#define S_IREAD  0000400  /* Besitzer darf lesen */
#define S_IWRITE 0000200  /* Besitzer darf schreiben */
#define S_IEXEC  0000100  /* Besitzer darf ausfuehren */
/*       0000070          /* Rechte der Gruppe des Besitzers */
/*       0000007          /* Rechte fuer andere */
```

Wir sind jetzt soweit, daß wir das Programm *fsize* schreiben können. Wenn aus dem Resultat von **stat** hervorgeht, daß die Datei kein Katalog ist, dann liegt die Datei Größe direkt vor und kann ausgegeben werden. Handelt es sich bei einer Datei jedoch um einen Katalog, dann müssen wir die einzelnen Namen in dem Katalog durchgehen; dabei können wiederum Kataloge auftreten, so daß der ganze Vorgang rekursiv zu behandeln ist.

main bearbeitet, wie üblich, die Argumente aus der Kommandozeile; jedes einzelne Argument wird der Funktion **fsize** in einem großen Puffer übergeben.

---

[4] Die Komponente **st_ctime** enthält auf manchen UNIX Systemen den Zeitpunkt, an dem *inode* oder Datei zum letzten Mal verändert wurden. A.d.Ü.

```
#include <stdio.h>
#include <sys/types.h>      /* System Typ Definitionen */
#include <sys/dir.h>      /* Struktur eines Katalog Eintrags */
#include <sys/stat.h>      /* stat Resultat Struktur */
#define BUFSIZE 256

main(argc, argv)      /* fsize: Datei Groessen ausgeben */
int argc;
char *argv[];
{
      char buf[BUFSIZE];

      if (argc == 1) {      /* Voreinstellung: */
            strcpy(buf, ".");      /* momentaner Katalog */
            fsize(buf);
      } else
            while (--argc > 0) {
                  strcpy(buf, *++argv);
                  fsize(buf);
            }
}
```

Die Funktion **fsize** gibt die Größe der Datei aus. Ist die Datei ein Katalog, so ruft **fsize** jedoch die Funktion **directory** auf, um dort alle Datei Namen im Katalog bearbeiten zu lassen. Beachten Sie, wie die Bit Definitionen **S_IFMT** und **S_IFDIR** aus *sys/stat.h* verwendet werden.

```
fsize(name)      /* name bearbeiten */
char *name;
{
      struct stat stbuf;

      if (stat(name, &stbuf) == -1) {
            fprintf(stderr, "fsize: can't find %s\n", name);
            return;
      }
      if ((stbuf.st_mode & S_IFMT) == S_IFDIR)
            directory(name);
      printf("%8ld %s\n", stbuf.st_size, name);
}
```

Am kompliziertesten ist die Funktion **directory**. Das wesentliche Problem ist jedoch nur, den voll qualifizierten Namen der Datei zu konstruieren, die gerade behandelt werden soll.

```
directory(name)      /* Groesse aller Dateien in "name" */
char *name;
{
    struct direct dirbuf;
    char *nbp, *nep;
    int i, fd;

    nbp = name + strlen(name);
    if (nbp+DIRSIZ+2 >= name+BUFSIZE)
        return;         /* Name wird zu lang */
    if ((fd = open(name, 0)) == -1)
        return;
    *nbp++ = '/';       /* '/' an Katalog Namen anfuegen */
    while (read(fd, (char *)&dirbuf, sizeof(dirbuf)) > 0) {

        /* leere Schlitze ueberspringen */
        if (dirbuf.d_ino == 0)
            continue;

        /* diesen Katalog und Vorgaenger ueberspringen */
        if (strcmp(dirbuf.d_name, ".") == 0
          || strcmp(dirbuf.d_name, "..") == 0)
            continue;

    /* Namen verketten und (rekursiv) Groessen ausgeben */
        for (i=0, nep=nbp; i < DIRSIZ; i++)
            *nep++ = dirbuf.d_name[i];
        *nep++ = '\0';
        fsize(name);
    }
    close(fd);
    *--nbp = '\0';      /* '/' wieder entfernen */
}
```

Ist ein Katalog Eintrag im Augenblick unbenutzt (da ein Datei Name dort gelöscht wurde), so ist der *inode* Eintrag 0, und die Position im Katalog wird übergangen. Jeder Katalog enthält auch Einträge für sich selber, nämlich "." und für seinen Vorgänger ".."; diese Einträge müssen natürlich ebenfalls übergangen werden, weil sonst das Programm recht lange laufen würde.

Obgleich das *fsize* Programm sehr speziell ist, zeigt es doch ein paar wichtige Ideen. Zunächst sehen wir, daß viele Programme nicht "System Programme" sind; sie benützen nur Information, deren Format oder Inhalt durch das Betriebssystem unterhalten wird. Für solche Programme ist dann entscheidend, daß die Definition dieser Information nur in Standard "Definitions-Dateien" wie *sys/stat.h* und *sys/dir.h* vorkommt und daß Programme diese Dateien einfügen und die eigentlichen Vereinbarungen nicht selbst vornehmen.

8.7 Beispiel: Funktionen zur Speicherverwaltung

In Kapitel 5 haben wir eine einfache Version von **alloc** vorgestellt. Wir zeigen jetzt eine Version, die keinen Einschränkungen unterliegt: Aufrufe an **alloc** und **free** können in beliebiger Reihenfolge erfolgen; **alloc** verlangt vom Betriebssystem mehr Speicherplatz, wenn dies notwendig wird. Abgesehen davon, daß diese Funktionen recht nützlich sind, zeigen sie auch einige der Überlegungen, die man anstellt, wenn man einigermaßen maschinenunabhängig einen sehr maschinenabhängigen Vorgang implementieren will; außerdem sehen wir eine Verwendung von Strukturen, Varianten und **typedef** in einem praktischen Beispiel.

alloc vergibt Speicherbereiche nicht aus einem bei der Übersetzung festgelegten Vektor, sondern aus Bereichen, die je nach Bedarf vom Betriebssystem angefordert werden. Da andere Teile des Programms möglicherweise auch Speicherplatz asynchron anfordern, ist der Speicherplatz, den **alloc** verwaltet, nicht unbedingt zusammenhängend. Freie Speicherbereiche werden daher als Kette von freien Blökken verwaltet. Jeder Block enthält eine Struktur mit Komponenten für die Blockgröße, einen Zeiger auf den nächsten Block und schließlich den freien Speicherplatz selbst. Die Kette wird in der Reihenfolge aufsteigender Speicheradressen unterhalten, der letzte Block, also die höchste Adresse, zeigt dabei wieder auf den ersten Block, so daß die Kette in Wirklichkeit ein Ring ist.

Wird Speicherplatz vergeben, so wird die freie Liste durchlaufen, bis ein Block geeigneter Größe aufgefunden wird. Hat der Block genau die notwendige Größe, so wird er aus der freien Liste entfernt und dem Benutzer übergeben. Ist der Block zu groß, so wird er geteilt, der gewünschte Speicherbereich wird dem Benutzer übergeben, und der Rest wird wieder in die freie Liste aufgenommen. Kann kein geeignet großer Block gefunden werden, so wird ein neuer Block vom Betriebssystem angefordert, in die freie Liste aufgenommen, und die Suche geht dann weiter.

Wird Speicherplatz freigegeben, so wird die freie Liste ebenfalls durchsucht, um den freizugebenden Block an der richtigen Stelle einzufügen. Liegt der neue freie Block dabei gerade neben einem bereits freien Block, und zwar unabhängig auf jeder der beiden möglichen Seiten, so werden die benachbarten Blöcke rekombiniert, damit Speicher nicht zu sehr fragmentiert wird. Die Nachbarschaft kann leicht festgestellt werden, da die freie Liste in der Reihenfolge aufsteigender Speicheradressen unterhalten wird.

In Kapitel 5 haben wir darauf hingewiesen, daß wir darauf achten müssen, daß **alloc** Speicherbereiche liefert, die korrekt ausgerichtet sind für die Objekte, die in ihnen gespeichert werden. Obgleich sich Rechner unterscheiden, gibt es doch für jede Maschine einen Datentyp, der in bezug auf Ausrichtung die höchsten Anforderungen stellt: Wenn bei einer bestimmten Adresse dieser Datentyp abgespeichert werden kann, so können dort auch alle anderen Datentypen gespeichert werden. Bei der IBM 360/370 beispielsweise, dem Honeywell 6000 oder vielen anderen Systemen kann jedes Objekt bei einer Adresse gespeichert werden, deren Ausrichtung für den Datentyp **double** genügt; auf der PDP-11 reicht bereits der Datentyp **int** aus.

Ein freier Block enthält einen Zeiger auf den nächsten Block in der Kette, die Größe des Blocks und schließlich den freien Raum selbst. Wir nennen diese Information am Anfang des Blocks den **HEADER**. Zur Vereinfachung des Ausrichtungsproblems ist die Größe jedes Blocks ein Vielfaches der Größe der **HEADER** Struktur, und die **HEADER** Struktur ist korrekt ausgerichtet. Dies erreichen wir mit Hilfe einer Variante, die die gewünschte Struktur enthält sowie eine Komponente mit dem Datentyp, der die höchsten Anforderungen an Ausrichtung stellt:

```
typedef int ALIGN;        /* Ausrichtung (auf PDP) erzwingen */

union header {          /* beschreibt freien Block */
    struct {
        union header *ptr;      /* naechster freier Block */
        unsigned size;        /* Groesse dieses freien Blocks */
    } s;
    ALIGN x;        /* Ausrichtung erzwingen */
};

typedef union header HEADER;
```

alloc rundet die gewünschte Anzahl Bytes auf die nächstmögliche Anzahl **HEADER** Einheiten auf; der Block, der tatsächlich verwendet wird, enthält eine Einheit mehr für den **HEADER** selbst, und diese Größe muß in der **size** Komponente gefunden werden. **alloc** liefert einen Zeiger, der auf die freie Fläche zeigt, und nicht auf den **HEADER**.

```
static HEADER base;        /* leere Liste zur Initialisierung */
static HEADER *allocp = NULL; /* letzter vergebener Block */

char *alloc(nbytes)        /* allgemein verwendbare */
unsigned nbytes;          /* Speicher-Verwaltung */
{
    HEADER *morecore();
    register HEADER *p, *q;
    register unsigned nunits;

    nunits = 1+(nbytes+sizeof(HEADER)-1)/sizeof(HEADER);
    if ((q = allocp) == NULL) {  /* noch keine freie Liste */
        base.s.ptr = allocp = q = &base;
        base.s.size = 0;
    }
```

```
        for (p=q->s.ptr; ; q=p, p=p->s.ptr) {
            if (p->s.size >= nunits) {        /* gross genug */
                if (p->s.size == nunits)      /* passt genau */
                    q->s.ptr = p->s.ptr;
                else {        /* vom Ende her vergeben */
                    p->s.size -= nunits;
                    p += p->s.size;
                    p->s.size = nunits;
                }
                allocp = q;
                return((char *) (p+1));
            }
            if (p == allocp)      /* einmal rund um die freie Liste */
                if ((p = morecore(nunits)) == NULL)
                    return(NULL);        /* kein Platz mehr */
        }
    }
```

Die Variable **base** wird am Anfang benützt; hat **allocp** den Wert **NULL** (dies ist beim ersten Aufruf von **alloc** der Fall), dann wird eine degenerierte freie Liste konstruiert: Diese enthält einen Block der Größe 0, und die **HEADER** Struktur zeigt auf sich selbst. In jedem Fall wird dann die freie Liste durchsucht. Die Suche nach einem freien Block geeigneter Größe beginnt an dem Punkt (**allocp**), wo der letzte Block gefunden wurde; durch diese zirkuläre Suche verteilt sich die Fragmentierung besser. Wird ein Block gefunden, der zu groß ist, so wird das Ende des Blocks an den Benutzer vergeben; dabei muß im **HEADER** des ursprünglichen Blocks nur die **size** Komponente verändert werden. Auf jeden Fall erhält der Benutzer nur einen Zeiger auf die freie Fläche, die sich eine Einheit hinter dem **HEADER** befindet. Beachten Sie, daß **p** in einen Zeiger auf **char** umgewandelt wird, bevor dieser Wert als Resultat von **alloc** geliefert wird.

Die Funktion **morecore** beschafft Speicherplatz vom Betriebssystem. Wie dies im Detail geschieht, ist natürlich bei jedem Betriebssystem verschieden. In UNIX liefert der System Aufruf **sbrk(n)** einen Zeiger auf **n** Bytes Speicherplatz. (Der Zeiger genügt allen Anforderungen an Ausrichtung.) Da die Anforderung von Speicherplatz beim Betriebssystem relativ aufwendig ist, sollte es nicht bei jedem Aufruf von **alloc** geschehen, deshalb rundet **morecore** die gewünschte Anzahl Einheiten auf einen größeren Wert auf; dieser größere Block wird dann je nach Bedarf in kleinere Teile zerlegt. **NALLOC** legt fest, wieviel Speicherplatz auf einmal vom Betriebssystem angefordert wird; diese Definition kann je nach Bedarf eingestellt werden.

```
#define NALLOC 128
/* Anzahl Speichereinheiten, die zusammen reserviert werden */

static HEADER *morecore(nu)
unsigned nu;          /* vom System Speicher verlangen */
{
    char *sbrk();
    register char *cp;
    register HEADER *up;
    register int rnu;

    rnu = NALLOC * ((nu+NALLOC-1) / NALLOC);
    cp = sbrk(rnu * sizeof(HEADER));
    if ((int)cp == -1)      /* kein Platz mehr */
        return NULL;
    up = (HEADER *)cp;
    up->s.size = rnu;
    free((char *) (up+1));
    return(allocp);
}
```

sbrk liefert den Wert **−1**, wenn kein Speicherplatz mehr verfügbar ist; **NULL** wäre hier ein sinnvollerer Resultat Wert gewesen. **−1** muß in einen **int** Wert umgewandelt werden, damit korrekt verglichen werden kann. Auch in dieser Funktion werden viele *cast* Operationen verwendet, damit ist die Funktion einigermaßen immun in bezug auf verschiedene Zeiger Repräsentierungen auf verschiedenen Systemen.

free selbst ist die letzte Funktion. Ausgehend von **allocp** durchlaufen wir die freie Liste, um den Punkt zu finden, an dem der freie Block eingefügt werden soll. Dies geschieht entweder zwischen zwei existierenden Blöcken oder am Ende der Liste. In jedem Fall werden benachbarte freie Blöcke, die dabei entstehen, rekombiniert. Die einzigen Probleme sind, daß man dafür sorgt, daß die Zeiger auf die richtigen Objekte zeigen und daß die **size** Komponenten korrekt bleiben.

```
free(ap)      /* Block bei ap in freie Liste aufnehmen */
char *ap;
{
      register HEADER *p, *q;

      p = (HEADER *)ap - 1;      /* auf Beschreibung zeigen */
      for (q=allocp; !(p > q && p < q->s.ptr); q-q->s.ptr)
            if (q >= q->s.ptr && (p > q || p < q->s.ptr))
                  break;      /* am einen oder anderen Ende */

      if (p+p->s.size == q->s.ptr) {
            /* mit Nachfolger kombinieren */
            p->s.size += q->s.ptr->s.size;
            p->s.ptr = q->s.ptr->s.ptr;
      } else
            p->s.ptr = q->s.ptr;
      if (q+q->s.size == p) {
            /* mit Vorgaenger kombinieren */
            q->s.size += p->s.size;
            q->s.ptr = p->s.ptr;
      } else
            q->s.ptr = p;
      allocp = q;
}
```

Obgleich Speicherverwaltung a priori maschinenabhängig ist, zeigen diese Funktionen, wie man die Maschinenabhängigkeit kontrollieren und in einem sehr kleinen Programmteil konzentrieren kann. Mit Hilfe von **typedef** und **union** wird das Ausrichtungsproblem gelöst (ausgehend von der Tatsache, daß **sbrk** einen geeigneten Zeiger liefert). *cast* Operationen sorgen dafür, daß Zeiger Umwandlungen explizit geschehen, und eine schlecht definierte System Schnittstelle wird ebenfalls korrekt behandelt. Obgleich die Details sich hier auf Speicherverwaltung beziehen, so ist die Technik allgemein doch anwendbar auf andere Situationen.

Aufgabe 8–6. Die Funktion **calloc(n,size)** aus der Standard Bücherei liefert einen Zeiger auf **n** Objekte mit der Größe **size**, wobei der Speicherbereich auf 0 initialisiert ist. Implementieren Sie **calloc**, wobei **alloc** entweder als Modell oder als Funktion benützt wird, die implizit aufgerufen wird.

Aufgabe 8–7. alloc akzeptiert eine Speicher Anforderung, ohne die Größe auf Plausibilität zu überprüfen; **free** nimmt an, daß der angebotene Block eine korrekte **size** Komponente enthält. Verbessern Sie diese Funktionen, damit Fehler besser erkannt werden.

Aufgabe 8–8. Schreiben Sie eine Funktion **bfree(p,n)**, die einen beliebigen Block **p** mit **n** Bytes in die freie Liste aufnimmt, die durch **alloc** und **free** unterhalten wird. Mit Hilfe von **bfree** kann ein Benutzer einen Vektor aus der Speicherklasse **static** oder **extern** in die freie Liste aufnehmen lassen.

Anhang A: C Sprachbeschreibung

1. Einführung

Dieser Anhang beschreibt die Programmiersprache C, wie sie zum Beispiel auf Digital Equipment PDP-11 und VAX, Perkin Elmer 32 Bit, IBM 360/370, Motorola 68000, Siemens PC's und einer Reihe von anderen Systemen existiert.[1] Falls Unterschiede existieren, wird versucht, Details aufzuzeigen, die von einer Implementierung abhängen. Mit wenigen Ausnahmen resultieren diese Abhängigkeiten direkt aus gewissen Hardware Eigenschaften; die verschiedenen Übersetzer sind im allgemeinen recht kompatibel.

2. Text Konventionen

Es gibt sechs Klassen von Worten: Namen, reservierte Worte, Konstanten, Strings (Zeichenketten), Operatoren und andere Trenner. Leerstellen und Tabulator Zeichen sowie Zeilentrenner und Kommentare, allgemein mit *Zwischenraum* bezeichnet, werden ignoriert, abgesehen davon, daß sie zur Trennung direkt benachbarter Namen, Konstanten oder reservierter Worte nötig sind.

Wenn die Eingabe bis zu einem bestimmten Zeichen schon in Worte zerlegt wurde, wird als nächstes Wort die längstmögliche Kette von Zeichen aufgefasst.

2.1 Kommentare

Am Anfang eines Kommentars stehen die Zeichen /* und der Kommentar endet mit den Zeichen */. Kommentare können nicht verschachtelt werden.

2.2 Namen

Ein Name besteht aus einer Folge von Buchstaben und Ziffern; das erste Zeichen muß ein Buchstabe sein. Dabei zählt das Zeichen _ zu den Buchstaben. Große und kleine Buchstaben werden unterschieden. Zur Unterscheidung von Namen dienen (meist) nur die ersten acht Zeichen; Namen können allerdings länger sein.

Externe Namen, die von den verschiedenen Assemblern und Ladern bearbeitet werden, sind mehr eingeschränkt:

DEC PDP-11	7 Zeichen, gross oder klein
DEC VAX	8 Zeichen, gross oder klein
Honeywell 6000	6 Zeichen, kein Unterschied
IBM 360/370, etc.	7 Zeichen, kein Unterschied
Perkin Elmer 32 Bit	8 Zeichen, gross oder klein
Motorola 68000	wenigstens 7 Zeichen, gross oder klein
Siemens PC's	7 Zeichen, gross oder klein

[1] Für diesen Anhang wurde die Darstellung der C Grammatik stark überarbeitet; eine äquivalente Form der hier angegebenen Fassung wurde mit dem *yacc* Prozessor überprüft und ist frei von "Konflikten", abgesehen vom üblichen **else** Problem. Angaben über die Digital Equipment VAX und Motorola 68000 Systeme wurden zusätzlich aufgenommen. A.d.Ü.

2.3 Reservierte Worte

Die folgenden Worte sind reserviert und können nur mit ihrer vordefinierten Bedeutung verwendet werden:

auto	break	case	char	continue
default	do	double	else	entry
enum	extern	float	for	goto
if	int	long	register	return
short	sizeof	static	struct	switch
typedef	union	unsigned	void	while

Das Wort **entry** ist für eine spätere Verwendung reserviert; es ist derzeit in keinem Übersetzer implementiert. Einige Implementierungen reservieren auch die Worte **asm** und **fortran**.

2.4 Konstanten

Es gibt eine Reihe von Konstanten, die im folgenden beschrieben werden. Abschnitt A.2.6 beschreibt die Hardware Eigenschaften, die die Größen von Konstanten beeinflussen.

2.4.1 Ganzzahlige Konstanten

Eine ganzzahlige Konstante besteht aus einer Kette von Ziffern. Sie hat den Typ **int** und wird normalerweise dezimal interpretiert.

Falls die Kette mit der Ziffer **0** (null) beginnt, wird sie oktal, also in Basis 8, interpretiert. Dabei besitzen die Ziffern **8** und **9** jeweils die oktalen Werte 10 und 11.

Falls die Kette mit der Folge **0x** oder **0X** (Ziffer 0, Buchstabe x) beginnt, wird sie hexadezimal, also in Basis 16, interpretiert. Dabei gelten dann die Buchstaben **a** (oder **A**) bis **f** (oder **F**) als hexadezimale Ziffern mit den dezimalen Werten 10 bis 15.

Auf dem PDP-11 System wird eine dezimale Konstante als **long** betrachtet, wenn ihr Wert größer ist als 32767, der größte ganzzahlige, in 16 Bits mit Vorzeichen speicherbare Wert. Ebenso wird eine hexadezimale oder oktale Konstante als **long** betrachtet, wenn ihr Wert größer ist als 65536, der größte ganzzahlige, in 16 Bits ohne Vorzeichen speicherbare Wert.

2.4.2 "long" Konstanten

Eine ganzzahlige Konstante, der unmittelbar das Zeichen **l** oder **L** (Buchstabe l) folgt, ist auf jeder Maschine **long**. Die Konstante kann dabei dezimal, oktal oder hexadezimal definiert sein.

Die explizite Definition von **long** Konstanten ist wesentlich für die Portabilität von C Programmen und für Systeme wie die PDP-11, bei denen **int** als **short** betrachtet wird. Auf den Siemens PC's ist die größte **long** Konstante 2147483647 und die kleinste –2147483648.

2.4.3 "char" Konstanten

Eine **char** Konstante ist ein einzelnes Zeichen eingeschlossen in einfache Anführungsstriche, also **'x'**. Der Wert dieser Konstante ist der numerische Wert des Zeichens im Zeichensatz der jeweiligen Maschine.

Zeichen können auch entsprechend der folgenden Tabelle spezifiziert werden:

backspace	BS	\b
Tabulator Zeichen	HT	\t
Zeilentrenner	LF	\n
formfeed	FF	\f
carriage return	CR	\r
Fluchtsymbol	\	\\
Anführungszeichen	'	\'
Null Zeichen	NUL	\0
Bitmuster	ddd	\ddd

Beliebige Bit Muster können mit der Angabe *ddd* erzeugt werden, dem üblichen Fluchtsymbol \, gefolgt von bis zu drei oktalen Ziffern, die den numerischen Wert des Bit Musters bezeichnen. Ein spezieller Fall dieser Konstruktion, das NUL Zeichen, ist **\0**; dabei darf keine Ziffer folgen. Wenn dem Fluchtsymbol keines der hier angegebenen Zeichen folgt, wird das Fluchtsymbol ignoriert.

2.4.4 Gleitkomma Konstanten

Eine Gleitkomma Konstante besteht aus einem ganzzahligen Teil, einem Dezimalpunkt, einem Dezimalbruch, dem Zeichen **e** oder **E** und einem ganzzahligen Exponenten mit optionalem Vorzeichen. Ganzzahliger Teil, Dezimalbruch sowie Exponent sind Ziffernketten. Genau einer der Teile vor und nach dem Dezimalpunkt kann fehlen; entweder der Dezimalpunkt oder der Exponent beginnend mit **e** kann fehlen. Jede Gleitkomma Konstante wird als **double** betrachtet.

2.5 String Konstanten

Ein String ist eine Folge von Zeichen umgeben mit Doppel-Anführungsstrichen, also **"..."**. Ein String wird als Vektor von Zeichen mit Speicherklasse **static** (siehe Abschnitt A.4) betrachtet, und mit den angegebenen Zeichen initialisiert. Alle Strings sind verschieden, auch wenn sie identisch spezifiziert werden. Der Übersetzer legt ein NUL Zeichen, also **\0**, ein Byte mit Wert 0, am Ende eines Strings ab, damit ein Programm das Ende eines Strings entsprechend finden kann.

In der Spezifikation eines Strings muß auch der Doppel-Anführungsstrich mit einem Fluchtsymbol angegeben werden; zusätzlich gibt es die gleichen Fluchtsymbol Kombinationen wie für **char** Konstanten. In einer String Spezifikation in der Quelldatei wird ein Zeilentrenner ignoriert, wenn ihm ein Fluchtsymbol unmittelbar vorausgeht.

2.6 Hardware Eigenschaften

Die folgende Tabelle stellt einige Hardware Eigenschaften zusammen, die von Maschine zu Maschine verschieden sind:

	Siemens PC's	Perkin – Elmer 32 – Bit	Digital PDP – 11	Equipment VAX	IBM 370	Honeywell 6000	Motorola MC 68000
char	ASCII 8 Bit	ASCII 8 Bit	ASCII 8 Bit	ASCII 8 Bit	EBCDIC 8 Bit	ASCII 9 Bit	ASCII 8 Bit
int	16	32	16	32	32	36	32
short	16	16	16	16	16	36	16
long	32	32	32	32	32	36	32
float	32	32	32	32	32	36	32
double	64	64	64	64	64	72	64
Bereich	$\pm 10^{\pm 38}$	$\pm 10^{\pm 76}$	$\pm 10^{\pm 38}$	$\pm 10^{\pm 38}$	$\pm 10^{\pm 76}$	$\pm 10^{\pm 38}$	$\pm 10^{\pm 38}$

Obgleich diese Eigenschaften die Portabilität von Programmen beeinflussen, sind sie doch weniger problematisch, als man *a priori* annehmen könnte.

Auf den hier beschriebenen Maschinen haben Gleitkomma Zahlen 8 Bit Exponenten.

3. Syntax Schreibweise

Für die Beschreibung der Grammatik gelten die folgenden Regeln: "|" trennt Alternativen, "[" und "]" umgeben optionale Teile, "{" und "}" umgeben optionale Teile, die auch vielfach angegeben werden können, und ";" beendet jeweils eine Regel. [2] Sonderzeichen und reservierte Worte sind **zitiert** wie hier. Die Syntax Beschreibung ist in Abschnitt A.18 nochmals zusammengefaßt.

4. Was bedeutet ein Name?

C macht die Interpretation eines Namens von zwei Attributen des Namens abhängig: der *Speicherklasse* und dem *Typ*. Die Speicherklasse bestimmt Ort und Lebensdauer des Speicherbereichs, der mit einem Namen verbunden ist; der Typ bestimmt die Interpretation der Werte, die in diesem Speicherbereich gefunden werden.

Wir verwenden den Begriff *Deklaration*, wenn für einen Namen Attribute wie Typ und Speicherklasse vereinbart werden, und *Definition*, wenn gleichzeitig ein konkretes Objekt erzeugt wird. Deklarationen und Definitionen nennen wir insgesamt auch *Vereinbarungen*.

Vier Speicherklassen können vereinbart werden: **auto**, **static**, **extern** und **register**. Variablen in der Speicherklasse **auto** sind lokal in jedem Aufruf eines Blocks vorhanden (Abschnitt A.9.2) und werden bei Verlassen des Blocks eliminiert; **static** definierte Variablen sind zwar auch lokal zu einem Block, behalten jedoch ihre alten Werte bei Wiedereintritt in einen Block, sogar wenn der Block inzwischen verlassen wurde; **extern** vereinbarte Variablen existieren und behalten ihre Werte während der Ausführung des gesamten Programms, und können zur Kommunikation zwischen Funktionen dienen, auch wenn diese separat übersetzt wurden. **register** definierte Variablen werden, soweit möglich, in den Hardware Registern unterhalten; wie **auto** definierte Variablen sind sie in jedem Block lokal vorhanden und verschwinden bei Verlassen des Blocks.

C stellt einige elementare Datentypen für Objekte zur Verfügung:

char Objekte sind groß genug für jedes Zeichen aus dem Zeichensatz der Implementierung. Wenn wirklich ein Zeichen aus diesem Zeichensatz in einer **char** Variablen gespeichert wird, entspricht ihr Wert dem ganzzahligen Code dieses Zeichens. **char** Variablen können auch andere Werte aufnehmen, aber die Implementierung ist dann abhängig von der jeweiligen Maschine.

Ganzzahlige Objekte, im folgenden *Integer* genannt, gibt es maximal in drei verschiedenen Größen: **short int**, **int** und **long int**. Längere Integer Objekte bieten zwar nicht weniger Speicherplatz als kürzere, aber die Implementierung kann **long int** oder **short int**, oder auch beide Typen, als äquivalent zum Typ **int** ansehen. "Einfache" **int** Objekte haben eine der jeweiligen Hardware entsprechende, natürliche Größe, die anderen Größen sind für spezielle Anwendungen gedacht. Auf den meisten Systemen sind **int** und **long** äquivalent; **short** Objekte benötigen halb so viel Speicherplatz wie **long** Objekte, und doppelt so viel Speicherplatz wie **char** Objekte. Auf dem PDP-11 System sind **int** und **short** äquivalent.

unsigned vereinbarte Objekte sind ganze Zahlen ohne Vorzeichen und gehorchen den üblichen arithmetischen Regeln modulo 2^n, wobei n durch die Anzahl Bits in der Repräsentierung festgelegt wird. Auf dem PDP-11 System sind Objekte vom Typ **unsigned long** nicht verfügbar, auf den Perkin Elmer 32 Bit Systemen fehlt **unsigned char.** Auf den Siemens PC's fehlen beide Typen.

Gleitkomma Werte einfacher und doppelter Genauigkeit können in einer Implementierung auch identisch repräsentiert sein. Auf den meisten Systemen benötigen **double** vereinbarte Objekte jedoch doppelt so viel Speicherplatz wie Objekte vom Typ **float**.

Die bisher besprochenen Typen bezeichnet man als *arithmetische* Typen, da ihre Objekte sinnvollerweise als numerische Werte interpretiert werden können. **char** und **int** Typen aller Größen fassen wir unter dem Begriff *Integer* zusammen, **float** und **double** nennen wir auch *Gleitkomma Zahlen*.

Der Typ **void** kann nur als Resultat Typ von Funktionen vereinbart werden; es gibt keine Daten Objekte mit diesem Typ. Solche Funktionen können daher kein Resultat liefern; sie sind Prozeduren im Sinne von Pascal.

Zusätzlich zu diesen Typen kann eine praktisch unbegrenzte Zahl abgeleiteter Typen mit den folgenden Konstruktionen erzeugt werden:

Vektoren aus Objekten der meisten Typen;

Funktionen, die Objekte eines bestimmten Typs liefern;

Zeiger auf Objekte eines festgelegten Typs;

Strukturen, die eine Folge von Objekten verschiedener Typen enthalten;

Varianten, die jeweils ein Objekt aus einer Reihe von verschiedenen Typen enthalten;

Aufzählungen, deren Werte Liste explizit definiert wird. [3]

Diese Konstruktionen können im allgemeinen rekursiv angewendet werden.

5. Objekte und L-Werte

Ein *Objekt* ist ein Speicherbereich, der modifiziert werden kann; ein *L-Wert* ist ein Ausdruck, der ein Objekt bezeichnet. Ein Name ist ein triviales Beispiel für einen L-Wert Ausdruck. Es gibt Operatoren, die L-Werte liefern: ist etwa **E** ein Ausdruck, der einen Zeiger Wert liefert, dann ist ***E** ein L-Wert Ausdruck, der das Objekt bezeichnet, auf das **E** zeigt. Die Bezeichnung "L-Wert" erinnert an die Zuweisung **E1 = E2**, bei der der linke Operand **E1** ein L-Wert Ausdruck sein muß. Bei der Definition der Operatoren in Abschnitt A.7 ist jeweils angegeben, ob ein Operator L-Werte als Operanden erwartet und ob er einen L-Wert als Resultat liefert.

6. Umwandlungen

Verschiedene Operatoren können, je nach ihren Operanden, implizite Umwandlungen verursachen, bei denen der Wert eines Operanden aus einem Datentyp in einen anderen Typ umgewandelt wird. In diesem Abschnitt werden die Resultate dieser Umwandlungen erklärt. In Abschnitt A.6.6 sind die Umwandlungen zusammengestellt, die die üblichen Operatoren veranlassen; eventuell nötige Ergänzungen findet man bei der Definition der einzelnen Operatoren in Abschnitt A.7.

6.1 Zeichen und Integer

char Werte und die verschieden langen **short** und **long** Werte können überall verwendet werden, wo ein Integer Objekt benötigt wird; die Werte werden jeweils in Integer Werte umgewandelt. Ein Integer Wert hat ein Vorzeichen, das bei der Umwandlung in längere Integer Werte erhalten bleibt.

---

[3] **enum** wurde erst sehr spät zum Sprachumfang von C hinzugefügt. Als Repräsentierung dient normalerweise eine Integer. Im Gegensatz zu Konstanten, die mit Hilfe des C Preprozessors definiert wurden, werden Objekte, die zu einem speziellen **enum** Typ gehören, von *cc* und *lint* jedoch auf einheitliche Verwendung überprüft. A.d.Ü.

Die Umwandlung von **char** Werten in Integer Werte ist von der jeweiligen Maschine abhängig; bei dem PDP-11 System liegt ein **char** Wert zwischen −128 und 127, bei den anderen Maschinen sind **char** Werte positiv. Die Integer Werte der Zeichen aus dem normalen Zeichensatz aller Maschinen sind keinesfalls negativ. **char** Konstanten, die als oktale Bit Muster definiert werden, können negativ erscheinen; so hat beispielsweise '**\377**' auf der PDP-11 den Integer Wert **−1.** Auf den Siemens PC's liegen die **char** Werte zwischen 0 und 255.

Wenn ein längerer Integer Wert in einen kürzeren Integer Wert oder in einen **char** Wert umgewandelt wird, werden einfach die signifikantesten Bits unterdrückt.

6.2 Gleitkomma Werte verschiedener Genauigkeit

Alle Gleitkomma Arithmetik in C erfolgt mit doppelter Genauigkeit; **float** Werte in Ausdrücken werden in **double** Werte verwandelt, indem die Mantissen entsprechend mit 0 verlängert werden. Muß ein **double** Wert, etwa bei einer Zuweisung, in einen **float** Wert umgewandelt werden, so erfolgt eine Rundung, bevor die Mantisse entsprechend abgebrochen wird.

6.3 Gleitkomma Werte und Integer

Die Umwandlung von Gleitkomma Werten in Integer Werte ist ziemlich abhängig von der jeweiligen Implementierung, insbesondere werden negative Werte auf den einzelnen Maschinen verschieden abgebrochen. Wenn ein ganzzahliger Gleitkomma Wert nicht mehr als Integer Wert repräsentiert werden kann, ist das Resultat einer Umwandlung in jedem Fall undefiniert.

Umwandlungen von Integer Werten in Gleitkomma Werte sind wohldefiniert. Eine Anzahl signifikanter Ziffern kann verloren gehen, wenn der Resultat Typ nicht über genügend Bits verfügt.

6.4 Zeiger Werte und Integer

Integer und Zeiger Werte können addiert und subtrahiert werden; der Integer Wert wird dabei in Abhängigkeit vom Zeiger Typ umgewandelt, wie in Abschnitt A.7.4 beschrieben. Das Resultat ist ein Zeiger Wert.

Zwei Zeiger Werte vom gleichen Typ können voneinander subtrahiert werden; das Resultat wird in Abhängigkeit vom Zeiger Typ in einen Integer Wert umgewandelt, wie in Abschnitt A.7.4 beschrieben.

6.5 Integer ohne Vorzeichen

Wenn ein **unsigned** Integer Wert und ein regulärer Integer Wert verknüpft werden, wird der reguläre Integer Wert in **unsigned** umgewandelt, und das Resultat ist ebenfalls **unsigned**. Das Resultat der Umwandlung in **unsigned** ist die kleinste positive ganze Zahl kongruent zum ursprünglichen Integer Wert (modulo $2^{\textit{Anzahl Bits}}$).

Ein **unsigned short** Wert wird in einen **long int** Wert umgewandelt, ohne daß sich der (positive) numerische Wert ändert, das heißt, indem entsprechend Null Bits als signifikanteste Bits hinzu gefügt werden.

Auf Maschinen wie den Perkin Elmer 32 Bit oder PDP-11 Systemen, die im Basis 2 Komplement operieren, werden bei diesen Umwandlungen einfach die Bit Muster anders interpretiert, aber nicht verändert. **unsigned** Werte haben dabei einen größeren positiven Wertebereich als Integer Werte gleicher Länge.

6.6 Arithmetische Umwandlungen

Eine große Zahl von Operatoren verursachen Umwandlungen und liefern Resultate nach dem folgenden Muster:

> Zuerst werden **char** oder **short** Operanden in **int** Werte, und **float** Operanden in **double** Werte umgewandelt.
>
> Wenn jetzt ein Operand den Typ **double** besitzt, wird der andere Operand entsprechend in einen **double** Wert umgewandelt, und das Resultat ist auch **double**.
>
> Ist stattdessen einer der Operanden **long**, so wird der andere in **long** umgewandelt, und das Resultat ist **long**.
>
> Andernfalls wird, wenn einer der Operanden **unsigned** ist, der andere ebenfalls in **unsigned** umgewandelt, und dies ist dann auch der Typ des Resultats.
>
> Falls keiner dieser Fälle vorliegt, sind jetzt beide Operanden **int** Werte, und das Resultat ist dann ebenfalls ein **int** Wert.

Dieses Muster wird als *übliche arithmetische Umwandlungen* bezeichnet.

7. Ausdrücke

In diesem Abschnitt werden die Operatoren für Ausdrücke definiert. Für einfache Ausdrücke (Abschnitt A.7.1) und für unitäre Operatoren (Abschnitt A.7.2) ist angegeben, ob sie L-Werte liefern. Alle anderen Operatoren liefern keine L-Werte.

Die nachfolgenden Abschnitte sind in bezug auf abnehmenden Vorrang der Operatoren angeordnet; innerhalb eines Abschnitts haben die Operatoren gleichen Vorrang. In jedem Abschnitt ist die Assoziativität der jeweiligen Operatoren angegeben. Operatoren sind *links-* oder *rechts-assoziativ*, je nachdem ob sie von links oder von rechts her implizit geklammert werden. Diese Details sind in Abschnitt A.18.1 nochmals zusammengefaßt.

Vom Vorrang abgesehen, ist die Reihenfolge *undefiniert*, in der Ausdrücke bewertet werden. Es bleibt der Implementierung freigestellt, Teilausdrücke in möglichst effizienter Reihenfolge zu bewerten, selbst dann, wenn diese Teilausdrücke Nebeneffekte (durch Zuweisungen oder Funktionsaufrufe) verursachen. Die Reihenfolge dieser Nebeneffekte ist ausdrücklich *nicht* definiert. Ausdrücke, in denen Operatoren vorkommen die assoziativ und kommutativ sind (*****, **+**, **&**, **|**, **^**), können beliebig umgeordnet werden, selbst wenn explizite Klammern vorhanden sind. Eine bestimmte Reihenfolge in der Bewertung von Operanden kann nur durch Zuweisung an (temporäre) Variablen vorgeschrieben werden.

Die Behandlung von arithmetischen Problemen (Overflow, Division durch Null) bei der Bewertung von Ausdrücken ist abhängig von der jeweiligen Maschine. Die hier beschriebenen C Implementierungen ignorieren Integer Overflow; die Behandlung von Division durch Null und von allen Gleitkomma Arithmetik Problemen ist auf den einzelnen Maschinen verschieden, und kann im allgemeinen mit einem Bücherei Unterprogramm kontrolliert werden.

7.1 Einfache Ausdrücke

Einfache Ausdrücke (*primary*) sind Verweise auf Objekte und Konstanten sowie die Auswahl von Komponenten in einer Struktur oder Variante (**.**, **->**), die Index Operation (**[]**) und Funktionsaufrufe. Diese Operationen sind links-assoziativ.

```
primary:
        identifier
        | constant
        | string
        | ( expression )
        | primary ( [ argument-list ] )
        | primary [ expression ]
        | primary . identifier
        | primary -> identifier
        ;

argument-list:
        assignment { , assignment }
        ;
```

Ein Name ist ein einfacher Ausdruck, vorausgesetzt er wurde geeignet vereinbart, wie später noch ausgeführt wird. Ein Name ist im allgemeinen ein L-Wert. Der Typ des Namens folgt prinzipiell aus der Vereinbarung. Liegt dabei jedoch eine Vektor Konstruktion vor, so ist der Wert des Vektor Namen Ausdrucks ein Zeiger Wert auf das erste Objekt im Vektor; der Typ des Ausdrucks ist dann ein Zeiger auf ein Vektor Element. Ein Vektor Name Ausdruck, als Adresse des ersten Objekts im Vektor, ist eine Konstante, und als solche kein L-Wert. Der Name einer Funktion, wenn er nicht zum Aufruf der Funktion verwendet wird, wird als Zeiger auf die Funktion verstanden; der **&** Operator (Abschnitt A.7.2) ist also nicht notwendig, wenn etwa der Name einer Funktion als Argument übergeben wird. Als konstante Adresse ist der Name einer Funktion kein L-Wert. Der Name einer Struktur ist ein L-Wert. [4] Ein Name aus einer Aufzählung ist eine Konstante, also kein L-Wert.

---

[4] Strukturen können in manchen, neueren Implementierungen an Strukturen gleichen Typs zugewiesen, als Argumente an Funktionen übergeben, und als Resultate von Funktionen geliefert werden. A.d.Ü.

Eine Konstante ist ein einfacher Ausdruck. Der Typ einer Konstante ist **int**, **long** oder **double**, wie in Abschnitt A.2.4 beschrieben. Eine Konstante ist (natürlich) kein L-Wert.

Ein String ist ein einfacher Ausdruck. Ein String hat ursprünglich den Typ "**char** Vektor", aber dies wird als "Zeiger auf **char**" angesehen, analog wie oben für Vektor Namen beschrieben. Eine String Konstante ist folglich ein Zeiger auf das erste Zeichen im String. Als konstante Adresse ist ein String kein L-Wert. (Bei bestimmten Initialisierungen gibt es eine Ausnahme, siehe Abschnitt A.8.6.)

Ein Ausdruck in Klammern ist ein einfacher Ausdruck. Die Bewertung des Ausdrucks wird in den folgenden Abschnitten erklärt; die Klammern beeinflussen weder Typ noch Wert noch die L-Wert Eigenschaft des Ausdrucks.

Ein einfacher Ausdruck gefolgt von einem Ausdruck in eckigen Klammern ist wieder ein einfacher Ausdruck. Diese Index Operation ist intuitiv die Auswahl eines Vektor Elements. Normalerweise liefert der einfache Ausdruck einen Zeiger Wert, der auf ein bestimmtes Objekt zeigt, und der Ausdruck in eckigen Klammern liefert, wie in den folgenden Abschnitten beschrieben, einen Wert vom Typ **int**. Der Typ des Resultats der Index Operation ist dann der Typ des Objekts, auf das der einfache Ausdruck zeigt. Nach Definition ist der einfache Ausdruck **E1[E2]** äquivalent zum einfachen Ausdruck **(*((E1)+(E2)))** und ist damit ein L-Wert. Alle Hinweise um diese Definition zu verstehen sind in diesem Absatz enthalten, zusammen mit der Definition von Namen in Abschnitt A.7.1, der Definition des Zeiger Operators * in Abschnitt A.7.2, und der Definition der Addition + in Abschnitt A.7.4; die Konsequenzen werden nochmals in Abschnitt A.14.3 zusammengefaßt.

Ein Funktionsaufruf ist ein einfacher Ausdruck gefolgt von einer Liste von Ausdrücken, die durch Komma getrennt und zusammen in Klammern eingeschlossen sind. Die Liste von Ausdrücken innerhalb der Klammern kann leer sein; die Klammern müssen jedoch in jedem Fall angegeben werden. Die Werte der Ausdrücke sind die Argumente, mit denen beim Aufruf die Parameter der Funktion initialisiert werden. Der Wert des einfachen Ausdrucks muß eine Funktion bezeichnen, und das Resultat des Funktionsaufrufs hat den Typ, den die Funktion liefert. Ein Funktionsaufruf ist kein L-Wert. Wie in Abschnitt A.13 erklärt wird, wird ein bis zu diesem Zeitpunkt unbekannter Name, dem unmittelbar eine linke Klammer folgt, implizit als Name einer Funktion betrachtet, die ein **int** Resultat liefert; **int** Funktionen, die erfahrungsgemäß am häufigsten vorkommen, müssen folglich nicht explizit deklariert werden.

float Argumente werden in **double** Werte umgewandelt, bevor sie an die Parameter übergeben werden, **char** und **short** Argumente werden in **int** Werte umgewandelt, und Vektor Namen werden wie üblich in Zeiger Werte umgewandelt. Andere Umwandlungen finden nur statt, wenn sie explizit angegeben werden (siehe Abschnitt A.7.2 und Abschnitt A.8.7); der C Übersetzer vergleicht insbesondere die Typen von Argument Werten *nicht* mit den für die Parameter deklarierten Typen. [5]

---

[5] Diese, und viele andere kleine Fehler entdeckt jedoch der *lint* Prozessor. A.d.Ü.

Die Parameter einer Funktion werden ausschließlich als Kopien der Werte der Argumente initialisiert; in C werden Argumente also grundsätzlich als Werte übergeben. In einer Funktion können die Werte der Parameter beliebig modifiziert werden, aber die Änderungen haben keinen Einfluß auf die ursprünglichen Argumente. Ein Zeiger Wert kann allerdings als Argument mit der Annahme übergeben werden, daß die Funktion den Wert des Objekts ändern möchte, auf das der Zeiger Wert verweist. Insbesondere sind Vektor Namen solche Zeiger Werte. Die Reihenfolge, in der die Argumente bewertet werden, ist *nicht* definiert; bei den verschiedenen Implementierungen gibt es hier Unterschiede.

Funktionen können immer auch rekursiv aufgerufen werden.

Ein einfacher Ausdruck gefolgt von einem Punkt und einem Namen ist wieder ein einfacher Ausdruck. Der erste einfache Ausdruck muß ein L-Wert sein, der eine Struktur oder eine Variante bezeichnet; der Name muß dann eine Komponente in dieser Struktur oder Variante benennen. Das Resultat ist die entsprechende Komponente als L-Wert.

Ein einfacher Ausdruck gefolgt von einem Pfeil (**->**, konstruiert aus Minus-Zeichen und Winkel) und einem Namen ist wieder ein einfacher Ausdruck. Der erste Ausdruck muß ein Zeiger Wert sein, der auf eine Struktur oder Variante verweist; der Name muß dann eine Komponente in dieser Struktur oder Variante benennen. Das Resultat ist die entsprechende Komponente, als L-Wert, in dem Objekt auf das der Zeiger Wert zeigt.

Der einfache Ausdruck **E1->Name** ist daher äquivalent zu **((*E1).Name)**. Strukturen und Varianten werden in Abschnitt A.8.5 besprochen. Die hier besprochenen Regeln für Verweise auf Komponenten in Strukturen und Varianten müssen nicht streng eingehalten werden; dadurch ist die Möglichkeit für Ausnahmen in der sonst strengen Typenbindung gegeben, siehe Abschnitt A.14.1.

7.2 Unitäre Operatoren

Unitäre Operatoren sind rechts-assoziativ. Gewisse Vorrang Regeln innerhalb der unitären Operatoren sind notwendig, um mehrdeutige Interpretationen von Ausdrücken wie **(sizeof(int) - 2)** auszuschließen; in diesem Ausdruck findet eine Subtraktion statt. Mit Ausnahme von ***** liefern die unitären Operatoren keine L-Werte.

```
unary:
    primary
    | primary ++
    | primary --
    | * unary
    | & unary
    | - unary
    | ! unary
    | ~ unary
    | ++ unary
    | -- unary
```

```
    | ( type-specification ) unary        Vorrang
    | sizeof unary
    | sizeof ( type-specification )
    ;
```

Der unitäre * Operator dient für Verweise: der Operand muß ein Zeiger Wert sein, und das Resultat ist ein L-Wert, der das Objekt bezeichnet, auf das der Operand zeigt. Hat der Operand den Typ "Zeiger auf *t*", so hat das Resultat den Typ *t*.

Der unitäre **&** Operator konstruiert Zeiger Werte; der Operand muß ein L-Wert sein, und das Resultat ist ein Zeiger Wert, der auf diesen L-Wert verweist. Hat der Operand den Typ *t*, so hat das Resultat den Typ "Zeiger auf *t*". Als konstante Adresse ist das Resultat kein L-Wert.

Der unitäre **–** Operator liefert den negativen Wert seines Operanden; dabei finden die üblichen arithmetischen Umwandlungen statt. Ein unitärer **+** Operator existiert nicht. Der negative Wert eines **unsigned** Werts wird bestimmt, indem der Wert von 2^n subtrahiert wird, wobei n die Anzahl Bits der Repräsentierung eines **int** Wertes ist.

Der **!** Operator für logische Negation liefert 1 für einen Operanden mit Wert 0, und 0 für alle anderen Operanden Werte. Das Resultat hat den Typ **int**; der Operator kann auf alle arithmetischen Typen und auf Zeiger Werte angewendet werden. (Normalerweise hat der Null Zeiger den Wert 0, siehe Abschnitt A.7.7.)

Der ~ Operator komplementiert die einzelnen Bits in seinem Operanden, liefert also das 1-Komplement. Der Operand muß ein Integer Wert sein; die üblichen arithmetischen Umwandlungen finden statt.

Die **++** und **––** Operatoren verändern ihre Operanden, indem der Wert 1 addiert, beziehungsweise subtrahiert, wird. Der Operand muß also in jedem Fall ein L-Wert sein, das Resultat ist kein L-Wert. Für Addition und Zuweisung finden die Umwandlungen statt, wie in Abschnitt A.7.4 und in Abschnitt A.7.14 beschrieben.

Der Ausdruck **++E** ist äquivalent zu **E += 1**, das Resultat ist also der neue Wert des Operanden, nachdem 1 addiert wurde.

Der Ausdruck **––E** ist äquivalent zu **E –= 1**, das Resultat ist also der neue Wert des Operanden, nachdem 1 subtrahiert wurde.

Der Ausdruck **E++** liefert den *ursprünglichen* Wert des Operanden **E**, also den ursprünglichen Wert des Objekts, das der L-Wert **E** bezeichnet. Zum Objekt selbst wird 1 addiert, analog wie oben beschrieben.

Der Ausdruck **E––** liefert den *ursprünglichen* Wert des Operanden **E**, bevor vom Objekt, das dieser L-Wert bezeichnet, entsprechend 1 subtrahiert wird.

Die Umwandlung in einen explizit angegebenen Datentyp wird dadurch ausgedrückt, daß dem betreffenden Wert die Angabe des gewünschten Datentyps in

Klammern vorangestellt wird. Diese Konstruktion wird als *cast* bezeichnet. Die Angabe von Datentypen in diesem Zusammenhang ist in Abschnitt A.8.7 definiert.

Der **sizeof** Operator liefert die Größe seines Operanden, gemessen in Bytes. [6] Wird **sizeof** auf einen Vektor angewendet, ist das Resultat die Größe des gesamten Vektors. Die Größe wird aus den Vereinbarungen der Objekte im Operanden bestimmt; die **sizeof** Operation ist folglich semantisch eine Integer Konstante und kann überall dort benützt werden, wo eine Konstante verlangt wird. **sizeof** dient hauptsächlich zur Kommunikation mit Routinen zur Speicherverwaltung und für Eingabe und Ausgabe.

Die **sizeof** Operation kann auch auf eine Datentyp Angabe in Klammern angewendet werden. In diesem Fall ist das Resultat die Größe, in Bytes, eines Objekts mit diesem Typ.

Die Konstruktion **sizeof(typ)** gilt als Einheit; damit ist der Ausdruck **sizeof(typ) - 2** äquivalent zu **(sizeof(typ)) - 2**.

7.3 Multiplikation und Division

Die Operatoren *****, / und **%** für Multiplikation und Division sind links-assoziativ. Die üblichen arithmetischen Umwandlungen finden statt.

```
multiplication:
        unary
      | multiplication * unary
      | multiplication / unary
      | multiplication % unary
      ;
```

Der binäre ***** Operator bezeichnet eine Multiplikation. Dieser Operator ist kommutativ und assoziativ, so daß der Übersetzer Ausdrücke mit mehreren Multiplikationen auf der gleichen Vorrang Ebene in beliebiger Reihenfolge anordnen kann.

Der binäre / Operator bezeichnet eine Division. Wenn positive Integer Werte dividiert werden, wird in Richtung auf 0 abgebrochen; ist jedoch einer der Operanden negativ, so ist dieser Vorgang je nach Maschine unterschiedlich. Bei den hier beschriebenen Implementierungen hat der Rest das gleiche Vorzeichen wie der Dividend. Wenn der Divisor von 0 verschieden ist, gilt immer, daß **(E1/E2)*E2 + E1%E2** gleich **E1** ist.

Der binäre **%** Operator liefert den Rest nach Division seiner beiden Operanden. Die üblichen arithmetischen Umwandlungen finden statt. Gleitkomma Operanden sind nicht zulässig.

---

[6] Bytes sind in der Sprache selbst nur als Einheiten für **sizeof** definiert; bei den existierenden Implementierungen ist jedoch ein Byte immer gerade der Speicherplatz für ein **char** Objekt, das heißt, **sizeof(char)** ist **1**.

7.4 Addition und Subtraktion

Die + und – Operatoren für Addition und Subtraktion sind links-assoziativ. Die üblichen arithmetischen Umwandlungen werden angewendet; zusätzlich gibt es für jeden Operator noch andere mögliche Operanden Typen.

```
addition:
        multiplication
        | addition + multiplication
        | addition - multiplication
        ;
```

Der + Operator liefert die Summe seiner Operanden. Ein Zeiger Wert, der auf ein Objekt in einem Vektor verweist, und ein Integer Wert können addiert werden. Dabei wird der Integer Wert jeweils in eine relative Adresse verwandelt, indem er mit der Länge des Objekts multipliziert wird, auf das der Zeiger Wert verweist. Diese relative Adresse wird zum Zeiger Wert addiert, und das Resultat ist wieder ein Zeiger Wert, mit gleichem Typ wie der ursprüngliche Zeiger, der auf ein anderes Objekt im gleichen Vektor verweist, das die entsprechende Adresse, relativ zum ursprünglichen Objekt, besitzt. Wenn also **P** auf ein Element in einem Vektor zeigt, so zeigt **P+1** auf das nächste Element in diesem Vektor.

Andere Typ Kombinationen sind für Zeiger Werte nicht erlaubt.

Der + Operator ist assoziativ und kommutativ; es steht dem Übersetzer daher frei, in welcher Reihenfolge Additionen auf der gleichen Vorrang Ebene angeordnet werden.

Der – Operator liefert die Differenz seiner Operanden. Die üblichen arithmetischen Umwandlungen finden statt. Zusätzlich kann ein Integer Wert von einem Zeiger Wert subtrahiert werden; dabei finden die gleichen Umwandlungen wie bei Addition statt.

Zwei Zeiger Werte, die auf Objekte vom gleichen Typ verweisen, können voneinander subtrahiert werden. Das Resultat wird in einen **int** Wert umgewandelt, der die Anzahl Objekte liefert, die zwischen den beiden Zeiger Werten liegen; dabei wird entsprechend durch die Objekt Länge dividiert. Falls die Zeiger Werte nicht auf Objekte im gleichen Vektor verweisen, wird das Resultat dieser Umwandlung unerwartete Werte liefern, da Zeiger Werte, selbst auf Objekte vom gleichen Typ, sich nicht notwendigerweise durch ein Vielfaches der Objekt Länge unterscheiden.

7.5 Shift Operationen

Die *shift* Operatoren << und >> sind links-assoziativ. Die üblichen arithmetischen Umwandlungen finden statt; die Operanden müssen jedoch Integer Werte sein. Der rechte Operand wird in einen **int** Wert umgewandelt; das Resultat hat den Typ des linken Operanden. Das Resultat ist undefiniert, wenn der rechte Operand negativ ist, oder wenn der Wert des rechten Operanden nicht kleiner ist als die Länge des linken Operanden in Bits.

```
shift:
        addition
        | shift << addition
        | shift >> addition
        ;
```

Der Wert von **E1<<E2** ist das Bit Muster von **E1**, um **E2** Bits nach links verschoben; von rechts her werden dabei Bits mit Wert 0 nachgeschoben. Der Wert von **E1>>E2** ist das Bit Muster von **E1**, um **E2** Bits nach rechts verschoben. Ist **E1** **unsigned**, so werden Bits mit Wert 0 nachgeschoben, das heißt, es findet eine reine Bit-Verschiebung statt. Ist **E1** jedoch ein Integer Wert mit Vorzeichen, so *kann* eine arithmetische Verschiebung stattfinden, bei der das Vorzeichen Bit nachgeschoben wird; dies ist zum Beispiel auf den PDP-11 und VAX Systemen und auch auf den Siemens PC's der Fall.

7.6 Vergleiche

Vergleiche sind zwar links-assoziativ, aber diese Eigenschaft ist nicht recht nützlich: **E1<E2<E3** liefert nicht was es zu bedeuten scheint.

```
comparison:
        shift
        | comparison < shift
        | comparison <= shift
        | comparison > shift
        | comparison >= shift
        ;
```

Die Operatoren **<** (kleiner), **>** (größer), **<=** (kleiner oder gleich) und **>=** (größer oder gleich) liefern den **int** Wert 0, wenn die angegebene Relation falsch ist, und 1, wenn die Relation vorliegt. Die üblichen arithmetischen Umwandlungen finden statt.

Zwei Zeiger Werte können verglichen werden; das Resultat wird durch die relative Position der Objekte im Adreßraum bestimmt, auf die die Zeiger Werte verweisen. Zeiger Vergleiche sind nur übertragbar zwischen verschiedenen Maschinen, wenn die Zeiger Werte auf Objekte im gleichen Vektor verweisen.

7.7 Äquivalenz Vergleiche

Die **==** (gleich) und **!=** (nicht gleich) Operatoren verhalten sich analog wie die anderen Vergleich Operatoren, sie haben jedoch geringeren Vorrang.
E1<E2 == E3<E4 liefert also 1 genau dann, wenn die beiden Vergleiche **E1<E2** und **E3<E4** das gleiche Resultat liefern.

```
equality:
        comparison
        | equality == comparison
        | equality != comparison
        ;
```

Ein Zeiger Wert kann zwar mit einem Integer Wert auf Äquivalenz verglichen werden, aber das Resultat ist je nach Maschine verschieden, falls der Integer Wert nicht 0 ist. Es wird jedoch garantiert, daß ein Zeiger, dem der Integer Wert 0 zugewiesen wurde, nicht auf irgendein Objekt zeigt, und daß dieser Zeiger Wert auch gleich 0 erscheint; normalerweise wird dies als Null Zeiger Wert benützt.

7.8 UND Verknüpfung von Bits

```
bit-and:
        equality { & equality }
        ;
```

Der **&** Operator ist assoziativ und kommutativ, die Reihenfolge von Ausdrücken mit **&** kann vom Übersetzer entsprechend variiert werden. Die üblichen arithmetischen Umwandlungen finden statt; für das Resultat werden die Bits der beiden Operanden in jeder Position der UND Verknüpfung unterworfen. [7] Der Operator kann nur Integer Werte verknüpfen.

7.9 Exklusive ODER Verknüpfung

```
bit-exclusive-or:
        bit-and { ^ bit-and }
        ;
```

Der ^ Operator ist assoziativ und kommutativ, die Reihenfolge von Ausdrücken mit ^ kann vom Übersetzer entsprechend variiert werden. Die üblichen arithmetischen Umwandlungen finden statt; für das Resultat werden die Bits der beiden Operanden in jeder Position der exklusiven-ODER Verknüpfung unterworfen. [8] Der Operator kann nur Integer Werte verknüpfen.

7.10 ODER Verknüpfung von Bits

```
bit-or:
        bit-exclusive-or { | bit-exclusive-or }
        ;
```

Der **|** Operator ist assoziativ und kommutativ, die Reihenfolge von Ausdrücken mit **|** kann vom Übersetzer entsprechend variiert werden. Die üblichen arithmetischen Umwandlungen finden statt; für das Resultat werden die Bits der beiden Operanden in jeder Position der ODER Verknüpfung unterworfen. [9] Der Operator kann nur Integer Werte verknüpfen.

---

[7] **a** UND **b** ist genau dann 1, wenn die Bits **a** und **b** beide 1 sind. A.d.Ü.

[8] **a** exklusiv-ODER **b** ist genau dann 1, wenn die Bits **a** und **b** verschieden sind. Dies wird auch als Antivalenz oder Addition modulo 2 bezeichnet. A.d.Ü.

[9] **a** ODER **b** ist genau dann 0, wenn die Bits **a** und **b** beide 0 sind. A.d.Ü.

7.11 Logische UND Verknüpfung

andif:
    bit–or { **&&** bit–or }
    ;

Der **&&** Operator ist links-assoziativ. Das Resultat ist 1, wenn beide Operanden nicht 0 sind; sonst ist das Resultat 0. Im Gegensatz zu **&** Operationen werden **&&** Operationen unbedingt von links nach rechts durchgeführt; dabei wird der rechte Operand von **&&** nur bewertet, wenn der linke Operand nicht 0 ist.

Die Operanden können verschiedene Typen besitzen, sie müssen jedoch beide mit 0 vergleichbar sein. Das Resultat ist immer ein **int** Wert.

7.12 Logische ODER Verknüpfung

binary:
    andif { **||** andif }
    ;

Der **||** Operator ist links-assoziativ. Das Resultat ist 1, wenn wenigstens einer der beiden Operanden nicht 0 ist; sind beide Operanden 0, ist das Resultat 0. Im Gegensatz zu **|** Operationen werden **||** Operationen unbedingt von links nach rechts durchgeführt; dabei wird der rechte Operand von **||** nur bewertet, wenn der linke Operand 0 ist.

Die Operanden können verschiedene Typen besitzen, sie müssen jedoch beide mit 0 vergleichbar sein. Das Resultat ist immer ein **int** Wert.

7.13 Bedingte Bewertung

conditional:
    binary
    | binary **?** conditional **:** conditional
    ;

Bedingte Bewertungen sind rechts-assoziativ. Der erste Ausdruck wird bewertet. Falls dieser Wert nicht 0 ist, wird der zweite Ausdruck bewertet; andernfalls wird der dritte Ausdruck bewertet. In jedem Fall wird nur einer dieser beiden letzten Ausdrücke bewertet; dieser Wert ist dann das Resultat der bedingten Bewertung.

Falls möglich werden die üblichen arithmetischen Umwandlungen angewendet, um einen gemeinsamen Typ für den zweiten und den dritten Ausdruck zu erzielen. Ist dies nicht möglich, so müssen diese Ausdrücke Zeiger Werte sein, die auf Objekte vom gleichen Typ verweisen, und das Resultat ist dann einer dieser Zeiger Werte. Ist nur einer dieser Ausdrücke ein Zeiger Wert, so muß der andere Ausdruck die Konstante 0 sein, und das Resultat hat den Typ des Zeiger Wertes.

7.14 Zuweisungen

C hat eine Reihe von Operatoren für Zuweisungen. Diese Operatoren sind alle rechts-assoziativ. Der linke Operand muß immer ein L-Wert sein, der Typ des Resultats ist immer der Typ dieses linken Operanden. Eine Zuweisungs-Operation liefert als Resultat den Wert, der sich nach der Zuweisung im linken Operanden befindet.

```
assignment:
        conditional
        | unary = assignment
        | unary *= assignment
        | unary /= assignment
        | unary %= assignment
        | unary += assignment
        | unary -= assignment
        | unary >>= assignment
        | unary <<= assignment
        | unary &= assignment
        | unary ^= assignment
        | unary |= assignment
        ;
```

Bei der einfachen Zuweisung mit **=** ersetzt der Wert des rechten Operanden den Wert des Objekts, das der linke Operand bezeichnet. Wenn beide Operanden arithmetische Typen besitzen, wird der rechte Operand vor der Zuweisung in den Typ des linken Operanden umgewandelt.

Das Resultat einer Zuweisung der Form **E1** *op*= **E2** kann aus der Zuweisung **E1 = E1** *op* **(E2)** geschlossen werden; **E1** wird jedoch nur einmal bewertet. [10] Bei den **+=** und **-=** Operationen kann der linke Operand ein Zeiger sein; der rechte Operand (ein Integer Wert) wird dann umgewandelt wie in Abschnitt A.7.4 beschrieben. Von diesen Fällen abgesehen, müssen alle Operanden zu den arithmetischen Typen gehören.

Die Übersetzer erlauben zwar Zuweisungen zwischen Zeigern und Integer Objekten, und zwischen Zeigern verschiedenen Typs. Diese Zuweisungen erfolgen aber als reine Kopien, ohne jede Umwandlung. Solche Zuweisungen sind nicht übertragbar und können in Zeiger Werte resultieren, die bei Gebrauch Adressierfehler verursachen. Es ist jedoch garantiert, daß die Zuweisung der Konstante 0 an einen Zeiger einen Null Zeiger Wert produziert, der sich von allen anderen Zeiger Werten unterscheidet.

---

[10] Diese zusammengesetzten Operatoren für Zuweisungen können prinzipiell aus *zwei* Symbolen bestehen.

7.15 Listen von Ausdrücken

```
expression:
        assignment { , assignment }
        ;
```

Zwei Ausdrücke, die durch Komma getrennt sind, werden von links nach rechts bewertet; der Wert des linken Ausdrucks wird berechnet, aber nicht weiter verwendet. Typ und Wert des Resultats sind Typ und Wert des rechten Ausdrucks. Diese Operation ist links-assoziativ.

In einem Kontext, in dem das Komma eine besondere Bedeutung hat, wie etwa in der Liste von Argumenten für einen Funktionsaufruf (Abschnitt A.7.1), oder in einer Liste von Initialisierungen (Abschnitt A.8.6), kann der hier beschriebene Komma Operator nur innerhalb von Klammern verwendet werden; beispielsweise hat

```
f(a, (t=3, t+2), c)
```

die drei Argumente **a**, **5** und **c**.

8. Vereinbarungen

Vereinbarungen legen fest, wie C die einzelnen vom Benutzer eingeführten Namen interpretieren soll; sie haben folgende Form:

```
declaration:
        extern-declaration ;
        | type-definition ;
        | class-or-type initialized-declarator-list ;
        ;

class-or-type:
        storage-class [ type-name ]
        | type-name [ storage-class ]
        ;
```

Externe Deklarationen reservieren keinen Speicherplatz; sie sorgen dafür, daß ein Name extern bekannt wird und ein an anderer Stelle in der Speicherklasse **extern** global definiertes Objekt bezeichnet. Sie sind in Abschnitt A.11.2 erklärt.

Typ Definitionen vereinbaren einen Namen für eine Typ Spezifikation. Sie werden in Abschnitt A.8.8 erläutert.

Definitionen reservieren Speicherplatz und enthalten Angaben für Speicherklasse und Typ einer Liste von Deklaratoren. Die Deklaratoren enthalten die Namen, die vereinbart werden, möglicherweise zusammen mit Initialisierungen. Die Angaben zu Speicherklasse und Typ müssen konsistent sein, wie später noch ausgeführt wird.

8.1 Speicherklassen

Für Definitionen gibt es folgende Speicherklassen::

storage – class:
  auto
  | **static**
  | **register**
  ;

Die Bedeutung der Speicherklassen wurde in Abschnitt A.4 erklärt. In Definitionen können nur die Speicherklassen **auto**, **register** und **static** verwendet werden, da nur diese Angaben die Reservierung von Speicherplatz veranlassen. **extern** Deklarationen verweisen auf Objekte, die an irgendeiner Stelle global definiert werden müssen, siehe Abschnitt A.10.2 und Abschnitt A.11.2.

Eine **register** Definition wird am besten als **auto** Definition angesehen, die den Hinweis für den Übersetzer enthält, daß die so definierten Objekte häufig verwendet werden sollen. Nur jeweils eine erste, kleine Zahl solcher Definitionen in jedem Block wird wirklich in Hardware Registern realisiert. Nur Objekte bestimmter Typen, meistens Integer und Zeiger, können in Hardware Registern gespeichert werden. Als wesentlicher Unterschied gegenüber **auto** definierten Objekten kann der Adreßoperator **&** (siehe Abschnitt A.7.2) nicht auf **register** Objekte angewendet werden. Wenn **register** Definitionen sinnvoll eingesetzt werden, können kleinere und schnellere Programme aus einer Übersetzung resultieren; zukünftige Verbesserungen im Code Generator des C Übersetzers können solche Definitionen jedoch überflüssig machen.

Ist keine Speicherklasse in einer Definition angegeben, so wird innerhalb eines Blocks **auto** angenommen. Außerhalb eines Blocks entsteht eine globale Definition, siehe Abschnitt A.10. Für Funktionen gelten andere Regeln, siehe auch Abschnitt A.13.

8.2 Typ Bezeichnungen

Es gibt folgende Typ Namen:

type – name:
  integer
  | **unsigned** [integer]
  | [**long**] **float**
  | **double**
  | **void**
  | struct – or – union – type – name
  | enum – type – name
  | type – identifier
  ;

integer:
    char
    | [size] **int**
    | size
    ;

size:
    short
    | **long**
    ;

Die Worte **long**, **short** und **unsigned** können als Adjektive betrachtet werden, die in beliebiger Reihenfolge mit den Worten **char**, **int** und **float** kombiniert werden können. Nur die angegebenen Kombinationen sind erlaubt; nicht alle Kombinationen werden auf allen Maschinen wirklich verschieden realisiert; **long float** ist zum Beispiel synonym zu **double**.

Eine Vereinbarung kann nur einen Typ Namen enthalten; fehlt eine Angabe, so wird **int** angenommen.

Strukturen und Varianten werden in Abschnitt A.8.5 diskutiert, Typ Definitionen in Abschnitt A.8.8 und Aufzählungen in Abschnitt A.8.9.

8.3 Deklaratoren

In einer Vereinbarung wird jeweils eine Liste von Deklaratoren angegeben, die durch Komma voneinander getrennt sind. In Daten Definitionen kann zusätzlich nach jedem Deklarator eine Initialisierung angegeben werden.

initialized – declarator – list:
    declarator [**=** initializer] { **,** declarator [**=** initializer] }
    ;

declarator – list:
    declarator { **,** declarator }
    ;

declarator:
    { ***** } object – declarator
    ;

object – declarator:
    identifier
    | **(** declarator **)**
    | object – declarator **( )**
    | object – declarator **[** [constant] **]**
    ;

Initialisierungen werden in Abschnitt A.8.6 erklärt. Typ Name und Speicherklasse für ein Objekt, das ein Deklarator einführt, stehen am Beginn der Vereinbarung, in der der Deklarator vorkommt. In einem Deklarator haben die Operatoren den gleichen Vorrang und die gleiche Assoziativität wie in einem Ausdruck, das heißt, Klammern binden stärker als der Verweis Operator *.

8.4 Was bedeutet ein Deklarator?

Ein Deklarator gilt als Zusicherung, daß eine Konstruktion mit der gleichen Form wie der Deklarator, die in einem Ausdruck vorkommt, ein Objekt mit dem Typ und der Speicherklasse liefert, in deren Zusammenhang der Deklarator auftrat. Jeder Deklarator enthält genau einen Namen; dieser Name wird mit Hilfe des Deklarators vereinbart.

Besteht ein Deklarator ausschließlich aus einem Namen, so hat dieser Name Typ und Speicherklasse aus der Vereinbarung, in der dieser Deklarator erscheint.

Ein Deklarator in Klammern ist äquivalent zum gleichen Deklarator ohne Klammern; die Klammern ändern allerdings die Bindung der Operatoren im Deklarator, wie später noch beschrieben wird.

Betrachten wir nunmehr eine Vereinbarung, in der **T** für einen Typ Namen und **D** für einen Deklarator steht:

```
T D;
```

Wir erklären die Semantik der Deklarator Operationen, indem wir einen komplizierteren Deklarator **D** sukzessive vereinfachen und gleichzeitig den Typ Namen **T** in eine mit Worten ausgeführte Typ Konstruktion entwickeln.

Im einfachsten Fall wird ein vordefinierter Typ Name **T** für einen einfachen Namen **D** als Deklarator vereinbart:

```
int name;
```

In den komplizierteren Fällen entwickeln wir schliesslich eine Typ Konstruktion **T** für einen einfachen Namen **D**:

```
T name
```

Die Konstruktion

```
T *D1
```

hat für den einfacheren Deklarator **D1** die Bedeutung

```
"Zeiger auf T" D1
```

Die Konstruktion

```
T D1()
```

bedeutet für **D1**

```
"Funktion mit Resultat T" D1
```

Jede der beiden Konstruktionen

T D1[Konstante]
T D1[]

vereinbart **D1** als

"Vektor von T" D1

Die Konstante muß einen Integer Wert liefern, der bei der Übersetzung bestimmt werden kann. (Konstanten werden in Abschnitt A.15 im Detail erklärt.) Die Konstante kann fehlen, wenn der Deklarator in einer Deklaration auftritt, in der kein Speicherplatz reserviert wird (also auch in einer Parameter Deklaration), oder wenn dem Deklarator in einer Definition eine Initialisierung folgt, aus der der Speicherbedarf berechenbar ist. Mehrere Vektor Operationen nebeneinander in einem Deklarator dienen dazu, einen mehrdimensionalen Vektor zu vereinbaren, siehe Abschnitt A.14.3. Nur die erste dieser Konstanten, die den Vektor dimensionieren, kann fehlen.

Vektoren können aus Elementen der vordefinierten Typen, aus Zeigern, Strukturen, Varianten und aus Vektoren gebildet werden. Die letzte Konstruktion dient dazu, mehrdimensionale Vektoren zu erzeugen.

Nicht alle syntaktisch möglichen Deklaratoren sind von der Semantik her tatsächlich erlaubt. Folgende Einschränkungen gelten: Funktionen können keine Vektoren, Varianten, Funktionen, und in älteren Implementierungen auch keine Strukturen, als Resultat liefern; sie können jedoch immer Zeiger auf solche Objekte liefern. Es gibt zwar Vektoren von Zeigern auf Funktionen, aber keine Vektoren von Funktionen; ebenso kann eine Struktur oder Variante allenfalls einen Zeiger auf eine Funktion, aber keine Funktion selbst enthalten.

Die nachfolgende Vereinbarung, als Beispiel, definiert ein **int** Objekt **i** und einen Zeiger **ip** auf ein solches Objekt. Sie deklariert eine Funktion **f**, die ein **int** Resultat liefert, und eine Funktion **fip**, die als Resultat einen Zeiger auf ein **int** Objekt liefert. Schliesslich wird auch noch ein Zeiger **pfi** definiert, der auf eine Funktion zeigt, die ein **int** Resultat liefert:

```
int i, *ip, f(), *fip(), (*pfi)();
```

Es ist besonders nützlich, die letzten beiden Deklaratoren zu vergleichen: ***fip()** ist äquivalent zu ***(fip())**; in einem Ausdruck muß bei einer solchen Konstruktion zunächst die Funktion **fip** aufgerufen werden, anschließend kann der Verweis Operator ***** auf das Resultat angewendet werden. Die Vereinbarung zeigt, daß nach Auswertung dieses Verweises ein **int** Wert bereit steht. Im Deklarator **(*pfi)()** sind, wie bei der gleichen Konstruktion in einem Ausdruck, die Klammern notwendig; sie zeigen, daß **pfi** ein Zeiger Wert ist, der eine Funktion bezeichnet, deren Aufruf – nach der Vereinbarung – dann ein **int** Resultat liefert.

Das folgende Beispiel definiert einen Vektor **fa** mit 17 **float** Elementen und einen Vektor **afp** mit 17 Elementen, die alle jeweils Zeiger auf **float** Objekte sind:

```
float fa[17], *afp[17];
```

Das letzte Beispiel schliesslich definiert einen dreidimensionalen Vektor mit **int** Elementen und Rang $3 \times 5 \times 7$ in der Speicherklasse **static**:

```
static int x3d[3][5][7];
```

Genauer gesagt ist **x3d** ein Vektor mit 3 Elementen; jedes Element ist ein Vektor mit 5 Vektoren als Elementen; jeder dieser letzten Vektoren hat 7 **int** Elemente. Jeder der folgenden Ausdrücke **x3d**, **x3d[i]**, **x3d[i][j]** und **x3d[i][j][k]** kann sinnvollerweise in einem Ausdruck auftreten. Die ersten drei Ausdrücke bezeichnen Vektoren, der letzte Ausdruck bezeichnet ein **int** Objekt.

8.5 Strukturen und Varianten

Eine Struktur ist ein Objekt, das aus einer Folge von einzeln benannten Komponenten besteht. Eine Variante ist ein Objekt, das zu einem gewissen Zeitpunkt jeweils eine Komponente aus einer Reihe von möglichen Komponenten enthält. Struktur und Variante werden analog vereinbart:

```
struct-or-union-type-name:
      struct-or-union [ identifier ] { member { member } }
      | struct-or-union struct-or-union-identifier
      ;

struct-or-union:
      struct
      | union
      ;

member:
      type-name member-declarator { , member-declarator } ;
      ;

member-declarator:
      declarator
      | [ declarator ] : constant
      ;
```

Normalerweise ist ein Deklarator für eine Komponente ein gewöhnlicher Deklarator, der Typ und Namen der Komponente vereinbart. Eine Komponente kann auch ein *Bit-Feld* sein; solche Bit-Felder bestehen aus einer explizit als Konstante angegebenen Anzahl Bits. Die Konstante folgt dem Deklarator nach einem Doppelpunkt; Konstanten sind in Abschnitt A.15 erklärt.

Innerhalb einer Struktur haben die Komponenten (relative) Adressen, die in der Reihenfolge der Komponenten von links nach rechts zunehmen. Die Adresse einer normalen Komponente hat die für den Typ nötige Ausrichtung; eine Struktur kann folglich unbenannte Löcher enthalten.

Bit-Felder werden in die Repräsentierung des Typs **int** gepackt; sie überschreiten dabei jedoch keine Wort Grenzen. Ein Bit-Feld, das nicht mehr ganz in ein teilweise belegtes Wort paßt, wird im nachfolgenden Wort angelegt. Ein Bit-Feld kann nicht größer sein als ein Wort. Auf den PDP-11 und VAX Systemen sowie auf den Siemens PC's werden Bit-Felder von rechts her in Worten angelegt, auf den anderen Systemen von links her.

Eine Bit-Feld Deklaration, die nur aus einem Doppelpunkt und einer Konstante besteht, bezeichnet ein anonymes Bit-Feld; dies kann dazu benützt werden, eine Struktur einem extern vorgegebenen Daten Format anzupassen. Ein Spezialfall dieser Konstruktion liegt vor, wenn die Konstante den Wert 0 hat; in diesem Fall wird die nächste Komponente unbedingt erst im nächsten Wort angelegt. Die nächste Komponente ist in diesem Fall normalerweise ein Bit-Feld, da normale Komponenten ohnehin auf derartige Adressen ausgerichtet sind.

C schreibt zwar prinzipiell keine besonderen Typen für Bit-Felder vor, aber von den Implementierungen wird nicht verlangt, daß sie mehr als Integer Bit-Felder zur Verfügung stellen. Selbst Integer Bit-Felder können prinzipiell als **unsigned** angenommen werden. Auf den PDP-11 und VAX Systemen sowie auf den Siemens PC's haben Bit-Felder kein Vorzeichen und sie können nur Integer Werte enthalten. In allen Implementierungen existieren keine Vektoren aus Bit-Feldern, und der Adreßoperator **&** kann nicht auf Bit-Felder angewendet werden, so daß auch keine Zeiger Werte auf Bit-Felder existieren.

Eine Variante kann als Struktur angesehen werden, bei der alle Komponenten bei der gleichen relativen Adresse 0 beginnen, und die gerade groß genug ist für die größte Komponente. Zu jedem Zeitpunkt kann höchstens eine Komponente in der Variante vorhanden sein.

Der Typ Name einer Struktur oder Varianten kann einen Namen enthalten, der dann als Name für diese Struktur oder Variante vereinbart wird. Der Typ Name hat dabei die Form

```
struct Name { Komponenten }
union Name { Komponenten }
```

und kann in einer späteren Deklaration als

```
struct Name
union Name
```

verwendet werden. Diese Struktur Namen dienen zur Konstruktion von Strukturen, die auf sich selber verweisen; sie können auch dazu verwendet werden, die Folge der Komponenten in einer Struktur nur einmal zu vereinbaren, aber mehrmals zu benützen. Eine Struktur oder Variante kann sich selbst nicht enthalten, aber sie kann einen Zeiger auf sich selbst als Komponente haben.

Struktur und Varianten Namen sowie Komponenten Namen können Duplikate von Variablen Namen sein; sie müssen nur untereinander verschieden sein.

Zwei Strukturen können mit der gleichen Folge von Komponenten beginnen, das heißt, derselbe Komponenten Name kann in zwei verschiedenen Strukturen verwendet werden, vorausgesetzt, er hat in beiden Strukturen den gleichen Typ, und ihm geht in beiden Strukturen die gleiche Folge von Komponenten voraus. (Der Übersetzer prüft nur, daß derselbe Name in zwei verschiedenen Strukturen den gleichen Typ und die gleiche (relative) Adresse hat; wenn jedoch die vorhergehenden Komponenten verschieden sind, so ist die Konstruktion nicht unbedingt zwischen verschiedenen Maschinen übertragbar.)

Eine Struktur, die einen Vektor mit 20 Zeichen, einen **int** Wert und zwei Zeiger auf gleichartige Strukturen enthält, kann wie folgt vereinbart werden:

```
struct tnode {
        char tword[20];
        int count;
        struct tnode *left;
        struct tnode *right;
};
```

Wenn der Typ Name dieser Struktur vereinbart worden ist, kann man mit

```
struct tnode s, *sp;
```

eine derartige Struktur **s** sowie einen Zeiger **sp** auf eine solche Struktur definieren. Danach bezeichnet

```
sp->count
```

die **count** Komponente der Struktur, auf die **sp** zeigt;

```
s.left
```

den **left** Zeiger in der Struktur **s**; und

```
s.right->tword[0]
```

schliesslich bezeichnet das erste Zeichen in der **tword** Vektor Komponente der Struktur, auf die die Komponente **right** der Struktur **s** zeigt.

8.6 Initialisierungen

In einer Definition können Daten auch initialisiert werden. Der Initialisierung geht jeweils das Zeichen = voraus, anschließend folgt ein Ausdruck, oder auch eine Reihe von Ausdrücken in geschweiften Klammern:

```
initializer:
        assignment
        | { initializer { , initializer } [ , ] }
        ;
```

In einer globalen Definition, oder in einer Definition in der Speicherklasse **static**, können, wie in Abschnitt A.15 beschrieben, nur Konstanten auftreten, oder schliesslich Adressen von früher vereinbarten Objekten, die noch mit einer Konstante additiv verknüpft sein können. Andere Definitionen können mit beliebigen Ausdrücken initialisiert werden, die sich auf Konstante und früher vereinbarte Objekte beziehen.

Es ist garantiert, daß nicht initialisierte Variablen in den Speicherklassen **static** und **extern** mit 0 initialisiert werden; ebenso ist garantiert, daß nicht initialisierte Variablen in den Speicherklassen **auto** und **register** mit nicht reproduzierbaren Werten initialisiert werden.

Wenn sich eine Initialisierung auf einen skalaren Wert (also auf einen Zeiger oder einen arithmetischen Wert) bezieht, so besteht sie aus einem einzigen Ausdruck, der auch in geschweifte Klammern eingeschlossen werden kann. Der Ausdruck definiert den ersten Wert für das Objekt; dabei finden die gleichen Umwandlungen wie bei einer Zuweisung statt.

Ist das zu initialisierende Objekt ein Aggregat (also eine Struktur oder ein Vektor), dann besteht die Initialisierung aus einer Liste von Initialisierungen für die einzelnen Teile des Objekts. Die Liste ist in geschweifte Klammern eingeschlossen, durch Komma getrennt, und sie folgt der Reihenfolge der Komponenten der Struktur, oder der Elemente des Vektors. Enthält das Aggregat weitere Aggregate, so wird diese Technik entsprechend rekursiv angewendet; sind nicht genügend Werte vorhanden, so wird der Rest des Aggregats mit 0 initialisiert.

Aggregate in der Speicherklasse **auto** sowie Varianten können nicht initialisiert werden.

Geschweifte Klammern können auch wie folgt vermieden werden. wenn eine Initialisierung mit einer linken geschweiften Klammer beginnt, dann initialisiert die nachfolgende Liste von Initialisierungen die Teile eines Aggregats; dabei können nicht mehr Initialisierungen in der Liste vorkommen, als Teile im Aggregat. Beginnt die Initialisierung jedoch nicht mit einer geschweiften linken Klammer, dann werden nur so viele Werte aus der Liste verwendet, wie das Aggregat Teile hat; überzählige Werte der Liste dienen dazu, den nächsten Teil des Aggregats zu initialisieren,, von dem das gerade initialisierte Aggregat ein Teil ist.

Eine letzte Abkürzung schliesslich läßt zu, daß ein **char** Vektor durch einen String initialisiert wird. In diesem Fall werden die Vektor Elemente mit sukzessiven Zeichen aus dem String initialisiert.

Die folgende Definition vereinbart und initialisiert **x** als eindimensionalen Vektor mit drei Elementen, da keine Größe explizit angegeben ist und gerade drei Werte in der Initialisierung vorkommen:

```
int x[] = { 1, 3, 5 };
```

Das nächste Beispiel zeigt eine vollständig geklammerte Initialisierung: 1, 3 und 5 initialisieren den ersten Vektor **y[0]**, also die Elemente **y[0][0]**, **y[0][1]** und **y[0][2]**. Danach werden die Vektoren **y[1]** und **y[2]** in ähnlicher Weise initialisiert. Die Initialisierung ist kürzer als das Aggregat, folglich wird **y[3]** mit 0 initialisiert.

```
float y[4][3] = {
        { 1, 3, 5 },
        { 2, 4, 6 },
        { 3, 5, 7 },
};
```

Der identische Effekt könnte mit

```
float y[4][3] = {
        1, 3, 5, 2, 4, 6, 3, 5, 7
};
```

erreicht werden. Die Initialisierung für **y** beginnt hier mit einer geschweiften linken Klammer, im Gegensatz zur Initialisierung von **y[0]**. Folglich wird **y[0]** mit drei Elementen aus der Liste initialisiert, und die nachfolgenden Elemente werden für **y[1]** und **y[2]** benützt.

Das nächste Beispiel zeigt, wie die erste Spalte der Matrix **y** (aufgefasst als zweidimensionaler Vektor) initialisiert werden könnte. Der Rest der Matrix würde dabei mit 0 initialisiert werden.

```
float y[4][3] = {
        { 1 }, { 2 }, { 3 }, { 4 }
};
```

Das letzte Beispiel schliesslich zeigt einen **char** Vektor, dessen Elemente mit einzelnen Zeichen aus einem String initialisiert werden:

```
char msg[] = "Syntax Fehler";
```

8.7 Typ Spezifikationen

Eine Typ Spezifikation wird benötigt, um den Datentyp für eine explizite Umwandlung anzugeben, oder um den Speicherbedarf eines bestimmten Datentyps mit **sizeof** zu bestimmen, siehe Abschnitt A.7.1. Die Typ Spezifikation ist prinzipiell die Deklaration eines Objekts mit diesem Datentyp; der Name des Objekts wird jedoch nicht im Deklarator aufgeführt:

```
type-specification:
        type-name [ abstract-declarator ]
        ;

abstract-declarator:
        * [ abstract-declarator ]
        | abstract-object-declarator
        ;
```

```
abstract-object-declarator:
      ( abstract-declarator )
      | abstract-object-declarator ( )
      | [ abstract-object-declarator ] [ [ constant ] ]
      ;
```

Es ist möglich, in einer Typ Spezifikation den Punkt eindeutig zu bestimmen, an dem ein Name anzugeben wäre, wenn die Typ Spezifikation eine Deklaration wäre. Die Typ Spezifikation steht dann für den Typ, den der an diesem Punkt angegebene Name haben würde.

Die nachfolgenden Typ Spezifikationen definieren beispielsweise die Datentypen **int**, Zeiger auf **int**, Vektor mit drei Zeigern auf **int**, Zeiger auf einen Vektor mit drei **int** Elementen, Funktion mit **int** Zeiger Resultat, und Zeiger auf eine Funktion mit **int** Resultat:

```
int
int *
int * [3]
int (*) [3]
int * ()
int (*) ()
```

8.8 Typ Definitionen

Typ Definitionen reservieren keinen Speicherplatz. Sie dienen dazu, Namen zu vereinbaren, die anschließend genauso verwendet werden können wie die vordefinierten Typ Namen.

```
type-definition:
      typedef-and-type declarator-list
      | type-name
      ;

typedef-and-type:
      typedef [ type-name ]
      | type-name typedef
      ;
```

Im Geltungsbereich der Typ Definition ist der durch den Deklarator vereinbarte Name syntaktisch äquivalent zu dem Typ Namen am Beginn der Typ Definition, vergleiche Abschnitt A.8.4. Beispielsweise sind nach den Typ Definitionen

```
typedef int MILES, *KLICKSP;
typedef struct { double re, im; } complex;
```

die folgenden Vereinbarungen möglich:

```
MILES distance;
extern KLICKSP metricp;
complex z, *zp;
```

distance erhält hier den Typ **int**, **metricp** wird ein Zeiger auf **int**, **z** ist eine Struktur mit zwei **double** Komponenten und **zp** zeigt auf eine solche Struktur.

Eine Typ Definition erzeugt keine neuen, verschiedenen Typen; es werden lediglich Synonyme für Typen eingeführt, die jeweils auch anders spezifiziert werden könnten. Im vorhergehenden Beispiel hat daher **distance** absolut den identischen Typ wie jedes andere **int** Objekt.

8.9 Aufzählungen

In den neueren Implementierungen gibt es einen Datentyp, bei dem wie in Pascal die möglichen Werte explizit aufgeführt werden:

```
enum-type-name:
    enum [ identifier ] { enumerator { , enumerator } }
    | enum identifier
    ;

enumerator:
    identifier [ = constant ]
    ;
```

Der im Typ Namen der Aufzählung angegebene Name benennt den Aufzählungstyp, er spielt die gleiche Rolle wie der Name bei einem Struktur oder Varianten Typ Namen (Abschnitt A.8.5).

Im folgenden Beispiel benennt **color** eine Aufzählung, **col** ist ein Objekt, das eine der Konstanten aus der Aufzählung als Wert haben kann, und **cp** ist ein Zeiger auf ein solches Objekt:

```
enum color { chartreuse, burgundy, claret, winedark };
    ...
enum color *cp, col;
```

Die in der Aufzählung genannten Namen sind dadurch als Konstanten vereinbart, und können überall dort verwendet werden, wo normalerweise Konstanten vorkommen können. Die Konstanten werden als Werte repräsentiert, die bei 0 beginnen und, entsprechend der Reihenfolge der Aufzählung von links nach rechts, jeweils um 1 erhöht werden. Alternativ dazu kann ein konstanter Integer Wert explizit als Wert einer Konstante in der Liste vorgeschrieben werden; die nach rechts folgenden Konstanten erhalten dann entsprechend höhere Werte.

Die Namen der Konstanten und der Name der Aufzählung selbst müssen alle voneinander und von allen normalen Namen verschieden sein; anders als bei Strukturen und Varianten sind sie nicht in einer eigenen Klasse.

Jede Aufzählung wird als völlig neuer Typ angesehen, der sich von allen anderen Typen unterscheidet; *lint* markiert entsprechende Typ Fehler. In der Implementierung für das PDP-11 System und für die Siemens PC's werden alle Aufzählungen wie **int** Objekte behandelt.

9. Anweisungen

Falls nichts ausdrücklich erwähnt wird, werden Anweisungen sequentiell nacheinander ausgeführt.

```
statement:
        statement-prefix statement
        | [ expression ] ;
        | compound-statement
        | if ( expression ) statement
        | if ( expression ) statement else statement
        | do statement while ( expression ) ;
        | break ;
        | continue ;
        | return [ expression ] ;
        | goto identifier ;
        ;

statement-prefix:
        identifier :
        | while ( expression )
        | for ( [ expression ] ; [ expression ] ; [ expression ] )
        | switch ( expression )
        | case constant :
        | default :
        ;
```

9.1 Zuweisungen und Prozeduraufrufe

Die Berechnung eines Ausdrucks ist die am häufigsten verwendete Anweisung; sie hat folgende Form:

```
expression;
```

Solche Anweisungen sind normalerweise Zuweisungen oder Prozeduraufrufe.

9.2 Blöcke

In einem *Block* werden mehrere Anweisungen zusammengefaßt. Ein Block kann immer anstelle einer einfachen Anweisung angegeben werden.

```
compound-statement:
        { { declaration } { statement } }
        ;
```

Ein Block kann Vereinbarungen enthalten. Wird dabei ein Name vereinbart, der bereits früher eingeführt wurde, so wird die frühere Vereinbarung für den Bereich des Blocks ersetzt und am Ende des Blocks wiederhergestellt.

Die Initialisierung von **auto** und **register** Variablen, die in einem Block definiert wurden, findet statt, wenn der Block sequentiell von außen her erreicht wird. Es ist zur Zeit möglich – aber schlechter Stil – *nicht* sequentiell in einen Block einzutreten; in diesem Fall würden diese Initialisierungen nicht stattfinden. **static** definierte Variablen werden nur einmal, bei Beginn der Ausführung des gesamten Programms, initialisiert. Für Variablen, die in einem Block **extern** deklariert wurden, wird kein Speicherplatz in dem Block reserviert; solche Variablen können nicht initialisiert werden.

9.3 "if" Anweisungen

Es gibt zwei Varianten der **if**-Anweisung:

```
if (expression)
        statement
```

und

```
if (expression)
        statement
else
        statement
```

In beiden Fällen wird zunächst der Ausdruck bewertet. Ist das Resultat nicht 0, so wird die erste abhängige Anweisung ausgeführt. Im zweiten Fall wird die zweite abhängige Anweisung genau dann ausgeführt, wenn das Resultat 0 ist. Wie die Syntax Regeln in Abschnitt A.9 zeigen, wird **else** jeweils dem nächstmöglichen **if** zugeordnet.

9.4 "while" Anweisung

Die **while**-Anweisung hat folgende Form:

```
while (expression)
        statement
```

Die abhängige Anweisung wird so lange wiederholt wie der Wert des Ausdrucks nicht 0 ist. Der Ausdruck wird jedesmal bewertet, bevor die abhängige Anweisung ausgeführt wird.

9.5 "do" Anweisung

Die **do**-Anweisung hat folgende Form:

```
do
        statement
while (expression);
```

Die abhängige Anweisung wird so lange wiederholt wie der Wert des Ausdrucks nicht 0 ist. Der Ausdruck wird jedesmal bewertet, nachdem die abhängige Anweisung ausgeführt wurde; im Gegensatz zur **while**-Anweisung (Abschnitt A.9.4) wird bei der **do**-Anweisung die abhängige Anweisung mindestens einmal ausgeführt.

9.6 "for" Anweisung

Die **for**-Anweisung hat folgende Form:

```
for (expression1; expression2; expression3)
        statement
```

Diese Anweisung ist äquivalent zu

```
expression1;
while (expression2) {
        statement;
        expression3;
}
```

Der Ausdruck **expression1** dient also zur Initialisierung der Schleife. Der Ausdruck **expression2** definiert einen Test, er wird vor jeder Ausführung der abhängigen Anweisung bewertet; die Schleife ist zu Ende, wenn **expression2** den Wert 0 hat. Der Ausdruck **expression3** definiert typischerweise eine Inkrementierung, die am Ende jeder Wiederholung ausgeführt wird.

Jeder einzelne der drei Ausdrücke kann fehlen. Fehlt der Ausdruck **expression2**, so gilt für die Wiederholung **while (1)**; die Schleife muß also dann explizit mit einer **break**-, **goto**- oder **return**-Anweisung verlassen werden. Fehlen die anderen beiden Ausdrücke, so gelten sie in der oben angegebenen äquivalenten Form ebenfalls als nicht spezifiziert.

9.7 "switch" Anweisung

Die **switch**-Anweisung sorgt dafür, daß die Ausführung des Programms bei einer von mehreren Anweisungen fortgesetzt wird, in Abhängigkeit vom Wert eines Ausdrucks. Die **switch**-Anweisung hat folgende Form:

```
switch (expression)
        statement;
```

Zur Bewertung des Ausdrucks finden die üblichen arithmetischen Umwandlungen statt, aber das Resultat muß ein Integer Wert sein. Die abhängige Anweisung ist typischerweise ein Block. Jeder Anweisung innerhalb der abhängigen Anweisung kann eine beliebige Anzahl von **case**-Marken der folgenden Form vorausgehen:

```
case constant:
```

Dabei muß die Konstante ein Integer Wert sein. Jede dieser **case**-Konstanten kann nur einmal in einer **switch**-Anweisung vorkommen. Bei den Konstanten kann es sich, wie in Abschnitt A.15 beschrieben, auch um konstante Ausdrücke handeln.

Eine **case**-Marke kann auch folgende Form haben:

default:

Zur Ausführung der **switch**-Anweisung wird der Ausdruck bewertet und mit allen **case**-Konstanten verglichen. Wird eine **case**-Konstante gefunden, die denselben Wert hat wie der Ausdruck, so wird die Ausführung des Programms mit der Anweisung fortgesetzt, die dieser **case**-Marke folgt. Wird keine passende **case**-Konstante gefunden, so wird die Ausführung bei einer **default case**-Marke fortgesetzt, falls diese vorhanden ist. Ist keine **default case**-Marke und keine passende **case**-Konstante vorhanden, so wird die abhängige Anweisung insgesamt nicht ausgeführt, und die Ausführung des Programms wird mit der Anweisung fortgesetzt, die der gesamten **switch**-Anweisung folgt.

case-Marken haben selbst keinen Einfluß auf die sequentielle Ausführung einer Reihe von Anweisungen; die Ausführung wird fortgesetzt, als ob keine **case**-Marken vorhanden sind. Die **break**-Anweisung wird normalerweise benützt um einen **case** Abschnitt zu verlassen, siehe Abschnitt A.9.8.

Die abhängige Anweisung ist meistens ein Block. Dieser Block kann wie üblich Vereinbarungen enthalten, aber **auto** oder **register** definierte Variablen werden nicht initialisiert, da die Ausführung des Programms nicht sequentiell in den Block eintritt.

9.8 "break" Anweisung

Die Anweisung

break;

sorgt für den Abbruch der nächstgelegenen **do**-, **for**-, **switch**- oder **while**-Anweisung, in deren Abhängigkeit die **break**-Anweisung vorkommt. Die Ausführung des Programms wird mit der Anweisung fortgesetzt, die der abgebrochenen Anweisung normalerweise folgt.

9.9 "continue" Anweisung

Die Anweisung

continue;

muß sich in der Abhängigkeit einer **do**-, **for**- oder **while**-Anweisung befinden. Sie sorgt dafür, daß die Ausführung des Programms an dem Punkt fortgesetzt wird, an dem über die Wiederholung der nächstgelegenen solchen Anweisung entschieden wird. Präziser ausgedrückt ist in den Anweisungen

```
do {                for (...) {         while (...) {
    ...                 ...                 ...
contin: ;           contin: ;           contin: ;
} while (...);      }                   }
```

eine **continue**-Anweisung jeweils äquivalent zu **goto contin;**. (Der Marke **contin** folgt dabei jeweils eine leere Anweisung, siehe Abschnitt A.9.13.)

9.10 "return" Anweisungen

Wurde eine Funktion aufgerufen, so sorgt die **return**-Anweisung innerhalb der Funktion dafür, daß die Ausführung des Programms am Punkt nach dem Funktionsaufruf fortgesetzt wird. Die **return**-Anweisung hat eine der folgenden Formen:

return;

oder

return expression;

Im ersten Fall ist der Wert des Funktionsaufrufs undefiniert. [11] Im zweiten Fall ist der Wert des Ausdrucks der Wert des Funktionsaufrufs. Falls nötig wird dieser Wert wie bei einer Zuweisung in einen Wert mit dem Datentyp umgewandelt, der als Typ der Funktion definiert wurde.

Der erste Fall, **return** ohne einen Funktionswert, liegt auch vor, wenn die Programm Ausführung das Ende des Blocks erreicht, der für die Funktion definiert wurde.

9.11 "goto" Anweisung

Die **goto**-Anweisung

goto identifier;

veranlasst, daß die Ausführung des Programms bei der angegebenen Marke (siehe Abschnitt A.9.12) fortgesetzt wird. Die Marke muß sich im Block der gleichen Funktion befinden wie die **goto**-Anweisung.

9.12 Marken

Jeder Anweisung kann eine beliebige Anzahl von Marken vorausgehen. Eine Marke hat folgende Form:

identifier:

Die Benützung als Marke dient zur Definition des angegebenen Namens. Ein solcher Name kann nur in einer **goto**-Anweisung verwendet werden. Der Geltungsbereich des Namens erstreckt sich über den ganzen Funktionsblock, in dem sich die Marke befindet; ausgeschlossen vom Geltungsbereich sind verschachtelte Blöcke, in denen der Name neu definiert wird. Siehe Abschnitt A.11.

[11] Die Funktion sollte dann eigentlich mit dem Resultat Typ **void** definiert worden sein; sie ist eine Prozedur im Sinne von Pascal. A.d.Ü.

9.13 Leere Anweisung

Die leere Anweisung hat die Form

```
;
```

Die leere Anweisung kann dazu benützt werden, eine Marke am Ende eines Blocks zu definieren. Eine leere Anweisung kann auch als abhängige Anweisung einer Schleife dienen.

10. Globale Vereinbarungen

Ein C Programm besteht aus einer Folge von globalen Definitionen und Deklarationen. Mit einer globalen Definition vereinbart man, daß ein Name die Speicherklasse **extern** erhält, oder auch **static**, wenn dies explizit angegeben ist; außerdem wird ein Typ für den Namen festgelegt. Der Effekt einer globalen Deklaration wird in Abschnitt A.11.2 genauer erklärt.

```
program:
    { definition }
    ;

definition:
    function-definition
    | data-definition ;
    | extern-declaration ;
    | type-definition ;
    ;
```

Fehlt eine Typ Bezeichnung (Abschnitt A.8.2), so wird der Typ **int** angenommen. Globale Vereinbarungen gelten bis zum Ende der Datei, in der sie erscheinen, genauso wie Vereinbarungen in einem Block jeweils bis zum Ende eines Blocks gelten. Globale Definitionen haben prinzipiell die gleiche Syntax wie alle anderen Vereinbarungen; der Code von Funktionen kann jedoch nur in einer globalen Definition angegeben werden.

10.1 Funktionen

Die Definition einer Funktion hat folgende Form:

```
function-definition:
    [ static-or-type ] function-header compound-statement
    | extern-and-type function-header compound-statement
    ;

static-or-type:
    static [ type-name ]
    | type-name [ static ]
    ;
```

Eine Funktion kann nur **extern** oder **static** definiert werden; der Unterschied ist in Abschnitt A.11.2 erklärt. [12] Bei der Definition einer Funktion wird zunächst der Name der Funktion in Form eines Deklarators vereinbart. Dieser Deklarator enthält dabei die Namen der entsprechenden Parameter, falls die Funktion Argumente akzeptieren soll. Anschließend folgen Deklarationen für die Parameter. Die Anweisungen, die bei Aufruf der Funktion ausgeführt werden sollen, erscheinen zum Schluß in Form eines Blocks.

```
function-header:
    { * } object-declarator parameter-list
    ;

parameter-list:
    ( [ identifier-list ] ) { parameter-declaration }
    ;

identifier-list:
    identifier { , identifier }
    ;

parameter-declaration:
    register-or-type declarator-list ;
    | type-definition ;
    ;

register-or-type:
    register [ type-name ]
    | type-name [ register ]
    ;
```

In den Parameter Deklarationen können nur die Namen aus der Parameter Liste vereinbart werden. Wird dabei kein Typ Name angegeben, oder wird ein Parameter Name hier garnicht vereinbart, so wird **int** angenommen. Als einzige Speicherklasse kann **register** vereinbart werden; wird ein Parameter so vereinbart, dann wird das entsprechende Argument beim Aufruf der Funktion, falls möglich, in ein Register kopiert.

Das folgende Beispiel zeigt die komplette Definition einer Funktion mit **int** Resultat, die das Maximum von drei **int** Argumenten liefert:

[12] Die Angabe des Wortes **extern** hat bei der Vereinbarung einer Funktion den gleichen Effekt wie keine Angabe einer Speicherklasse. A.d.Ü.

```
int max(a, b, c)
int a, b, c;
{
        int m;

        m = (a > b) ? a : b;
        return (m > c) ? m : c;
}
```

In diesem Beispiel ist **int** der Typ Name für das Resultat der Funktion. **max(a,b,c)** ist der Deklarator, der den Namen der Funktion sowie die Namen der Parameter vereinbart. **int a, b, c;** ist die (einzige) Deklaration für die Parameter. { ... } ist der Block, der ausgeführt wird, wenn die Funktion **max** aufgerufen wird.

C wandelt alle **float** Argumente in **double** Objekte um; deshalb werden auch **float** Parameter Deklarationen automatisch als **double** Deklarationen angesehen.

Ein Vektor Name wird in jedem Zusammenhang (insbesondere also auch bei Angabe als Argument) in einen Zeiger Wert auf das erste Element des Vektors umgewandelt; Parameter Deklarationen der Form "Vektor von *t*" werden folglich auch automatisch als "Zeiger auf *t*" angesehen. [13]

In allen Implementierungen können Zeiger auf Funktionen, Strukturen und Varianten als Argumente und folglich als Parameter angegeben werden; nur in neueren Implementierungen können auch Strukturen direkt als Argumente und Parameter benützt werden.

10.2 Globale Daten Definitionen

Eine globale Daten Definition hat folgende Form:

data – definition:
  [static – or – type] initialized – declarator – list
  ;

Als Speicherklasse kann **static** angegeben werden; fehlt die Angabe einer Speicherklasse, so wird die Speicherklasse **extern** angenommen. [14]

11. Geltungsbereiche

Ein C Programm braucht nicht unbedingt nur in einem einzigen Lauf des Übersetzers bearbeitet zu werden; das Quellprogramm kann aus mehreren Dateien zusammengesetzt werden, und früher übersetzte Funktionen und Datenflächen können aus Büchereien zum endgültigen Programm gebunden werden. Die Funktionen

---

[13] Bei mehrdimensionalen Vektoren kann in der Parameter Deklaration allerdings höchstens die erste Dimensionierung fehlen, siehe Abschnitt A.8.4 und Abschnitt A.14.3. A.d.Ü.

[14] Ist die Speicherklasse **extern** explizit angegeben, so liegt keine *Definition*, sondern eine *Deklaration* vor; die Konsequenzen werden in Abschnitt A.11.2 erklärt. A.d.Ü.

eines Programms können mittels expliziter Argumente bei Aufrufen sowie durch die Manipulation von Objekten in der Speicherklasse **extern** korrespondieren.

Zwei Geltungsbereiche von Namen müssen folglich unterschieden werden: einerseits der *Geltungsbereich im Text*, prinzipiell der Bereich eines Programms, in dem ein Name benützt werden kann, ohne daß der Übersetzer entsprechende Fehlermeldungen erzeugt; andererseits der *externe Geltungsbereich* globaler Namen und externer Deklarationen, der dadurch charakterisiert ist, daß Verweise auf den gleichen externen Namen noch Verweise auf dasselbe Objekt sind.

11.1 Geltungsbereich im Text

Global vereinbarte Namen gelten von der Vereinbarung bis zum Ende der Datei, in der die Vereinbarung erscheint. Parameter Namen gelten bis zum Ende der Funktion, für die sie deklariert werden. Namen, die in einem Block vereinbart werden, gelten bis zum Ende des Blocks. Marken, die in einer Funktion definiert werden, sind innerhalb der ganzen Funktion erreichbar.

Alle Verweise auf den gleichen externen Namen bezeichnen dasselbe Objekt, siehe Abschnitt A.11.2. Der Übersetzer kontrolliert deshalb, daß alle Deklarationen für den gleichen externen Namen *innerhalb* einer Datei miteinander verträglich sind; damit ist der Geltungsbereich externer Namen effektiv die gesamte Datei, in der sie erscheinen.

In allen Fällen verdrängt jedoch die explizite Vereinbarung eines Namens am Beginn eines Blocks alle möglicherweise außerhalb des Blocks bestehenden Vereinbarungen für diesen Namen bis zum Ende des Blocks.

Es wird nochmals darauf hingewiesen (Abschnitt A.8.5), daß zwei verschiedene Klassen von Namen existieren, für Strukturen, Varianten und deren Komponenten einerseits, und für alle anderen Bezeichnungen andererseits, die völlig getrennt voneinander unterhalten werden. Für die Namen von Komponenten, Strukturen und Varianten gelten die gleichen Bereich Regeln wie für alle anderen Namen. Dies bedeutet insbesondere, daß in den meisten Implementierungen alle Komponenten, auch in verschiedenen Strukturen oder Varianten, im gleichen Geltungsbereich mit verschiedenen Namen bezeichnet werden müssen.

typedef Namen sind in der gleichen Klasse wie Objekt Namen. **typedef** Namen können in verschachtelten Blöcken neu vereinbart werden, aber in der inneren Vereinbarung muß dann ein expliziter Typ Name angegeben werden:

```
typedef float distance;
    ...
{
    auto int distance;
    ...
```

In der zweiten Definition muß der Typ Name **int** explizit angegeben werden, sonst würde diese Definition als Typ Definition mit Typ Name **distance** und leerer Deklarator Liste angesehen werden! [15]

11.2 Externer Geltungsbereich

Die Angabe der Speicherklasse **static** verhindert, daß Namen extern bekannt werden. Globale Definitionen für Funktionen und Daten, bei denen nicht explizit die Speicherklasse **static** angegeben wurde, werden in der Speicherklasse **extern** angelegt, und sie vereinbaren Namen, die extern bekannt sind. Nur in der globalen Definition kann eine Initialisierung von extern bekannten Objekten erfolgen, oder kann der Code einer Funktion angegeben werden.

Besteht ein Programm aus mehreren Quelldateien, die getrennt übersetzt werden, so kann ein Name nur in *einer* Quelldatei global definiert werden; alle anderen Quelldateien (oder auch Bücherei Funktionen) verweisen auf den Namen mit einer **extern** Deklaration:

```
extern-declaration:
      extern-and-type declarator-list
      ;

extern-and-type:
      extern [ type-name ]
      | type-name extern
      ;
```

Wenn ein Name in einer Datei oder in einem Block **extern** deklariert wird, so muß in einer der Quelldateien oder Bücherei Funktionen der gleiche Name in einer globalen Definition extern bekannt gemacht werden. Alle externen Verweise auf diesen Namen bezeichnen dasselbe Objekt; alle beteiligten Deklarationen müssen deshalb sehr sorgfältig auf Verträglichkeit von Typ und Größe kontrolliert werden. [16]

12. Der C Preprozessor

Der C Übersetzer enthält einen Makro Prozessor, im folgenden als *Preprozessor* bezeichnet, der Text Ersatz vornehmen, Dateien in eine Quelldatei einfügen und Teile einer Quelle von der Übersetzung ausschließen kann. Der Preprozessor wird in Zeilen angesprochen, die mit # beginnen. Die Syntax dieser Zeilen ist unabhängig vom Rest der Sprache; insbesondere ist *kein* Semikolon als syntaktischer Bestandteil einer solchen Zeile vorhanden. Preprozessor Zeilen können an beliebigen Stellen in der Quelle vorkommen; ihr Effekt hält an bis zum Ende der Quelle, unabhängig von den anderen Überlegungen zu Geltungsbereichen.

---

[15] Im Original gibt Ritchie zu, daß er sich hier auf Glatteis begibt... A.d.Ü.

[16] Der *lint* Prozessor kann auch die Verträglichkeit von Verweisen zwischen getrennt übersetzten Dateien überprüfen. A.d.Ü.

12.1 Makros

Eine Preprozessor Zeile der Form

\# **define** *identifier replacement*

veranlasst, daß der Preprozessor im nachfolgenden Text den angegebenen Namen durch den angegebenen Text ersetzt. Eine Zeile der Form

\# **define** *identifier(identifier, ... ,identifier) replacement*

definiert einen Makro mit Parametern; in der Definition muß die linke Klammer dem Makro Namen unmittelbar folgen, damit der Preprozessor die Konstruktion als Parameter Liste erkennt. Im nachfolgenden Text besteht ein Makro Aufruf aus dem Makro Namen, einer linken Klammer, einer Liste von Argumenten, die durch Komma getrennt sind, und einer rechten Klammer. Argumente sind beliebige Folgen von Worten; innerhalb von Klammern oder Strings kann ein Argument auch Komma enthalten. In einem Makro Argument und in einer String oder **char** Konstante wird ein Makro Aufruf nicht erkannt. Die Anzahl der Argumente sollte mit der Anzahl der Parameter übereinstimmen. Der Makro Aufruf wird durch den angegebenen Text ersetzt; die Namen der Makro Parameter werden überall im Ersatz Text (also auch in Strings) durch die entsprechenden Argumente ersetzt.

Bei beiden Arten von Makros wird der Ersatz Text wiederholt auf weitere Makro Aufrufe untersucht. [17] In beiden Fällen kann die Definition des Ersatz Textes mehrere Zeilen umfassen: wie bei String Konstanten (Abschnitt A.2.5) wird ein Zeilen Ende bei der Definition ignoriert, wenn ihm ein Fluchtsymbol \ unmittelbar vorausgeht.

Makros werden vor allem zur Definition von wesentlichen Konstanten eingesetzt; das folgende Beispiel ist typisch:

```
#define TABSIZE 100

int table[TABSIZE];
```

Eine Preprozessor Zeile der Form

\# **undef** *identifier*

löscht die Definition eines Makros.

12.2 Einfügen von Dateien

Eine Preprozessor Zeile der Form

\# **include** *"filename"*

wird durch den Inhalt der angegebenen Datei ersetzt. Die Datei wird zuerst im gleichen Katalog wie die ursprüngliche Quelldatei gesucht, anschließend wird sie noch

[17] Makros sollten bei den normalerweise verfügbaren C Preprozessoren nicht rekursiv aufgerufen werden. A.d.Ü.

an bestimmten anderen Stellen gesucht. Die Suche im Katalog der Quelldatei unterbleibt, wenn die Datei in der Form

include <*filename*>

angegeben wird.

Innerhalb einer einzufügenden Datei kann wieder eine # **include** Preprozessor Zeile vorkommen. Beim Einfügen einer Datei findet der übliche Text Ersatz statt.

12.3 Bedingte Übersetzung

Eine Preprozessor Zeile der Form

if *constant*

untersucht, ob die angegebene Konstante (siehe Abschnitt A.15) einen von 0 verschiedenen Wert besitzt. Eine Zeile der Form

ifdef *identifier*

untersucht, ob zu diesem Zeitpunkt der Name dem Preprozessor als Makro Name bekannt ist, das heißt, ob der Name früher mit einer # **define** Zeile eingeführt wurde. Eine Zeile der Form

ifndef *identifier*

untersucht, ob der Name dem Preprozessor nicht bekannt ist.

Jeder dieser drei Zeilen folgt eine beliebige Anzahl von Zeilen, darunter möglicherweise eine Zeile der Form

else

Die Konstruktion wird abgeschlossen mit einer Zeile der Form

endif

Wenn die Bedingung erfüllt ist, werden alle Zeilen zwischen # **else** und # **endif** ignoriert, das heißt nicht in die eigentliche Übersetzung übernommen. Ist die Bedingung nicht erfüllt, werden alle Zeilen nach dem Test und vor # **else**, oder in dessen Abwesenheit auch # **endif**, ignoriert.

Diese Konstruktionen können verschachtelt werden.

12.4 Zeilen Numerierung

Prozessoren wie zum Beispiel der *yacc* Übersetzer Generator generieren C Programme. Damit der C Übersetzer Fehlermeldungen erzeugen kann, die sich auf die ursprüngliche Quelle beziehen, gibt es eine Preprozessor Zeile der Form

line *constant identifier*

In dieser Zeile definiert die Konstante die Nummer der nächsten Zeile, und der Name den Namen der Quelldatei, zur Verwendung in etwaigen Fehlermeldungen. [18] Fehlt dabei der Name der Datei in dieser Kontrollzeile, so wird der bisher zu diesem Zweck benützte Name weiter verwendet.

13. Implizite Vereinbarungen

Speicherklasse und Typ Name müssen nicht unbedingt in einer Vereinbarung angegeben werden. In globalen Definitionen folgt **extern**, bei Parametern folgt **auto** aus dem Kontext der Vereinbarung; Komponenten erhalten ihre Speicherklasse in Abhängigkeit von der Benützung der Struktur oder Variante, in der sie vorkommen.

Für eine Vereinbarung innerhalb eines Blocks gilt folgendes: wenn nur die Speicherklasse angegeben ist, wird der Typ Name **int** angenommen; wenn nur der Typ Name angegeben ist, wird die Speicherklasse **auto** angenommen. Letzteres gilt nicht für Funktionen, da keine Funktion die Speicherklasse **auto** besitzen kann (*cc* kann keinen Code auf dem Stack generieren); besitzt ein Name den Typ "Funktion mit Resultat *t*" so wird dieser Name implizit als **extern** deklariert.

Wenn ein bis zu diesem Zeitpunkt unbekannter Name gefolgt von einer linken Klammer in einem Ausdruck erscheint, wird dieser Name implizit als "Funktion mit Resultat **int**" deklariert; eine Funktion, die kein **int** Resultat liefert, sollte daher vor ihrer ersten Benützung explizit vereinbart werden.

14. Operationen und Datentypen

In diesem Abschnitt werden die Operationen zusammenfassend erläutert, die für Objekte mit bestimmten Datentypen möglich sind.

14.1 Strukturen und Varianten

Für eine Struktur oder Variante gibt es relativ wenige Operationen: eine Komponente kann ausgewählt werden (mit den **.** und **->** Operatoren), und die Adresse des gesamten Objekts kann bestimmt werden (mit dem unitären **&** Operator).

In neueren Implementierungen kann eine Struktur an eine Struktur gleichen Typs zugewiesen, oder als Argument einer Funktion übergeben werden. Eine Funktion kann eine Struktur als Resultat liefern. [19] In allen Implementierungen können natürlich Zeiger auf Strukturen und Varianten als Argumente und Resultate einer Funktion verwendet werden.

Abschnitt A.7.1 verlangt, daß bei einem Verweis auf eine Struktur Komponente (mit **.** oder **->**) der Komponenten Name, also der rechte Operand, in der Struktur

[18] Üblicherweise teilt ein C Preprozessor einem C Übersetzer diese Information in einer internen Kontrollzeile mit. Für Makros wie **assert** aus der UNIX C Makro Bücherei steht diese Information meistens aktuell auch als Ersatztext der Makros **__LINE__** und **__FILE__** zur Verfügung. A.d.Ü.

[19] Die Implementierung für das PDP-11 System hat dabei einen subtilen Fehler, siehe Abschnitt A.17. Auf den Siemens Arbeitsplatzcomputern existiert keine Strukturzuweisung. A.d.Ü.

deklariert sein muß, die der linke Operand bezeichnet. Der C Übersetzer kontrolliert diese Bedingung *nicht*, um eine bewußte Verletzung der sonst strikten Typenbindung zu ermöglichen. Tatsächlich ist bei direkten Verweisen (also bei .) ein beliebiger L-Wert als linker Operand erlaubt; es wird *angenommen*, daß dieser L-Wert die Struktur bezeichnet, in der der rechte Operand als Komponenten Name vorkommt. Bei indirekten Verweisen (also bei **->**) kann der linke Operand ein beliebiger Zeiger Wert oder ein Integer Wert sein. Von einem Zeiger wird ebenfalls angenommen, daß er auf ein Objekt mit der Struktur verweist, in der der rechte Operand als Komponenten Name vorkommt. Ein Integer Wert wird als absolute Adresse, in den auf der jeweiligen Maschine üblichen Speichereinheiten, aufgefasst, bei der sich die betreffende Struktur befindet.

Solche Konstruktionen sind nicht problemlos von einer Maschine auf eine andere übertragbar.

14.2 Funktionen

Eine Funktion hat genau zwei Verwendungsmöglichkeiten: sie kann aufgerufen werden, oder ihre Adresse kann bestimmt werden. Wenn der Name einer Funktion in einem Ausdruck auftritt und sich dabei nicht in der Position für den Funktionsnamen in einem Funktionsaufruf befindet, wird ein Zeiger Wert konstruiert, der auf diese Funktion verweist. Auf diese Weise kann man eine Funktion als Argument übergeben:

```
int f();
        ...
g(f);
```

Die Definition der Funktion **g**, die die Funktion **f** als Parameter empfängt, ist dann etwa:

```
g(funcp)
int (*funcp)();
{
        ...
        (*funcp)();
        ...
}
```

Man beachte, daß **f** hier explizit vereinbart werden muß, denn bei Benützung als Argument im Aufruf **g(f)** folgt dem Namen **f** keine linke Klammer, eine implizite Deklaration erfolgt dabei also nicht.

14.3 Vektoren, Zeiger und Indices

Wenn der Name eines Vektors in einem Ausdruck auftritt, wird er immer in einen Zeiger Wert umgewandelt, der auf das erste Element des Vektors verweist. Wegen dieser Umwandlung sind Vektor Namen keine L-Werte. Definitionsgemäß wird der

Index Operator **[]** so interpretiert, daß **E1[E2]** äquivalent zu **(*((E1) + (E2)))** ist. Für die Addition **+** gelten Umwandlungsregeln dergestalt, daß **E1[E2]** das Element in Position **E2** im Vektor **E1** bezeichnet, wenn **E1** ein Vektor und **E2** ein Integer Wert ist. Daraus folgt, daß die Index Operation kommutativ ist, obgleich sie asymmetrisch formuliert scheint.

Für mehrdimensionale Vektoren gilt folgende einheitliche Regelung: ist **E** ein *n*-dimensionaler Vektor mit Rang $i \times j \times k$, dann wird **E** in einem Ausdruck in einen Zeiger Wert umgewandelt, der auf einen (*n*-1)-dimensionalen Vektor mit Rang $j \times k$ verweist. Wird der Verweis Operator *****, explizit oder auch als Resultat einer Index Operation, auf diesen Zeiger Wert angewendet, so bezeichnet das Resultat eben diesen (*n*-1)-dimensionalen Vektor, der dann selbst wieder in einen Zeiger Wert umgewandelt wird.

Betrachten wir dazu als Beispiel

```
int x[3][5];
```

x ist hier ein Vektor mit 3×5 **int** Elementen. Tritt der Name **x** in einem Ausdruck auf, so wird er in einen Zeiger Wert auf den ersten von 3 Vektoren mit jeweils 5 **int** Elementen umgewandelt. Der Ausdruck **x[i]** ist äquivalent zu ***(x+i)**. **x** wird nun in einen Zeiger Wert umgewandelt; anschließend wird der Integer Wert **i** für den Typ von **x** umgewandelt, das heißt, **i** wird mit der Länge des Objekts multipliziert,auf das **x** zeigt, also mit der Länge eines Vektors von 5 **int** Elementen. Zeiger Wert und Resultat der Multiplikation werden entsprechend addiert, und der Verweis wird angewendet; dies bezeichnet einen Vektor mit 5 **int** Elementen, der sofort wieder in einen Zeiger auf das erste Element verwandelt wird. Folgt eine weitere Index Operation, wird das Verfahren wiederholt, wobei in diesem Fall dann ein **int** Wert entstünde.

Der langen Rede kurzer Sinn ist, daß in C mehrdimensionale Vektoren *zeilenweise* gespeichert werden (wie in Pascal und nicht wie in Fortran, das heißt, bei sequentieller Betrachtung des Speichers variiert der letzte Index am schnellsten). Die erste Dimensionierung in einer Vereinbarung trägt zwar bei zur Bestimmung des Speicherbedarfs für den mehrdimensionalen Vektor, hat aber sonst keinen Einfluß auf die Index Berechnungen.

14.4 Explizite Umwandlung von Zeiger Werten

Bestimmte Umwandlungen von Zeiger Werten sind zwar erlaubt, aber sie werden von der Adress-Architektur der jeweiligen Maschine beeinflußt. Diese Umwandlungen werden immer explizit angegeben, siehe Abschnitt A.7.2 und Abschnitt A.8.7.

Ein Zeiger Wert kann in einen Integer Wert umgewandelt werden, der dafür groß genug ist; je nach Maschine ist dies **int** oder **long**. Die Abbildung von Zeiger Werten auf Integer Werte ist auf den einzelnen Maschinen unterschiedlich, aber sie sollte die Kenner der jeweiligen Adress-Architekturen nicht überraschen. Die Details sind am Ende dieses Abschnitts angegeben.

Ein Integer Wert kann explizit in einen Zeiger umgewandelt werden. Die Abbildung ist je nach System verschieden, aber sie besitzt eine Umkehrung, das heißt, wenn ein Zeiger Wert in einen Integer Wert und dieser wieder in einen Zeiger Wert umgewandelt wird, entsteht der ursprüngliche Zeiger Wert.

Ein Zeiger auf einen Typ kann in einen Zeiger auf einen anderen Typ umgewandelt werden. Der resultierende Zeiger Wert kann Adressierungsfehler verursachen, wenn der ursprüngliche Zeiger Wert auf ein entsprechend ungeeignet positioniertes Objekt verweist (*alignment* Problem). Es wird jedoch garantiert, daß ein Zeiger auf einen bestimmten Typ so in einen Zeiger auf einen Typ mit geringerem Speicherbedarf umgewandelt wird, daß dann bei der umgekehrten Umwandlung der ursprüngliche Zeiger Wert wieder entsteht.

In der UNIX C Bücherei gibt es beispielsweise eine Routine **calloc** zur Speicherverwaltung, die einen **char** Zeiger Wert liefert, der einen Vektor bezeichnet, dessen Dimension und Größe eines Elements als Argumente angegeben werden. Die **calloc** Routine kann dann zum Beispiel wie folgt verwendet werden:

```
extern char *calloc();
double *dp;

dp = (double *) calloc(1, sizeof(double));
*dp = 22.0 / 7.0;
```

calloc muß (individuell auf jeder Maschine) sicherstellen, daß der Resultat Zeiger Wert in einen Zeiger auf **double** umgewandelt werden kann; auf diese Weise ist die *Verwendung* der **calloc** Funktion übertragbar, obgleich die *Implementierung* je nach Maschine verschieden ist.

Auf allen hier beschriebenen Maschinen werden Zeiger Werte als **int** repräsentiert, also in 16 Bits auf dem PDP-11 System, in 36 Bits auf dem Honneywell 6000 System und in 32 Bits auf dem VAX System, dem Motorola 68000 System, den Perkin Elmer 32 Bit und anderen zur IBM 360/370 vergleichbaren Systemen.

Auf den Perkin Elmer 32 Bit, Motorola 68000 und IBM 360/370 Systemen wird der Speicher in Bytes adressiert, und die elementaren Objekte müssen Adressen besitzen, die durch ihre Länge dividierbar sind. **char** Objekte können also beliebige Adressen haben, **short** Objekte befinden sich bei geradzahligen Adressen, **int** und **float** benötigen Adressen, die durch 4 dividierbar sind und **double** Objekte sollten Adressen haben, die Vielfache von 8 sind. [20] Aggregate erhalten Adressen, die die Bedingungen für alle ihre Teile erfüllen.

Auf den PDP-11 und VAX Systemen wird der Speicher ebenfalls in Bytes adressiert; **char** Objekte können beliebige Adressen haben, alle anderen Objekte müssen geradzahlige Adressen besitzen.

---

[20] Nur auf den IBM 360/370 Systemen sind **double** Adressen wirklich Vielfache von 8. Auf den anderen Systemen sind sie Vielfache von 4. A.d.Ü.

Auf dem Honneywell 6000 System haben Zeiger Werte 36 Bits. Die Wort Adresse ist in den signifikantesten, linken 18 Bits. Zwei weitere Bits selektieren gegebenenfalls ein Zeichen innerhalb eines Wortes; diese Bits befinden sich unmittelbar rechts von der Wort Adresse. **char** Zeiger Werte werden also in Einheiten von 2^{16} Bytes gemessen; alle anderen Adressen werden in Einheiten von 2^{18} Maschinen Worten angegeben. **double** Objekte und Aggregate mit **double** Objekten müssen geradzahlige Wort Adressen besitzen (0 modulo 2^{19}).

15. Konstante Ausdrücke

Konstanten kommen an verschiedenen Stellen in C vor: zur Bezeichnung von **case** Positionen, zur expliziten Definition von Konstanten Namen in Aufzählungen, zur Dimensionierung von Vektoren, und bei Initialisierungen. In diesen Situationen können immer auch konstante Ausdrücke angegeben werden. Solche Ausdrücke bestehen aus Integer und **char** Konstanten, verknüpft mit den unitären Operatoren

sizeof − ~

und allen binären Operatoren, mit Ausnahme von Zuweisungen und den logischen Verknüpfungen

\+ − * / % & | ^ << >> == != < > <= >= ?:

Dabei können auch Klammern eingesetzt werden; Funktionsaufrufe sind nicht erlaubt.

In Initialisierungen können darüber hinaus mit dem unitären Operator **&** die Adressen von statischen oder externen Objekten sowie von statischen oder externen Vektoren mit konstanter Dimensionsangabe verwendet werden. Der **&** Operator kann auch implizit verwendet werden, indem Vektor Namen ohne Index und die Namen von Funktionen angegeben werden. Initialisierungen müssen grundsätzlich Konstanten sein, oder auch Adressen von früher vereinbarten Objekten mit der Speicherklasse **extern** oder **static**, die noch mit einer Konstante additiv verknüpft sein können.

16. Portabilität

Gewisse Aspekte von C sind a priori abhängig von der jewelligen Maschine. Die folgende Liste von möglichen Fehlern erhebt keinen Anspruch auf Vollständigkeit, aber sie beschreibt die wichtigsten Fehlerquellen. Der *lint* Prozessor sollte zur Überprüfung der Portabilität eines Programms ebenfalls herangezogen werden.

Reine Hardware Eigenschaften, wie Wortgröße und die Eigenschaften von Gleitkomma Arithmetik und Integer Division haben sich in der Praxis nicht als sehr problematisch herausgestellt. Andere Hardware Aspekte resultieren in verschiedenartige Implementierungen. Einige dieser Hardware Aspekte, insbesondere die Behandlung des Vorzeichens (wenn ein negativer **char** Wert in eine negative Integer umgewandelt werden soll) und der *Byte-Sex*, das heißt die Reihenfolge der Bytes in einem Wort, sind recht ärgerlich und müssen entsprechend berücksichtigt werden. Die meisten anderen Hardware Unterschiede bieten nur geringfügige Probleme. [21]

Die Anzahl von **register** Variablen, die tatsächlich in Hardware Registern unterhalten werden können, variiert natürlich von Maschine zu Maschine; ebenso sind die vordefinierten Datentypen verschieden. Trotzdem reagieren die Übersetzer jeweils korrekt für die eigene Maschine; überzählige oder unmögliche **register** Definitionen werden beispielsweise ignoriert.

Schwierigkeiten bei der Übertragung von Programmen resultieren hauptsächlich von einigermaßen zweifelhaften Codier-Techniken her. Es ist nicht sehr ratsam Programme zu schreiben, die von den folgenden Eigenschaften abhängen.

Die Reihenfolge, in der Funktionsargumente bewertet werden, ist in der Sprache nicht definiert. Auf den PDP-11, VAX und Motorola 68000 Systemen, sowie auch auf den Siemens PC's erfolgt dies von rechts, in den anderen Implementierungen aber von links her. Die Reihenfolge, in der etwaige Nebeneffekte stattfinden, ist ebenfalls undefiniert.

Da **char** Konstanten in Wirklichkeit immer **int** Objekte sind, sind prinzipiell Zeichen Konstanten aus mehreren Zeichen erlaubt. Die Implementierung ist jedoch völlig von der jeweiligen Maschine abhängig, da die Reihenfolge variiert, in der Zeichen in einem Wort abgelegt werden.

Auf den PDP-11 und VAX Systemen werden Zeichen in Integer Werten und Bit-Felder in Worten von rechts nach links angeordnet, auf den anderen Maschinen aber umgekehrt. Diese Unterschiede kommen nur zum Vorschein und müssen beachtet werden, wenn sich ein Programm mit extern fixierten Datenformaten auseinandersetzen muß. Problematisch sind hier natürlich auch Umwandlungen von Zeiger Werten, etwa von **int** Zeigern in **char** Zeiger Werte, wenn anschließend auf den Speicherbereich entsprechend der Zeiger Wert Umwandlung zugegriffen wird.

Der Sprachumfang, den die einzelnen Implementierungen akzeptieren, unterscheidet sich auch in einigen Details. Hauptsächlich können Strukturen mit Bit-Feldern auf dem PDP-11 System und auf den Siemens PC's nicht initialisiert werden, und in manchem Kontext sind bei dieser Implementierung Zuweisungen nicht erlaubt, wenn das Resultat der Zuweisung anschließend weiter verwendet wird.

17. Anachronismen

C unterliegt einer gewissen Evolution, manche Konstruktionen in älteren Programmen sind heute überholt. Die meisten Übersetzer verstehen diese Anachronismen heute noch; langfristig wird dies jedoch nicht so bleiben, und dies wird schliesslich zu einem Portabilitäts-Problem führen.

[21] Ein beliebter Fehler, den *lint* erkennt, ist aber zum Beispiel die Verwendung einfacher **int** Konstanten bei **lseek** Aufrufen: auf den meisten Systemen sind diese Konstanten **int** und damit implizit **long**, auf dem PDP-11 System sind sie aber implizit **short** und folglich für diesen Aufruf definitiv fehl am Platz. A.d.Ü.

Frühere Versionen von C definierten **=***op* als Operatoren für Zuweisung an Stelle von *op***=**. Dies kann falsche Interpretationen zur Folge haben: zum Beispiel wurde **x** im Ausdruck

```
x=-1
```

tatsächlich verringert, da kein Zwischenraum Zuweisung **=** und negatives Vorzeichen **-** trennt; mit diesem Ausdruck hätte aber vielleicht eher **-1** an **x** zugewiesen werden sollen.

Die Syntax von Initialisierungen wurde ebenfalls geändert: früher war das **=** Zeichen am Anfang einer Initialisierung nicht vorhanden, das heißt man formulierte

```
int x 1;
```

an Stelle von

```
int x = 1;
```

Die Syntax wurde geändert, da die Initialisierung

```
int f (1+2)
```

der Vereinbarung einer Funktion so ähnlich sah, daß der Übersetzer verwirrt wurde.

Zuweisungen von ganzen Strukturen kamen erst Ende 1978 zum Sprachumfang von C hinzu. Die Implementierung für das PDP-11 System hat noch Fehler in bezug auf Funktionen, die eine Struktur als Resultat liefern: erfolgt eine Hardware Unterbrechung während der **return** Sequenz, und wird dieselbe Funktion in Beantwortung der Unterbrechung ebenfalls aufgerufen, so kann das ursprüngliche Resultat zerstört werden.

Aufzählungen (Abschnitt A.8.9) sind ebenfalls erst seit Ende 1978 in C Implementierungen verfügbar. Sie unterscheiden sich von Integer Werten nur dadurch, daß eine schärfere Überprüfung der Typenregeln möglich ist, und von *lint*, dem C Semantik Schiedsrichter, auch durchgeführt wird.

18. Syntax in Kürze

Diese Zusammenfassung der C Syntax Regeln soll zum Verständnis der Sprache beitragen; sie stellt jedoch keine exakte Definition der Sprache dar.

18.1 Ausdrücke

Mit zunehmendem Vorrang und der Assoziativität wie angedeutet, gibt es folgende Operationen:

```
expression:
      binary { , binary }
      ;

binary:
      binary = binary                                 von rechts
      | binary |= binary
      | binary ^= binary
      | binary &= binary
      | binary <<= binary
      | binary >>= binary
      | binary += binary
      | binary -= binary
      | binary *= binary
      | binary /= binary
      | binary %= binary
      | binary ? binary : binary            Vorrang
      | binary || binary                    Vorrang   von links
      | binary && binary                    Vorrang
      | binary | binary                     Vorrang
      | binary ^ binary                     Vorrang
      | binary & binary                     Vorrang
      | binary == binary                    Vorrang
      | binary != binary
      | binary < binary                     Vorrang
      | binary <= binary
      | binary > binary
      | binary >= binary
      | binary << binary                    Vorrang
      | binary >> binary
      | binary + binary                     Vorrang
      | binary - binary
      | binary * binary                     Vorrang
      | binary / binary
      | binary % binary
      | unary
      ;
```

```
unary:
     primary
     | primary ++
     | primary --
     | * unary
     | & unary
     | - unary
     | ! unary
     | ~ unary
     | ++ unary
     | -- unary
     | ( type-specification ) unary          Vorrang
     | sizeof unary
     | sizeof ( type-specification )
     ;

type-specification:
     type-name [ abstract-declarator ]
     ;

abstract-declarator:
     * [ abstract-declarator ]
     | abstract-object-declarator
     ;

abstract-object-declarator:
     ( abstract-declarator )
     | abstract-object-declarator ( )
     | [ abstract-object-declarator ]  [ [ constant ]  ]
     ;

primary:
     identifier
     | constant
     | string
     | ( expression )
     | primary ( [ argument-list ] )
     | primary  [ expression  ]
     | primary . identifier
     | primary -> identifier
     ;

argument-list:
     binary { , binary }
     ;
```

Die *primary* Operationen

( )	[ ]	.	->
Funktion	Vektor	Struktur Komponente	Strukturverweis Komponente

haben den höchsten Vorrang und werden von links her zusammengefaßt.[22]

Nach den *primary* Operationen folgen die *unary* Operatoren. In dieser Gruppe haben

```
(type-specification)    sizeof
```

Vorrang vor den restlichen *unary* Operatoren:

```
*   &   -   !   ~   ++   --
```

Alle *unary* Operatoren werden von rechts her zusammengefaßt.

Nach den *unary* Operatoren folgen die *binary* Operatoren. Diese Operatoren werden von links her zusammengefaßt, und haben zeilenweise abnehmenden Vorrang wie folgt:

```
*    /    %
+    -
<<   >>
<    <=   >    >=
==   !=
&
^
|
&&
||
```

Nach diesen Operatoren folgt die bedingte Bewertung:

```
? :
```

Bedingte Bewertungen werden von rechts her zusammengefaßt.

Als *binary* Operatoren mit niedrigstem Vorrang folgen die Zuweisungen. Alle Zuweisungen haben gleichen Vorrang und werden von rechts her zusammengefaßt:

```
=   +=   -=   *=   /=   %=   >>=   <<=   &=   ^=   |=
```

Das Komma als Operator schliesslich hat den niedrigsten Vorrang; eine Liste von Ausdrücken wird von links her zusammengefaßt.

---

[22] Operatoren sind *links-* oder *rechts-assoziativ*, je nachdem ob sie von links oder von rechts her implizit geklammert werden. Wie in Abschnitt A.7 erläutert wurde, können jedoch Operanden, nach Berücksichtigung des Vorrangs der Operatoren, in *beliebiger* Reihenfolge bewertet werden. A.d.Ü.

18.2 Vereinbarungen

```
declaration:
      extern-declaration ;
    | type-definition ;
    | class-or-type initialized-declarator-list ;
    ;

class-or-type:
      storage-class [ type-name ]
    | type-name [ storage-class ]
    ;

storage-class:
      auto
    | static
    | register
    ;

type-name:
      integer
    | unsigned [ integer ]
    | [ long ] float
    | double
    | void
    | struct-or-union-type-name
    | enum-type-name
    | type-identifier
    ;

integer:
      char
    | [ size ] int
    | size
    ;

size:
      short
    | long
    ;

struct-or-union-type-name:
      struct-or-union [ identifier ] { member { member } }
    | struct-or-union struct-or-union-identifier
    ;

struct-or-union:
      struct
    | union
    ;
```

member:
  type – name member – declarator { , member – declarator } ;
  ;

member – declarator:
  declarator
  | [declarator] : constant
  ;

enum – type – name:
  enum [identifier] { enumerator { , enumerator } }
  | **enum** identifier
  ;

enumerator:
  identifier [= constant]
  ;

initialized – declarator – list:
  declarator [= initializer] { , declarator [= initializer] }
  ;

declarator – list:
  declarator { , declarator }
  ;

declarator:
  { * } object – declarator
  ;

object – declarator:
  identifier
  | (declarator)
  | object – declarator ( )
  | object – declarator [[constant]]
  ;

initializer:
  assignment
  | { initializer { , initializer } [,] }
  ;

type – definition:
  typedef – and – type declarator – list
  | type – name
  ;

typedef – and – type:
  typedef [type – name]
  | type – name **typedef**
  ;

18.3 Anweisungen

compound – statement:
{ { declaration } { statement } }
;

statement:
statement – prefix statement
| [expression] ;
| compound – statement
| **if** (expression) statement
| **if** (expression) statement **else** statement
| **do** statement **while** (expression) ;
| **break** ;
| **continue** ;
| **return** [expression] ;
| **goto** identifier ;
;

statement – prefix:
identifier :
| **while** (expression)
| **for** ([expression] ; [expression] ; [expression])
| **switch** (expression)
| **case** constant :
| **default** :
;

18.4 Globale Vereinbarungen

program:
{ definition }
;

definition:
function – definition
| data – definition ;
| extern – declaration ;
| type – definition ;
;

function – definition:
[static – or – type] function – header compound – statement
| extern – and – type function – header compound – statement
;

static – or – type:
static [type – name]
| type – name [**static**]
;

function – header:
{ * } object – declarator parameter – list
;

parameter – list:
([identifier – list]) { parameter – declaration }
;

identifier – list:
identifier { **,** identifier }
;

parameter – declaration:
register – or – type declarator – list **;**
| type – definition **;**
;

register – or – type:
register [type – name]
| type – name [**register**]
;

data – definition:
[static – or – type] initialized – declarator – list
;

extern – declaration:
extern – and – type declarator – list
;

extern – and – type:
extern [type – name]
| type – name **extern**
;

18.5 C Preprozessor

#	**define**	*identifier replacement*
#	**define**	*identifier(identifier , ... , identifier) replacement*
#	**undef**	*identifier*
#	**include**	*"filename"*
#	**include**	*⟨filename⟩*
#	**if**	*constant*
#	**ifdef**	*identifier*
#	**ifndef**	*identifier*
#	**else**	
#	**endif**	
#	**line**	*constant identifier*

Sachregister